U0575086

"十四五"职业教育国家规划教材

# 大学生

# 职业生涯规划
# 与心理健康教育

（第二版）

孙武令　主　编

李翠华　杜　娟　副主编

山东人民出版社·济南

国家一级出版社 全国百佳图书出版单位

**图书在版编目（CIP）数据**

大学生职业生涯规划与心理健康教育/孙武令主编.
—2版.—济南：山东人民出版社，2022.12（2024.9重印）
ISBN 978－7－209－13912－0

Ⅰ.①大… Ⅱ.①孙… Ⅲ.①大学生—职业选择 ②大
学生—心理健康—健康教育 Ⅳ.①G647.38 ②G444

中国版本图书馆 CIP 数据核字（2022）第 138239 号

大学生职业生涯规划与心理健康教育 （第二版）
DAXUESHENG ZHIYE SHENGYA GUIHUA YU XINLI JIANKANG JIAOYU （DI-ERBAN）

孙武令　主编

主管单位　山东出版传媒股份有限公司
出版发行　山东人民出版社
出 版 人　胡长青
社　　址　济南市市中区舜耕路 517 号
邮　　编　250003
电　　话　总编室 （0531） 82098914
　　　　　市场部 （0531） 82098027
网　　址　http：//www. sd－book. com. cn
印　　装　日照报业印刷有限公司
经　　销　新华书店

规　　格　16 开 （184mm×260mm）
印　　张　17.75
字　　数　388 千字
版　　次　2022 年 12 月第 2 版
印　　次　2024 年 9 月第 2 次
ISBN 978－7－209－13912－0
定　　价　49.00 元
　　　　　如有印装质量问题，请与出版社总编室联系调换。

# 序

三十功名尘与土，八千里路云和月。莫等闲、白了少年头，空悲切！

——岳飞

　　大学时期是个体步入社会前的重要转型期和准备期，影响着个体的未来和发展，也关系到整个中华民族的兴衰。现代大学生不仅需要学习和掌握系统的理论知识和专业技能，更需要树立正确的世界观、人生观和价值观，并在职业生涯、就业创业等方面进行科学规划，统筹安排。因此，关注大学生的健康成长是教育研究的永恒主题，也是每一名教育工作者义不容辞的责任。

　　多年以来，为了全面贯彻落实党的教育方针，加快建设人力资源强国，国家及有关部门先后出台了一系列政策文件，不断加强和改进大学生就业指导工作与心理健康宣传教育工作，推动高技能人才培养。在加强学生就业指导工作方面，教育部印发了《大学生职业发展与就业指导课程教学要求》（教高厅〔2007〕7号）等文件，国务院办公厅印发了《关于深化高等学校创新创业教育改革的实施意见》（国办发〔2015〕36号）等文件；在加强学生心理健康宣传教育工作方面，教育部相继印发了《普通高等学校学生心理健康教育工作基本建设标准（试行）》（教思政厅〔2011〕1号）、《高等学校学生心理健康教育指导纲要》（教党〔2018〕41号）等文件。这些指导性文件，为大学生的创业就业教育以及心理健康教育提出了明确的任务和要求。为了深入落实上级的指示精神，从高职院校的实际需要出发，烟台工程职业技术学院组织编写了《大学生职业生涯规划与心理健康教育》一书，可谓是及时雨、雪中炭。

　　从教材内容上看，本书囊括了大学生心理健康教育、职业生涯规划、创业教育和就业教育四方面内容，按照教育部的要求，合理安排取舍了教学内容，实现了教学内容与教学时间的有机匹配，是目前高职院校的一本经济实用型教材；从教材的编写体例上看，在每一章中灵活设置了案例共享、知识讲堂、发现之旅、活动体验、互动课堂、知识链接板块，贴近实际，寓教于乐，顺应了高职高专学生的学习规律；从编写团队的构成看，参编人员都是长期从事心理健康教育、就业创业教育理论研究和教学工作的一线工作者，具有丰富的教学研究与实践经验。

可以预见，本书的出版，必将对提高大学生的心理健康教育以及创业就业教育水平发挥积极作用，为现代大学生的成长、成才、成功做出应有的贡献。

道是舞象好时光，意气风发正昂扬。

莫把岁月作虚度，唯愿身心俱健康。

祝出版发行顺利！

是为序。

中共山东省委高校工委　齐秀生
2022 年 10 月 1 日

# 前　言

　　习近平总书记在党的二十大报告中提出，必须坚持在发展中保障和改善民生，鼓励共同奋斗创造美好生活，不断实现人民对美好生活的向往。而要实现美好生活，离不开推进健康中国建设，离不开心理健康和精神卫生工作。

　　为了全面贯彻落实党中央关于心理健康的指示精神，提高高等院校心理健康教育和就业、创新创业教育课程的教学质量，促进大学生的健康成长，根据教育部办公厅《关于加强学生心理健康管理工作的通知》（教思政厅函〔2021〕10号）和《高等学校课程思政建设指导纲要》（教高〔2020〕3号）文件精神，我们为高等院校量身定制了这本《大学生职业生涯规划与心理健康教育》教材。

　　本书在编写过程中，力求突出以下特色：

　　1. 紧扣大纲。本书以教育部《普通高等学校学生心理健康教育工作基本建设标准》（教思政厅〔2011〕1号）为指导，涵盖了大学生心理健康教育、职业生涯规划、就业教育和创新创业教育四方面内容，按照教育部教学课时量的要求，对课程内容进行了合理的取舍，实现了教学内容与教学时间的有机匹配。

　　2. 贴近实际。遵循大学生的认知规律，每个章节设置了心理案例、心理讲堂等栏目，从案例入手，提出问题，激发学生的学习兴趣，在此基础上，进入心理讲堂，引导学生系统学习心理学的相关知识。为了让学生从整体上把握课程的结构，编者在教材中添加了电子资源课件，学生扫描封底的二维码，即可获得每一章的课件资源。

　　3. 寓教于乐。从学生的实际出发，设置了发现之旅、心理体验板块，学生通过心理测量，可更好地发现自我、认识自我、完善自我；运用体验式教学方法，能让学生领悟到心理学的无穷魅力。

　　4. 学用结合。本书淡化了理论知识的讲授，注重心理学知识的实际应用，坚持学用结合，设置了心理互动、知识链接板块，介绍了与每一节内容相关的心理学知识，有利于扩大学生的视野。

　　5. 视听融合。为了进一步增强教材内容的直观性、形象性、趣味性，汲取当代心理学最新的研究成果，结合新时代学生的心理特点，在每章的首页添加了"心理

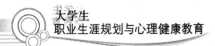

微视频"，用鲜活的故事、独特的视角、新颖的形式感染并影响学生，使心理育人入脑、入心、入魂。

本书由从事多年心理健康教育理论研究和教学工作的教师编写。孙武令负责本书的总体框架设计，李翠华、杜娟承担了全书的统稿和书稿的修改工作。参与本书编写的作者及分工如下：第一章，曲海英；第二章，吴传珍；第三章，杜娟；第四章，李翠华；第五章，徐伟；第六章，徐伟；第七章，曲海英；第八章，巩华荣；第九章，段炜；第十章，尉剑婷；第十一章，赵杰；第十二章，孙瑞映。

本书在编写过程中，引用了国内外学者相关的研究成果，同时，得到了山东省委高校工委、山东省教育厅、山东师范大学、滨州医学院、烟台经济学校、烟台科技学院以及烟台工程职业技术学院的大力支持。山东省教育厅巡视员、博士生导师刘欣堂教授对本书的编写给予了悉心指导并担任编委会主任，山东省委高校工委原常务书记、博士生导师齐秀生教授在百忙之中欣然为本书作序，在此一并表示深深的谢意！

由于水平所限，书中难免存在不足之处，恳请读者批评指正。

编　者

2024 年 8 月

# 目　录

职业生涯规划篇

心理微视频
《绪章》

# 第一章

# 建立生涯与职业意识

　　大学时期是人生历程的一个重要岔路口，朝气蓬勃的大学生对未来充满着憧憬。他们在面临着多种可能性的同时，也面临着人生的迷茫和困惑。古人说"凡事预则立，不预则废"，为了实现自己的理想，大学生必须从现在开始，一步一步地去积淀、去准备。如何做出自己的人生选择？如何设计自己的美好未来？当下的生活又该如何度过？这是每一个大学生都应该认真思考的问题。

　　职业生涯，是个人职业的发展道路，是一个人从职业学习开始到职业劳动结束经历的过程。在一个人有限的生命中，职业生涯占有特别重要的位置。从走上就业岗位前的学习和教育，到离职退休，职业生涯活动伴随着绝大部分人的大半生时间，也左右着一个人的生活质量和生命价值。因此，拥有成功的职业生涯，才可能实现完美的职业人生。

案例共享

　　下面是某职业学院计算机专业一年级学生所做的未来十年的职业生涯设计。

　　我是一名计算机网络专业的学生，面对当今竞争日益激烈的社会，想要在社会上找到自己的立足点，找到自己的发展空间，就要具备强大的实力。否则，将被社会无情地淘汰。社会需要各级各类人才，学历只是职业发展的一个条件，社会需要学历高、理论基础强的人才，同样也需要懂技术、动手能力强的人才，这就给了大学生更多的机会。实际操作和技术应用是我们高职生的专长。机会是平等的，但机会终究是有限的。我相信：机遇总是垂青那些有准备的人。因此，我制订了自己的十年发展计划。

　　第一年：适应大学生活，熟悉大学环境，努力学好各门功课，尤其是计算机和英语课，计算机考试取得一级证书，英语争取通过应用水平Ｂ级考试，本学期争取拿到奖学金。暑假考取机动车驾驶证。

　　第二年：集中精力学好专业课。获得计算机二级等级考试证书，通过英语应用能力考试Ａ级，获得英语口语证书。假期跟老师去企业实践，提高专业技能。

　　第三年：为就业做准备。获得网络工程师职业高级证书。以就业为首要目标，同时准备升本或再学一门专业，如软件技术等。

第四年：如果考上本科，继续学习。如果没有，一边学另一门专业，一边找工作。

第五年：稳定工作。重点干好本职工作，在业余时间继续学习，获得本科学历。如果时间、精力允许，还想在网上开家店。

第六年：积累更多的工作经验，并积累一定的收入。收集理财方面的信息，为投资做准备。

第七年至第九年：争取工作上获得提升。为获得更好的职业发展，继续学习深造，积累工作经验。

第十年：在资金允许的情况下自己创办企业，寻求更大的发展。

**点评：**

这份职业生涯规划首先对自己的专业进行定位，以年度为单位列出了每年的奋斗目标。其重点在于大学期间职业能力的准备上，重视专业资格证书，学习目标明确；大学期间的学习目标和求职目标较为清晰，长远目标较为概括，符合长远目标的发展规律，有利于实现长远目标。

# 第一节　职业发展与规划导论

## 一、职业生涯的概念

广义的生涯指的是人的一生。人们也常常在"生涯"一词前面加上某个限定性词汇，如"求学生涯""职业生涯""运动员生涯""军人生涯"等，用来特指人生的某个阶段。狭义的生涯，指职业生涯。美国国际生涯发展协会提出，生涯是个人通过从事工作所创造出的一个有目的的、延续一定时间的生活模式。

可以看出，生涯不等同于生命，生命的含义比生涯更为宽泛；生涯也不等同于工作、职业，工作、职业的含义比生涯要更为狭窄。生涯是由个人主动创造的、有目的的、连续不断的、具有个人特点的、以工作为主轴的生命的展现。生涯具有三个维度的特点：长度、广度和深度。生涯的长度是我们无法控制的，但是生涯的广度、深度可以由我们自己来决定。

职业生涯规划，具有组织层面和个人层面的双重含义，它指组织对员工、个人对自己的职业选择与发展进行设计、执行、评估、反馈和修正的过程。对于大学生而言，生涯规划就是综合考虑自身的特点，结合所处环境的限制和机遇，为自己设定职业目标，并围绕该目标选择职业道路，设计相应的培训和教育计划，通过具体行动和不断的反馈和调整，最终达到目标的过程。

## 二、职业生涯规划的意义

### （一）进行职业生涯规划是大学生自身发展的需要

职业生涯规划是一个系统工程，主要取决于两个方面：一是社会发展的客观需要（即社会职业现实的需要）；二是大学生自身发展的内在需要（高校大学生根据内心动力、内在发展需要进行职业生涯规划）。进行职业生涯规划也可以通过对个人的分析，更加认识自己、了解自己，进而评估自己，找出差距，明确奋斗的方向，少走弯路，克服漫无目标、四处飘浮的问题，创建美好未来。

### （二）大学生进行职业生涯规划是就业制度改革与发展的需要

"大学生就业难""找到理想的工作实在是太难"，越来越成为人们的家常话。大学生未步入社会，就已感受到就业的压力。有位大学生沮丧地说："至少要发出 20 份简历才能找到一份工作，还不一定十分满意。"面对竞争激烈的求职市场，当今的大学生，如果不审时度势，看清市场需求，如果不认真规划自己的职业生涯，不努力提高自身的综合素质，弥补自身缺陷，树立新的就业观念，到毕业之时就会茫然，难于就业，难以适应时代发展的需要，更难以实现人生的价值。

### （三）大学生进行职业生涯规划是社会进步和职业发展变化的需要

技术的进步和教育的普及，使得就业的门槛越来越高。在一些经济发达的国家，人们即使务农，也需要职业资格，需要持有经过专业学习和专门技能训练的证书。高级技工享受高级待遇已成为现实，各种专业呈现相互交融的态势。广闻博记，博览群书，重点掌握专业知识，学好政治、法律、管理、外交等课程，能利用多学科知识解决复杂问题的高素质人才将在人才市场上备受青睐。技能单一、知识陈旧、心理脆弱、目光短浅、单打独斗、不会学习、不求进步的低素质人员将随着社会进步和职业发展而被淘汰。为此，毕业生要认真做好职业生涯规划，学会学习，在工作中不断充实自己，更新知识结构，随时准备迎接挑战。

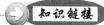 知识链接

## 职业定位的五个类型

美国麻省理工学院人才教授指出，职业定位可以分为以下五类：

（1）技术型。持有这类职业定位的人出于自身个性与爱好方面的考虑，往往并不愿意从事管理工作，而是倾向于在自己所处的专业技术领域发展。

（2）管理型。这类人有强烈的愿望去做管理人员，同时经验也告诉他们自己有能力达到高层领导职位，因此他们将职业目标定为有相当大职责的管理岗位。成为高层经理需要的能力包括三个方面：一是分析判断能力，即在信息不充分或情况不确定时，判断、分析、解决问题的能力；二是人际交往能力，即影响、监督、领

导、应对与控制各级人员的能力；三是情绪控制能力，在面对危急事件时，不沮丧、不气馁，并且有能力承担重大的责任，而不被其压垮。

（3）创造型。这类人需要建立完全属于自己的东西，或是以自己名字命名的产品或工艺，或是自己的公司，或是能反映个人成就的私人财产。他们认为只有这些实实在在的事物才能体现自己的才干。

（4）自由独立型。有些人更喜欢独来独往，不愿像在大公司里那样彼此依赖，很多有这种职业定位的人同时也有相当高的技术型职业定位。但是他们不同于那些简单技术型定位的人，他们并不愿意在组织中发展，而是宁愿做一名咨询人员，或是独立从业，或是与他人合伙创业。其他自由独立型的人往往会成为自由撰稿人，或是开一家小的零售店。

（5）安全型。有些人最关心的是职业的长期稳定性与安全性，他们愿意为了安定的工作、可观的收入、优越的福利与养老制度等付出努力。目前我国绝大多数的人都选择这种职业定位，很多情况下，这是由社会发展水平决定的，而并不完全是本人的意愿。相信随着社会的进步，人们将不再被迫选择这一类型。

一个合适的职业究竟有多么重要？就像鸟儿需要飞翔一样，你的职业就是你飞翔的翅膀，也是你的梦想开始的地方。具体说来，你必须在选择前明确自己的个性特点，包括气质、性格、能力、兴趣、爱好以及知识结构和专业特点等。在对自己有了一个全面的了解和把握、对自己的长短处有所认识后，就可以扬长避短，按自己的长项来进行生涯定位。

### 三、职业生涯规划的步骤

#### （一）职业生涯规划的前提

**1. 正确的职业理想，明确的职业目标**

职业理想在人们职业生涯设计过程中起着调节和指南作用。一个人选择什么样的职业，以及为什么选择某种职业，通常都是以其职业理想为出发点的。任何人的职业理想都必然要受到社会环境、社会现实的制约。社会发展的需要是职业理想的客观依据，凡是符合社会发展需要和人民利益的职业理想都是高尚的、正确的，并具有现实的可行性。大学生的职业理想更应把个人志向与国家利益和社会需要有机地结合起来。

**2. 正确进行自我分析和职业分析**

首先，要通过科学认知的方法和手段，对自己的职业兴趣、气质、性格、能力等进行全面认识，清楚自己的优势与特长、劣势与不足。避免设计中的盲目性，达到设计高度适宜。其次，现代职业具有自身的区域性、行业性、岗位性等特点。要对该职业所在的行业现状和发展前景有比较深入的了解，比如人才供给情况、平均工资状况、行业的非正式团体规范等，还要了解职业所需要的特殊能力。

3. 构建合理的知识结构

知识的积累是成才的基础和必要条件，但单纯的知识数量并不足以表明一个人真正的知识水平，人不仅要具有相当数量的知识，还必须形成合理的知识结构，没有合理的知识结构，就不能发挥其创造的功能。

4. 培养职业需要的实践能力

综合能力和知识面是用人单位选择人才的依据。一般来说，进入岗位的新人，应重点培养满足社会需要的决策能力、创造能力、社交能力、实际操作能力、组织管理能力以及有助于自我发展的终身学习能力、心理调适能力以及随机应变能力等。

5. 参加有益的职业训练

职业训练包括职业技能的培训，对自我职业的适应性考核、职业意向的科学测定等。大学生可以通过"青年志愿者"活动、毕业实习、校园创业及从事社会兼职、模拟职业实践、职业意向测评等进行职业训练。

**（二）职业生涯规划的具体步骤**

根据职业生涯发展领域专家的观点，一个完整有效的职业生涯规划应包括自我认知与自我评价、外部环境分析、确立目标、实施策略、评估与修正五个环节。

1. 自我认知与自我评价

毕业生在进行职业生涯规划之前，首先应从职业需求的角度去自我认识与自我评价，做到"知己"：学什么专业、有什么兴趣爱好、性格特征如何、职业能力如何、有无创新精神、吃苦耐劳的意识、身体状况与学习基础如何等。明确自己喜欢什么、能够做什么、正在做什么，对"现在的我"有一个比较深刻的认识。

了解"现在的我"，还应预测"明天的我"。这种预测，不是想当然，闭门造车，而是要建立在现实的基础上，通过对自我的分析，通过对就业环境、社会发展需求的分析，确定自己的人生目标。如数控专业的学生加强技能训练，毕业初始（现在的我），做一个数控方面的技术人员。几年、十几年以后（明天的我），随着社会对数控人才的需求，尤其是对高级数控管理人才的需求增大，通过自身的不断努力，做一个高级数控管理人员，如车间主任、部门经理等，还是很有希望的。

2. 外部环境分析

环境分析，是指大学生在职业生涯规划前，对就业环境与社会需求趋势的分析，是学生职业生涯规划"知彼"的过程。

我们生活在一个信息发达的社会中，有关职业的信息比比皆是，判断一种职业是否满足需求，需要了解该职业的工作内容、薪资水平、所需要的技能和训练、工作条件、典型的工作环境以及晋升的机会等。在职业生涯规划中，当在做决定时，就应该对自己的职业选择有清楚的了解。环境因素评估主要包括组织环境、政治环境、社会环境、经济环境。所以，在制定个人的职业生涯规划时，要分析环境的特点、环境的发展变化情况、自己与环境的关系、自己在这种环境中的地位、环境对自己提出的要求以及环境对自己的有利条件与不利条件等。

### 3. 确定目标

目标确定是职业生涯规划的核心。目标确定得准确与否，直接影响着职业生涯的发展。没有职业目标，就不能主宰自己，只能游戏人生；目标太低，人生则没有拼劲，就会平淡如水。只有确定了适合自己的职业目标，才能激发个人的潜能，经过自己的努力，不断实现自己的职业目标。

职业目标的宗旨可以是为祖国，为人民。如"杂交水稻之父"袁隆平，用几十年的不懈努力，取得了令世界瞩目的骄人成果，他确定的职业目标就是解决中国人民的吃饭问题。职业目标的宗旨，也可以是为家人、为自己、为社会。如大学生找工作，一方面是为实现自己的职业理想，解决自己的衣食住行等基本问题，减轻家人的负担；另一方面，大学生实现职业目标的过程，也是为社会做贡献的过程。

确定职业目标的依据有两个，一个是"知己"，另一个是"知彼"。通过这两方面的分析，才能正确确定我们的职业目标。

### 4. 实施策略

职业目标的实现并不是一步到位的，而是具有阶段性的，因此可将职业目标分为远期职业目标与阶段性职业目标。

首先，根据自我认识与自我评价，以及外部环境分析，从发展的角度定位，确定自己的远期职业目标。

其次，根据远期职业目标和个人的实际情况以及职场环境变化，确定阶段性职业目标。阶段性职业目标是远期目标的重要组成部分，应该与远期目标保持高度一致，是一个经过努力能够达到的、可望而又可即的具体目标。

再者，要认清远期目标是需要分阶段实现的，一个个小目标的实现成就最终的大目标。

### 5. 评估与修正

为使职业生涯规划行之有效，需要结合实际情况不断对职业生涯规划的内容进行评估与修正。评估与修正的主要内容包括：职业方向的重新选择，各阶段目标的修正，实施策略与计划的变更等。

成功的职业生涯规划需要时时审视内外环境的变化，妥善、快速地将新信息吸纳到行动方案中，调整自己的前进步伐，以积极向上的态度应对难以预料的困难，从而更好更快地实现自己的职业目标。

## 四、大学生职业生涯规划存在的误区

对于生涯规划，大学生持有一些非理性的信念和看法。许多研究表明，不管是在西方文化背景下还是在东方文化背景下，功能失调的职业生涯信念有时不仅会给个人带来情绪上的困扰，而且还会阻碍正常或有效的职业生涯发展与就业行为。大学生关于生涯规划的非理性信念主要有以下几种。

**(一) 生涯规划意识方面的误区**

1. 对职业生涯规划的重要性认识不足

近些年，随着高校对于大学生职业生涯规划教育的重视，职业生涯规划对大多数大学生而言，已经不是一个陌生的词汇。但许多大学生并没有真正认识到职业生涯规划的作用和重要性，也并不真正了解职业生涯规划的思路和方法。他们认为，在当前供大于求的人才市场，毕业时能找到一份满意的工作已经实属不易，在这种环境下还谈个人的职业生涯规划是一件很不现实的事情。

事实上，职业生涯规划是非常必要的。越是严峻的就业形势就越能凸显职业生涯规划的重要地位。职业生涯规划不仅仅是帮助大学生认识自己和环境，并做出职业决策的过程，还是帮助自己根据目标设定，有计划地提高和充实自己，增强就业竞争力的过程。

2. 认为计划不如变化，没有必要做生涯规划

有的大学生认为，生活中不可预料的事情太多，计划得再周全，也无法适应不断变化的周围环境，因此职业生涯规划是没有必要的。

一份合理的职业生涯规划方案，本身就考虑到了职业生涯中的各种变化。变化是在规划中要考虑的因素，也就是说，预见职业生涯过程中可能会遇到的问题，并准备应对方案，是职业生涯规划的组成部分。退一步而言，即便变化未能提前预料到，也可以通过评估和调整来进行应对。

3. 把职业生涯规划等同于职业选择

有的大学生认为，大学期间不用急于做职业生涯规划，只需安心读书学习，职业规划等到即将毕业的时候再做也不迟。

的确，职业选择和求职，是即将毕业的大学生才面对的。但是，职业生涯规划是一个过程，而职业选择和求职只是职业生涯规划过程的一个重要环节。若想毕业之时能正确选择适合自己的职业，顺利得到一份满意的工作，需要充分的前期准备。因此，大学生应该从大一入学就开始积极地了解自我，设计自己的职业生涯，提高职业素养，为毕业求职做好准备。

4. 职业生涯规划与行动相脱节

有的大学生通过上心理健康教育课程或是职业生涯规划课程，认识到了职业生涯规划的重要性，也根据老师的指导做出了一份自己的职业生涯规划书，然后就觉得万事大吉了，把规划书束之高阁。

职业生涯规划不是一蹴而就的静态过程，而是动静结合、不断循环的过程。把规划转化为行动，并在行动中不断调整和完善生涯规划，是职业生涯规划的重要环节。没有良好的执行力和行动力，职业生涯规划就永远也不能起到其应有的作用。

**(二) 对生涯规划辅助渠道的看法的误区**

1. 过于依赖职业测评

有的大学生认为，只要多做问卷和量表，就能知道自己应该如何规划自己的职业。

于是四处搜集书籍、网络上的各种问卷和量表，然后给自己贴上一个又一个标签，在测评结果所提供的范围中，圈定自己的发展目标。

职业测评是职业生涯规划的重要辅助手段之一，这是毋庸置疑的。但是职业测评本身也有其局限性。首先，并不是所有的职业测评都具有良好的信度和效度，有许多问卷或者量表，尤其是网络上的免费测评，往往并不准确。其次，很多测评工具本身可能是应用广泛的权威工具，但是因为是直接翻译的国外的量表，其常模并不一定适用于我国。最后，不能片面相信职业心理测评的结论，一个人要想全面了解自己并知道自己适合从事什么职业，必须综合运用自我探索的多种方法，比如实践、他人评价、内省等。

2. 过于依赖他人的指导

有的大学生认为，进行职业生涯规划是一件专业性很强的事情，自己无法完成，应完全听从职业生涯规划师的指导。

在进行职业生涯规划时，寻求专业人士的帮助和指导是没有问题的，但一定要认识到，职业生涯规划是自己的事情，专业人士仅仅能为自己提供思考和选择，最终的决策者和实践者是自己而不是别人。专业人士可以帮你从更多的渠道认识自己，可以帮你分析专业特点和职业环境，可以帮你分析不同选择所带来的相应后果，可以结合你自身给出几个职业发展方案。但是他们不能替代你做决策，不能替代你去执行或行动。

**（三）关于工作看法的误区**

1. 专业就是职业，高学历就意味着好工作

有的大学生把学习看作唯一重要的事情，认为专业知识学好了，满意的工作就得到了。还有的大学生一进大学就一心准备考研，认为有高学历才能有好工作，于是为了不影响学习，与学习无关的事情一概不关心。

学习无疑是大学生最为重要的任务，但不是唯一的任务。扎实的知识和熟练的技能，是进入职场的基本要求，而自身全面素质的提高，也具有同等重要的地位。因此大学生应该有意识地参加各种实践活动，一方面丰富自己的经历，一方面通过这些活动提高自己的团队合作意识、人际交往能力、与人沟通的能力等多方面的能力。

2. 只有对工作有兴趣，才能做好它

有的大学生把兴趣看得极其重要，宁可找不到工作，宁可不断辞职和跳槽，也不做自己不感兴趣的工作。

职业和兴趣的高度匹配是每一个人都希望实现的理想状态，能做一份自己发自内心喜欢的工作，是十分幸运的事情。但有关职业兴趣，有几点是必须要注意的。首先，要确定当下的兴趣是否是真的兴趣。因为当一个人还未深入了解某个领域时，是不能随意断定自己是否真的喜欢这个领域。其次，有的时候我们可能会把兴趣当作逃避困难的借口。再者，除了兴趣，还有很多值得重视的职业要素，例如自己的胜任能力，对父母、对社会应承担的责任等。

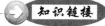

## 目标对人生有巨大的导向作用

有一年，哈佛大学对一群出身、智力、学历都相差无几的毕业生进行了一次关于人生目标的调查。这些学生中，27%的人没有目标，60%的人目标模糊，10%的人有清晰但比较短期的目标，3%的人有清晰且长期的目标。

25年后，哈佛大学再次对这群学生进行了跟踪调查，结果是这样的：

3%有清晰且长远目标的人，一直朝着同一个方向努力，成为社会各界的顶尖成功人士，他们不乏白手起家的创业者、行业领袖、社会精英。

10%有清晰但比较短期的目标的人，他们生活在社会的上层，他们的短期目标不断达成，成为行业专业人士，有很好的工作，比如医生、律师、公司高级管理人员等。

60%目标模糊的人，他们生活在社会的中层或下层，尽管能够安稳地生活，但是没有取得什么成绩。

27%没有目标的人，他们生活在社会底层，生活得十分不如意，不断抱怨社会和他人，经常失业，家庭生活也不幸福。

这个调查告诉我们，目标对我们每个人来说都非常重要。目标给人以明确的方向感，使人充分了解自己每个行为的目的。目标能让我们专注在自己的奋斗目标上，并产生持久的动力，激发出我们的潜能，最终取得成功！

党的二十大报告指出，青年强，则国家强。当代中国青年生逢其时，施展才干的舞台无比广阔，实现梦想的前景无比光明。为了让自己的人生更加幸福和充实，大学生们应当树立正确的职业生涯规划意识，为自己做好合理的人生规划，并立即行动起来，成为自己命运之舟的掌舵者。

# 第二节　职业生涯规划的基本理论

## 一、职业选择理论

职业选择是指人们从自己的职业期望、职业理想出发，依据自己的兴趣、能力、特点等自身素质，从社会现有的职业中选择一种适合自己的职业的过程。长期以来，很多心理学家和职业指导专家对职业选择的问题进行了专门的研究，提出了自己的理论。这里重点介绍帕森斯的特质－因素理论。

### （一）帕森斯的特质－因素理论

帕森斯的特质－因素理论又称帕森斯的人－职匹配理论。特质－因素理论是最早的职业辅导理论，1909年美国波士顿大学教授弗兰克·帕森斯（Frank Parsons）在其《选择一个职业》的著作中提出了人与职业相匹配是职业选择的焦点的观点。他认为，个人都有自己独特的人格模式，每种人格模式的个人都有其相适应的职业类型。

所谓"特质"，就是指个人的人格特征，包括能力倾向、兴趣、价值观和人格等，这些都可以通过心理测量工具来加以评量。

所谓"因素"，则是指在工作上要取得成功所必须具备的条件或资格，这可以通过对工作的分析而了解。

**（二）选择职业的三大要素或步骤**

第一步是评价求职者的生理和心理特点（特质）。通过心理测量及其他测评手段，获得有关求职者的身体状况、能力倾向、兴趣爱好、气质与性格等方面的个人资料，并通过会谈、调查等方法获得有关求职者的家庭背景、学业成绩、工作经历等信息，并对这些资料进行评价。

第二步是分析各种职业对人的要求（因素），并向求职者提供有关的职业信息。这些信息包括：①职业的性质、工资待遇、工作条件以及晋升的可能性；②求职的最低条件，诸如学历要求、所需的专业训练、身体要求、年龄、各种能力以及其他心理特点的要求；③为准备就业而设置的教育课程计划，以及提供这种训练的教育机构、学习年限、入学资格和费用等；④就业机会。

第三步是人－职匹配。指导人员在了解求职者的特性和职业的各项指标的基础上，帮助求职者进行比较分析，以便选择一种适合其个人特点且有可能得到并能在职业上取得成功的职业。

**（三）人－职匹配的类型**

人－职匹配分为两种类型：

因素匹配（活找人）。例如，需要有专门技术和专业知识的职业与掌握该种技能和专业知识的择业者相匹配；脏、累、苦等劳动条件很差的职业，需要有吃苦耐劳、体格健壮的劳动者与之匹配。

特质匹配（人找活）。例如，具有敏感、易动感情、不守常规、个性强、理想主义等人格特质的人，宜于从事审美性、自我情感表达的艺术创作类型的职业。

**（四）特质－因素理论的局限性及意义**

该理论也有其局限性：其一，按照帕森斯特质－因素理论的观点，社会上不同的职业都具有不同的因素，它们要求工作人员都具有一定的个人特质。在长期的实践中，人们发现尽管一些职业的录用标准逐渐确定，心理测量的工具日益完善，技术水平不断提高，但因职业种类繁多，并且职业发展演化迅速，难以确定各种职业所需要的个人特质；另外，心理测量工具的信度和效度也不能尽如人意，受多种因素的影响，以此为基准的人－职匹配过于客观化，而对人本身的诸如态度、期望、人格、价值观等择业主体的主观因素重视不够，这样的人－职匹配是粗疏的，尤其是毕业生在择业环节上完全实现人－职匹配更是不现实的。另外，理论中的静态观点和现代社会的职业变动规律不相吻合，它只是强调了什么样的个人特质适合做什么工作，却忽视了社会因素对职业设计的影响和制约作用。而且对目前我国的毕业生来说，由于受应试教育及统一培养模式的影响，个人特质不明显、个性不突出，同时社会发展也还未达到人 - 职匹配的要求。

特质 - 因素理论的意义在于它强调个人所具有的特质与职业所需要的素质与技能（因素）之间的协调和匹配。为了对个体的特质进行深入详细的了解与掌握，特质 - 因素理论十分重视人才测评的作用，可以说，特质 - 因素理论进行职业指导是以对人的特性的测评为基本前提的。它首先提出了在职业决策中进行人 - 职匹配的思想。故这一理论奠定了人才测评理论的理论基础，推动了人才测评在职业选拔与指导中的运用和发展。

## 二、职业生涯发展理论

### （一）施恩的职业生涯发展理论

美国的施恩教授立足于人生不同年龄段面临的问题和职业工作主要任务，将职业生涯分为 9 个阶段。

1. 成长、幻想、探索阶段

一般 0 ~ 21 岁处于这一职业发展阶段。主要任务包括以下几个方面：

（1）发现和发展自己的需要和兴趣，发现和发展自己的能力和才干，为进行实际的职业选择打好基础。

（2）学习职业方面的知识，寻找现实的角色模式，获取丰富信息，发现和发展自己的价值观、动机和抱负，做出合理的受教育决策，将幼年的职业幻想变为可操作的现实。

（3）接受教育和培训，开发工作世界中所需要的基本习惯和技能。在这一阶段所充当的角色是学生、职业工作的候选人、申请者。

2. 进入工作世界

16 ~ 25 岁的人步入该阶段。首先，进入劳动力市场，谋求可能成为一种职业基础的第一项工作；其次，个人和雇主之间达成正式可行的契约，个人成为一个组织或一种职业的成员，充当的角色是应聘者、新学员。

3. 基础培训

处于该阶段的年龄段为 16 ~ 25 岁。与上一正在进入职业工作或组织阶段不同，此阶段的人要担当实习生、新手的角色。也就是说，已经迈进职业或组织的大门。此时的主要任务已是了解、熟悉组织，接受组织文化，融入工作群体，尽快取得组织成员资格，成为一名正式的成员；二是适应日常的操作程序，应付工作。

4. 早期职业的正式成员资格

此阶段的年龄为 17 ~ 30 岁，取得组织新的正式成员资格。面临的主要任务是：

（1）承担责任，成功地履行与第一次工作分配有关的任务。

（2）发展和展示自己的技能和专长，为提升或进入其他领域的横向职业成长打好基础。

（3）根据自身才干和价值观，根据组织中的机会和约束，重估当初追求的职业，决定是否留在这个组织或职业中，或者在自己的需要、组织约束和机会之间寻找一种更好的配合。

**5. 职业中期**

处于职业中期的正式成员，年龄一般在 25 岁以上。主要任务是：

（1）选定一项专业或进入管理部门。

（2）保持技术竞争力，在自己选择的专业或管理领域内继续学习，力争成为一名专家或职业能手。

（3）承担较大责任，确立自己的地位。

（4）开发个人的长期职业计划。

**6. 职业中期危险阶段**

处于这一阶段的是 35～45 岁者。主要任务是：

（1）实际地估价自己的进步、职业抱负及个人前途。

（2）就接受现状或者争取看得见的前途做出具体选择。

（3）建立与他人的良好关系。

**7. 职业后期**

从 40 岁以后直到退休，可说是处于职业后期阶段，此时的职业状况或任务：

（1）成为一名良师，学会发挥影响，指导、指挥别人，对他人承担责任。

（2）扩大、发展、深化技能，或者提高才干，以担负更大范围、更重大的责任。

（3）如果求安稳，就此停滞，则要接受和正视自己影响力和挑战能力的下降。

**8. 衰退和离职阶段**

一般在 40 岁之后到退休期间，不同的人在不同的年龄会衰退或离职。此阶段主要的职业任务：一是学会接受权力、责任、地位的下降；二是基于竞争力和进取心下降，要学会接受和发展新的角色；三是评估自己的职业生涯，着手退休。

**9. 离开组织或职业——退休**

在失去工作或组织角色之后，面临两大问题或任务：

（1）保持一种认同感，适应角色、生活方式和生活标准的急剧变化。

（2）保持一种自我价值观，运用自己积累的经验和智慧，以各种资源角色，对他人进行传帮带。

需要指出的是，施恩虽然基本依照年龄增长顺序划分职业发展阶段，但并未囿于此，其阶段划分更多的是根据职业状态、任务、行为的重要性。正如施恩教授划分职业周期阶段是依据职业状态、职业行为和发展过程的重要性，又因为每人经历某一职业阶段的年龄有别，所以，他只给出了大致的年龄跨度，并且职业阶段上所示的年龄有所交叉。

**（二）萨柏的职业生涯发展理论**

萨柏是美国另一位有代表性的职业学家。他把人的职业发展划分为 5 个大的阶段。

**1. 成长阶段**

0～14 岁。经历对职业从好奇、幻想到兴趣，到有意识培养职业能力的逐步成长过程。萨柏将这一阶段具体分为 3 个成长期：

（1）幻想期（10 岁之前）：儿童从外界感知到许多职业，对于自己觉得好玩和喜爱的职业充满幻想，也会按自己的理解进行模仿。

（2）兴趣期（11～12 岁）：以兴趣为中心，理解、评价职业，开始做职业选择。

（3）能力期（13～14 岁）：开始考虑自身条件与喜爱的职业相符合否，有意识地进行能力培养。

**2. 探索阶段**

15～24 岁。择业、初就业。该阶段也可分为 3 个时期：

（1）试验期（15～17 岁）：综合认识和考虑自己的兴趣、能力与职业社会价值、就业机会，开始进行择业尝试。

（2）过渡期（18～21 岁）：进入劳动力市场，或者进行专门的职业培训。

（3）尝试期（22～24 岁）：选定工作领域，开始从事某种职业。

**3. 建立阶段**

25～44 岁为建立稳定职业阶段。该阶段经过两个时期：

（1）尝试期（25～30 岁）：对初就业选定的职业不满意，再选择、变换职业工作。变换次数各人不等。也可能满意初选职业而无变换。

（2）稳定期（31～44 岁）：最终职业确定，开始致力于稳定工作。

**4. 维持阶段**

在 45～64 岁这一长时间内，劳动者一般达到常言所说的"功成名就"状态，已不再考虑变换职业工作，只力求维持已取得的成就和社会地位。

**5. 衰退阶段**

人达到 65 岁以上，其健康状况和工作能力逐步衰退，即将退出工作，结束职业生涯。

**（三）格林豪斯的职业生涯发展理论**

格林豪斯研究人生不同年龄段职业发展的主要任务，并以此将职业生涯划分为 5 个阶段。

**1. 职业准备**

典型年龄段为 0～18 岁。主要任务：发展职业想象力，对职业进行评估和选择，接受必需的职业教育。

**2. 进入组织**

18～25 岁为进入组织阶段。主要任务：在一个理想的组织中获得一份工作，在获取足量信息的基础上，尽量选择一种合适的、较为满意的职业。

**3. 职业生涯初期**

处于此期的典型年龄段为 25～40 岁。主要任务：学习职业技术，提高工作能力；了解和学习组织纪律和规范，逐步适应职业工作，适应和融入组织；为未来的职业成功做好准备，是这一时期的主要任务。

**4. 职业生涯中期**

40～55 岁是职业生涯中期阶段。主要任务：需要对早期职业生涯重新评估，强化

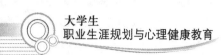

或改变自己的职业理想；选定职业，努力工作，有所成就。

**5. 职业生涯后期**

从 55 岁直至退休为职业生涯的后期。主要任务：继续保持已有职业成就，维护尊严，准备引退。

### 三、职业生涯决策理论

我们经常会发现，有些大学生似乎有很好的自我认识，对自身的各种选择也很了解，却做出了很糟糕的决策，他们总是在不断地尝试"纠正错误"。还有一些大学生做了大量的测验去了解他们自身的兴趣、价值观和技能，在职业测评工作和有关书籍上花费了大量的时间，但依然做不出决定。在上述情况中，尽管他们为了更了解自我和职业知识而进行了大量努力，但都收效甚微，甚至无济于事，因为他们缺乏与生涯决策相关的基本知识和技能。这里我们将主要介绍克朗伯兹的社会学习理论，帮助大家在生涯决策时做出相对正确的选择。

社会学习理论为班杜拉（A. Bandura）所创立，克朗伯兹将之引入职业生涯辅导领域，他提出：个人的社会成熟度在很大程度上依赖于对他人行为的学习和模仿，并由此而决定他们的职业导向。克朗伯兹认为有四种因素会影响职业决策：

**（一）遗传因素**

个人遗传而来的一些特质，在某种程度上决定了他的职业表现（智力、职业技能、身体协调性等）。这些因素包括：种族、性别、外在的仪表特征等。

**（二）环境因素和事件**

家庭中学习的机会，个人感知到的工作机会，职业的选择过程和晋升机会，劳动力市场的相关信息，自然灾害（地震、洪水以及干旱）和资源，科技发展水平，家庭经历以及社会交往经历等环境因素和事件也会影响个人的职业生涯决策。

**（三）学习经验**

克朗伯兹认为，每个人都有独特的学习经验，这对于个人的职业生涯决策具有重要的影响。他提出有以下两种类型的学习经验：

**1. 工具式学习经验（Instrumental Learning Experiences）**

个人为了得到好的结果，在特定的环境中采取一定的行动，其后果对个人会有重要的影响作用。例如：一名学生通过努力学习，在一次考试中取得了好的成绩，会激励个人更加努力地学习。克朗伯兹认为，职业生涯规划和职业所需的技能等，都可以通过工具式学习经验而获得。

**2. 联结式学习经验（Associative Learning Experiences）**

个人通过观察真实和虚构的模型，通过对人、事之间的比较来学习对外部刺激做出反应。某些环境刺激会引起个人情绪上积极或消极的反应。如果原来属于中性的刺激与社会上使个人产生积极或消极情绪反应的刺激同时出现，这种伴随在一起的联结关系就会使中性的刺激也具有积极或消极的情绪作用。克朗伯兹指出，我们对于职业的刻板化印象，如"教师是清贫而崇高的"等，都是通过这种联结式学习经验获得的。仅仅一个联结式学习经验就有可能造成个人对某种职业的刻板化印象，但这种印象有可能一生都难以改变，从而对个人的职业生涯选择产生深远的影响。

**（四）完成工作任务的能力**

完成工作任务的能力受到工作习惯、绩效标准、个人价值观和认知过程的影响。

克朗伯兹认为，在个人发展的历程中，上述四种因素相互作用，从而形成了个人对自我与世界的信念（Self-Observation Generalization/World-View Generalization）。他提出：一般所谓的个人兴趣、价值观等实际上都属于个人职业生涯信念的一部分。生涯信念就是一组对自己以及自己未来在工作世界中发展的假设，这种假设会影响到个人在生涯历程中的期望与行动。个人可能会由于学习经验的不足，以致形成错误的推论、单一的比较标准、夸大式的灾难情绪等种种问题，而有碍于职业生涯的正常发展。因此克朗伯兹特别强调学习的重要。

克朗伯兹的社会学习理论对我们大学生实际的职业生涯规划也提供了不少新的理念和具体方法，具有较高的实用价值。尤其是其系统的职业决策步骤和方法，对培养个人决策能力具有现实指导意义。

# 第三节　职业角色与其他生活角色的关系

## 一、职业角色概述

所谓职业角色，是指社会和职业规范对从事相应职业活动的人所形成的一种期望行为模式。有多少种职业就有多少种职业角色。职业角色的定位由职业的内在要求和外在期望所决定。

每一种职业有其自身内在要求，这是保证职业本身延续的需要，从事相应职业的人必然要塑造成一定的角色。职业者在做好内在角色定位以后，在对外从事角色展示上，即职业服务上，逐渐被社会赋予一定的角色期望，如人们在危难之时期望警察的出现和作为，在病危之时期望医务人员的作为等。其实人们对职业角色的期望就是职业角色内在要求的外化表现。在当今的市场经济条件下，了解职业角色的相关知识，可以帮助我们正确认识自己在不同时空下的角色定位，并履行自身的角色义务，不辜负社会对自己的角色期望，做好职业服务。职业角色与生活角色两者往往具有一定的联系，且相互影响，如教师与父亲、农民与父亲等，两种不同的角色会产生彼此不同的影响。

## 二、职业角色与其他生活角色的关系

角色的概念源于舞台戏剧，后来被社会学家们引入社会学范畴，将它作为分析和解释社会学现象的重要工具。社会学理论中，角色是指适应他人期望的行为模式。我们可以这样理解角色：角色是身份、权利与义务、人格等的统一体。角色是构成社会的基本单位，同时个人与角色之间具有的同构性决定了个人与角色之间双向的互动关系。生活就是角色扮演的过程。

职业生涯成功与家庭生活成功之间有着非常密切的关系。个人与家庭发展遵循着并行发展的逻辑关系，职业生涯的每一阶段都与家庭因素息息相关，或协调或冲突。职业生涯与家庭的责任之间的平衡，对于职场新人尤为重要。每个人都在社会生命周期中扮演着多种社会角色，但我们作为子女等的角色是不可逆的。我们能放弃一项职业角色，却不能放弃这些家庭角色；相反，我们要设法完成这些角色。这也就是要求我们，要考虑父母、爱人、朋友的意见与建议，处理好家庭、婚姻与职业之间的关系。

大多数人都会发现自己在职业角色和生活角色之间存在着许多无法解决的矛盾，只有极少数的人能够从事与个人生活方式完美结合的职业。因此，大部分人必须学会平衡这两个世界。一个人的角色是多重的，你在考虑职业角色的时候，也要考虑到家庭和生活角色的平衡。美国职业规划师舒伯认为，人在某一阶段对某角色投入得多，会促进这一角色的成功，同时也可能导致另一角色的失败。

### 故事

有一天，英国女王伊丽莎白参加应酬很晚才回家，回来后发现卧室的门紧闭着。女王站在门外一边敲门一边用对待大臣的口气说："伊丽莎白女王回来了，开门。"丈夫问："是谁在敲门？"女王回答："是女王。"丈夫没有开门，她又敲，丈夫又问，女王回答："是伊丽莎白。"丈夫还是没有开门。伊丽莎白女王似乎意识到了什么，最后，她答道："是你可爱的妻子伊丽莎白回来啦！"听到这话，丈夫才打开门，拥抱了妻子。你瞧，即使贵为女王，回到家后也要迅速转变角色。

如果一个人不能及时转换角色就容易形成"角色固着"，这会给家庭生活带来很多麻烦。工作回来，走进家门，忘掉工作的同时还要把自己的"职业角色"暂时忘掉，要扮演起自己应有的家庭角色。

### 三、角色失调及其调适

在社会生活中，职业角色和其他生活角色都不是孤立存在的，任何一个人都不可能仅仅承担某一种社会角色，而总是承担着多种社会角色。大学生走上职业岗位就会充当一定的职业角色，无论是职业角色还是其他生活角色都具有一些特征：角色是社会地位的外在表现；角色是人们的一整套权利、义务的规范和行为模式；角色是人们对于处在特定地位上的人们行为的期待；角色是社会群体或社会组织的基础。

#### （一）角色失调

当一个人具备了充当某种角色的条件，去担任这一角色，并按这一角色所要求的行为规范去活动时，这就是社会角色的扮演。在职业角色和其他生活角色的扮演中应着力避免以下几种情况：

第一，角色冲突。职业角色和其他生活角色之间或角色内部发生了矛盾、对立和抵触，妨碍了角色扮演的顺利进行，这就是角色冲突。职业角色是由不同人承担的同一角色，生活角色是多种角色集于一人之身，从这两种情况中就产生了两种不同类型的角色冲突：一种是角色间的冲突，即不同角色承担者之间的冲突，它常常是由于角色利益上的对立、角色期望的差别以及人们没有按角色规范行事等原因引起的，像领导与群众、服务员与顾客、婆媳之间、父母与子女之间等；另一种是角色内的冲突，即由于多种社会地位和多种社会角色集于一人身上，而在他自身内部产生的冲突。

第二，角色不清，即角色的扮演者对于某一角色的行为标准不清楚，不知道这一角色应该做什么、不应该做什么和应该怎样去做。社会的急剧变迁，常常是造成社会角色不清的最主要原因。在社会与文化的迅速变迁时期，很多社会角色都在发生变化。人们会感到，很多角色的行为规范都超出了他们过去习以为常的那个范围。这样发展的结果是，很多人对这些角色的行为规范究竟应是什么样子，感到"不得而知"。

第三，角色中断，即指在一个人前后相继所承担的两种角色之间发生了矛盾的现象。随着年龄增长和多方面条件的变化，人们在一生中总会依次承担多种角色。在一般情况下，人们在承担着一种角色时常为承担后来的角色做某些物质上与精神上的准备，因而不会发生角色中断。角色中断的发生是由于人们在承担前一种角色时并没有为后一阶段所要承担的角色做好准备，或前一种角色所具有的一套行为规范与后来的新角色所要求的行为直接冲突。例如，一位一心渴望能上大学的青年学生，因高考分数不够，突然成为待业青年，这是他万万没有料到的。

第四，角色失败，即角色扮演过程中发生的一种极为严重的失调现象。它是指由于多种原因使角色扮演者无法进行成功的表演，最后，不得不半途终止表演，或者虽然还没有退出角色，但已经困难重重，每前进一步都将遇到更多的矛盾。从角色失败的结果上看，通常可分为两种情况：一种是角色的承担者不得不半途退出角色；另一种是，虽然还处在某种角色的位置上，但其表现已被实践证明是失败的。

**（二）角色失调调适**

1. 明晰自己的职业角色，科学合理地做好职业生涯规划

首先我们需要有意愿（职业情感）。职业规划和职业成功离不开对某种职业的持久热情，即健康的职业情感。情感是主体对社会生活的内心体验，积极的情感是形成兴趣、追求、理想、信念的基础。

其次要科学合理，找到和确定一个"圆点"（职业定位）。美国著名职业指导专家施恩曾提出职业锚的概念。他认为：职业生涯发展实际上是一个持续不断的探索过程，每个人都在根据自己的天资、能力、动机、需要、态度和价值观等，形成较为明晰的与职业有关的自我概念。职业锚强调一个人要建立自己的长期职业贡献区：一要选定职业目标，制订职业计划表；二要发展职业角色，培养职业能力；三要提高职业适应性。为此，我们要积极主动，相信自己，鼓励自己，要求自己，认真制订"个人生涯发展计

划"，尽早抛下自己的职业锚。

再次是要按照事物的规律办事，分析内外环境和条件，才能确定具有可行性的"半径"（职业路径）。科学合理的生涯规划是要找到恰当的职业路径，即社会的需要与自我发展的相互结合。职业目标的高尚性要求我们要以推进社会发展为目的，根据社会的发展状况来考虑自己的职业。职业设计要选择正确的职业路径：一是要提出崇高的职业目标；二是要注意结合个人特点。

最后是要围绕职业定位整合资源，画出"圆周"（职业领域）。任何职业及岗位都会有其一般的能力要求和特殊的能力要求。这就要求大学生在学习中善于寻找相关性，在自己画出的"圆周"范围内，做到在有针对性地整合学校的各种学习资源的同时，积极参加各种相关的社会活动和社会实践训练，整合相关的社会资源，夯实自己的职业生涯发展基础。

**2. 认清自己的生活角色，处理好学业、职业和事业的关系**

学业是我们获取职业和事业发展的准备。我们在大学的主要任务就是学习，最终目的是成就一番事业。学习绝不能仅仅为了学而学，而是为了生活得更有价值和意义，因而也就包括为了获得未来工作所需的职业素质和职业能力。

职业是我们生存和提升价值的平台。忠实于自己的职业角色，通过自己的努力来实现人生的价值，才会有获取社会资源的平台。事业是我们实现理想的道路。理想是人们向往和选择的未来目标。职业理想则是在事业上将达到何种成就的期望和追求。可以说，一旦我们确定了人生的职业理想，我们的学业、职业就将转变为事业。理想的实现需要有一个实现理想的平台作为依托，事业则是我们通向理想的道路，没有事业这个平台，理想就只是幻想。作为大学新生，不仅要善于把现实的学业观转化为将来的职业观，还要善于把"为了生活而学习工作"的职业观，转化为"为了学习工作而生活"的事业观。

**3. 关注职场，注意培养自己的职业角色意识**

职业角色意识是指人们对自己所从事的职业所持有的认识和理解，是个人的世界观、人生观和价值观的有机构成要素。虽然学生身处校园，但提前培养职业意识很重要。譬如，利用网络收集一些目标职业的信息，通过分析来形成自己对职业的看法；参加学术活动，及时了解行业的发展变化，利于职业选择；通过参加各种职业训练活动，提前感受职场氛围。实际上，职业角色意识的培养过程本身也是一个自身成长的过程，通过此过程，不断提高自己分析和解决问题的能力，能为将来在职场的发展打好基础。

**4. 主动实践，提高职业素质和职业能力**

职业素质是劳动者对社会职业了解与适应能力的一种综合体现，其主要表现在职业兴趣、职业能力、职业个性及职业情况等方面。

影响和制约职业素质和职业能力的因素很多，主要包括受教育程度、实践经验、社会环境、工作经历等。一般来说，劳动者能否顺利就业并取得成就，在很大程度上取决于本人的职业素质和职业能力。职业素质和职业能力越高的人，获得成功的机会就越大。目前，虽然大学新生不能依靠实际就业来提高这方面的能力，但努力学习文化专业知识，增强现代科技意识，加强专业技能训练，进行社会实践和锻炼，是提高职业素质和职业能力的有效途径，而且是优势所在。我们通过分析自身的职业素质，分析自己的一般能力和特殊能力状况，不断挖掘潜能，发挥优势，就能够不断提高职业素质和职业能力。

**5. 重视修为，提升生活角色内涵，塑造良好的职业人格**

职场成功定律告诉我们：做人比做事更重要。职场上，真正成功之士，在生活中必是人品好的人。对学生而言，学校不是职场，不可能培养真正的职业人格。但是，学校可以培养和提升一个学生的道德修为，提升其生活角色内涵。职业道德所涵盖的在职业活动中应该遵循的基本行为准则和规范，如文明礼貌、爱岗敬业、诚实守信、办事公道、勤劳节俭、遵纪守法、团结互助、开拓创新等，也是大学生在学习生活中和社会生活中都应遵循的。因此，需记住：我们可以通过大学的学习生活，打造一座生活角色和职业角色并行不悖的立交桥。

总之，职业角色和其他生活角色是一脉相通的，大学生在做职业规划时，要特别注意了解社会和自己，要根据社会实情，依据个人所学专业、所具备的能力以及本身的志向、愿望、兴趣和社会需要等，明晰自己的职业角色，把个人愿望与现实世界和社会需要结合起来，正确选择职业生涯路径。同时，一定要充分利用各种条件、抓住各种机会，不断实践，增加自己的相关工作经验，丰富自己的生活阅历，积累自己的社会资本，提升生活角色的内涵。

### 知识链接

## 大学生初入职场角色适应常见问题

每个大学生在将要进入新的工作岗位时，都会有很多的憧憬与企盼。但是理想与现实总不可避免地存在差距，大学毕业生需要理性地设定起点与目标，平衡抱负与实际的界限，客观地评价自己、调整心态，理智地处理一切难题。初入职场的大学毕业生的常见的心理困惑主要体现在以下几个方面：

**（一）对学生角色的依恋心理**

寒窗苦读十多年，大学毕业生对学生角色的体验可以说已是非常熟悉了，学生生活使每个大学生养成了一种习惯的学习方式和生活方式。刚走上工作岗位，大学生常常会表现出对学生角色的依恋，自觉不自觉地将自己置身于学生角色之中，以学生角色来对待工作，以学生的思维方式来观察和分析事物，从而带来适应上的困难。

**（二）观望等待的依赖心理**

大学生活处于依赖与摆脱依赖的过渡期。当大学生离开学校走向社会时，就要承担起成人的职业角色，但此时成人的自觉性和独立性还没有养成，因而，初入职场的大学生往往存在观望等待的依赖心理。在这种依赖心理的作用下，一些大学生不去深入地了解自己的工作性质、范围、程序以及相互关系，工作上全靠领导安排，安排多少干多少，致使工作缺乏主动性和创新性。

### (三) 消极退缩的自卑心理

大学生初入职场,面对新的工作和生疏的人际关系,往往缺乏应有的自信。一些大学生在工作中放不开手脚,看到别人工作经验丰富,驾轻就熟,相比之下觉得自己这也不行,那也不行,胆小、畏缩,不知工作应从何入手,同时也担心自己做错了事,会给人造成不好的印象。另外,大学生初入社会,很容易产生不被重视的"自卑感"。在校园内,每个学生都处于平等状态,但到了一个新的工作单位,作为新来的试用者,要从最基层干起,且各方面都很难引起人们的重视,也很难有表现自己的机会。因此,很多大学生产生沮丧情绪,产生"不求有功,但求无过"的消极心理,进而产生自我否定心理。

### (四) 苦闷压抑的孤独心理

走出校门,踏入社会,大学毕业生旧的交际圈子已渐行渐远,而新的交际圈子尚未建立。面对新的工作环境和一张张陌生的面孔,每个大学毕业生都会有一段短暂的友情真空期。特别是那些远离家乡求职的大学毕业生,节假日和周末变成漫长的等待,孤独感更加强烈。另外,有些工作单位等级分明的上下级关系、居高临下的命令方式等也容易使大学生产生压抑感。

### (五) 眼高手低的自傲心理

一些大学毕业生自以为接受了高等教育,学到了不少知识,已经是人才了,因此,轻实践,放不下架子,看不起基层工作和基层工作人员,甚至认为大学毕业从事底层工作、干些不起眼的事是大材小用,有失身份。在这种心理作用下,很多大学生在现实中表现为眼高手低,大事做不了,小事不愿做。

### (六) 见异思迁的浮躁心理

有些大学毕业生在角色转换中还表现出不踏实的作风、不稳定的情绪。有的大学生工作几个月,甚至几年还静不下心来,可谓"身在曹营心在汉",三心二意,"这山望着那山高",一阵子想干这项工作,过一阵子又想干另一项工作,工作时经常在琢磨如何跳槽。这种浮躁心态使不少毕业生工作浮在表面,长时间进入不了角色,找不到工作与事业的方向。

### (七) 渴望大展身手的急躁心理

理想与现实之间的确存在差距,这种差距表现为在学校所掌握的知识短期内较难融会贯通于实践中。所有的工作程序、工作流程、做事的技巧都需要用心去体会和掌握。一般来说,从一名大学生锻炼成为一个熟悉业务运作、能独立承担任务的职业者需要一个磨合过程,有时这个过程会需要相当长的时间。企业会给新人个性张扬、自由发挥的空间,也会提供一个展翅高飞表现自我的平台,但这是有条件的,那就是新人在大展身手的同时,不能打乱正常的工作程序,不能不考虑企业的实际情况。

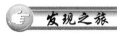

## 职业倾向小测试

为了确定适应你的最佳职业，这里介绍一种简单的测试办法。

测试目的：看你对哪种职业的工作有极大的倾向值或有潜力，以便帮助你选择和确定自己的最佳职业。

测试方法：以下前10题为A组，后10题为B组。给每组你认为"是"的题目打1分，"不是"的题目打0分，然后，比较两组答案分值。

1. 当你正在看一本有关谋杀案的小说时，你是否常常能在作者未交代结果之前知道作品中哪个人物是罪犯？（    ）

2. 你是否很少写错别字？（    ）

3. 你是否更愿意参加音乐会而不愿待在家里闲聊？（    ）

4. 墙上的画挂歪了，你是否想去扶正？（    ）

5. 你是否常论及自己看过或听过的事物？（    ）

6. 你更愿意读一些散文和小品文而不愿看小说？（    ）

7. 你是否愿少做几件事但一定要做好，而不想多做几件事而马马虎虎？（    ）

8. 你是否喜欢打牌或下棋？（    ）

9. 你是否对自己的消费预算均有控制？（    ）

10. 你是否喜欢研究能使钟、开关、马达发生效用的原因？（    ）

11. 你是否很想改变一下日常生活中的一些惯例，使自己有一些充裕时间？（    ）

12. 闲暇时，是否较喜欢参加一些运动，而不愿意看书？（    ）

13. 你是否认为数学不难？（    ）

14. 你是否喜欢与比你年轻的人在一起？（    ）

15. 你能列出五个你自己认为够朋友的人吗？（    ）

16. 对于你能办到的事情别人求你时，你是否愿意帮忙？（    ）

17. 你是否不喜欢太细碎的工作？（    ）

18. 你看书是否很快？（    ）

19. 你是否相信"小心谨慎，稳扎稳打"是至理名言？（    ）

20. 你是否喜欢新朋友、新地方和新东西？（    ）

测试分析：

1. 若A组分值比B组高，则表明你是个谨慎的人，适合从事具有耐心、谨慎和研究等要求的工作，诸如医生、律师、科学家、机械师、修理人员、编辑、哲学家、工程师等。

2. 若B组分值高于A组，则表明你是广博的人，最大的长处在于成功地与人交往，你喜欢有人来实现你的想法。适合做人事、顾问、运动教练、服务员、演员、广告宣传员、推销员等工作。

3. 若 A、B 两组分值大体相等，就表明你不但能处理琐碎细事，也能维持良好的人际关系。适合的工作包括护士、教师、秘书、商人、美容师、艺术家、图书管理员、政府工作人员等。

心理微视频
《就业那些事》

# 第二章

# 职业发展规划

党的二十大报告明确提出实施就业优先战略，指出就业是最基本的民生，要强化就业优先政策，健全就业促进机制，促进高质量充分就业。为实现更高质量更加充分的就业，大学生必须积极实现从职业生涯规划探索期到职业生涯规划建立期的升级和跨越。经过大学教育，大学生们用专业知识充实了自己，需要找到一个适合自己发展的平台。如果盲目地急于就业，可能会给自己造成时间、精力和财产上的损失，甚至可能影响自己的人生发展。

职业发展规划将个人发展与组织发展相结合。大学生在对一个人职业生涯的主客观条件进行测定、分析、总结、研究的基础上，应对自己的兴趣、能力、特长及不足等各方面进行综合分析，结合时代特点，确定最佳的奋斗目标，并为实现这一目标做出行之有效的安排，以减少大学生择业、就业的盲目性。职业生涯规划的目的绝不仅仅是帮助个人按照自己的资历条件找到一份眼前合适的工作，更重要的是帮助个人真正了解自己，为自己定下事业大计，筹划未来，拟定一生的发展方向。如何进行职业生涯规划，是大学生应学习和思考的问题。

案例一

小沈今年29岁，现在一家广告公司供职。他从7年前大学毕业到现在，已经换了5家不同的公司。

"我原来的看法一直是，不要急于给自己的人生定向，可以多尝试一下，然后再确定自己的方向。这5年来，我一直在试图给自己找一份真正满意的工作，于是我不断搜集这方面的信息、建议，以图更好的发展。开始，我在银行上班，后来又先后干过与房地产、保险、体育器材等相关的工作，直到最近进了这家规模不大的广告公司。频繁的跳槽虽然让我积累了丰富的工作经验，但也失去了很多原有的资源以及升迁的机会。我已经是一个将近而立之年的男人，我希望自己的工作、生活能相对固定些，能有一个长期稳定的发展空间。但就目前的情况来看，很难。我投身广告行业是因为这一行现在市场需求大，可谁知道以后会怎样呢？我原先的几份工作也是开始好做，后来越来越难做。我觉得自己长期以来都不能安心干好一份工作，要么容易厌倦，要么轻易放弃。包括做广告，我的劲头也不如开始时那么足了，业务、人际方面的麻烦事弄得我注意力很难集中，这对我很不利。老同学聚会时，我看见一些朋友已是小有成就，想想自己又是惭愧又是不服。真不知是运气不好，还是自己存在问题。"

**点评：**

小沈在涉足职场前，缺乏对职业生涯的总体规划，频繁的跳槽虽然给了他开阔眼界的机会，却使他可能错失了职业发展的黄金时期。盲目的就业，可能会给自己造成时间、精力和财产上的损失，甚至可能影响自己的人生发展。

### 案例二

我是一名大二的学生，学习信息与计算机科学专业。说实在的，我当初根本不知道这专业要学些什么，只是看到"信息"二字，认为是与计算机有关的，就报了这一专业。到了大学才知道大都是数学课，我傻了，怎么是数学专业？我早已经厌倦学数学了，可命运就是这样，我只好认了。于是我厌学，上网，根本不把学习放在心上，因为我一直以为我天生就不是学习数学的料。

每当夜深人静时，我感到极度迷茫、空虚和恐慌。每天当我打开电脑时，首先想到的是游戏。有时一玩就是一天，整个人似乎都被游戏俘虏了，我已经忘记了自己还是一个学生，还得学习，以前立下的志向早已抛到了九霄云外。

在我感到十分无助的时候，我听了一堂职业生涯规划课，深有感触。我不能逃避，因为还要毕业。我开始醒悟，我不该沉迷在游戏中寻求慰藉，我也开始确信，我的未来不是梦。即使现在我对自己的专业没有多大的兴趣，但是，我可以学习其他的东西来充实自己。大学，我不能只当"陪练者"，那样太窝囊了。

于是我开始思考自己的职业生涯规划，重新审视自己。我想，在短期内得到很大的突破是不可能的，我也不想再制定那种一点都不现实的计划。我打算在这个学期自学完成网站的制作，把数据结构这门课学好，把大学英语四级过了，下学期考六级，学好计算机语言程序设计，精心做一个让自己满意的网站。现在开始，每天写一篇文章，一定要写好，每周看两本书。我相信，到了大四，我至少会少些遗憾。

**点评：**

缺乏职业生涯规划的人，即使他们有巨大的潜能，也容易把精力放在小事情上，使他们忘记了自己本应该做什么，经常犯捡芝麻丢西瓜的错误。大学是职业生涯开始的前站，是助力职业发展的加油站，在面对大学生活的新鲜之余，我们必须认真把大学生涯规划作为职业生涯规划的重要组成部分，规划好自己的大学生活，为将来的就业和职业发展做好充分的准备。

# 第一节 认识自我

认识自我是指个人对自己的了解和认识，包括认识自己的长处和缺点，认识并调整自己的情绪、意向、动机、个性，并对自己的行为进行反省等。在求职之前，我们通过自我认知，能够了解自己的职业价值观、兴趣、爱好、能力特长、人格特征等，认识到自己真正适合从事什么样的工作，以及希望从工作中获得什么。认识自我可从以下几个方面展开。

## 一、职业兴趣

兴趣是人们追求认识、掌握某种技能，并经常参与该种活动的心理倾向。例如，你对某种职业感兴趣，就会对该种职业表现出肯定的态度，并积极去了解、思考、探索和追求。

### （一）兴趣在大学生职业生涯中的作用

兴趣是大学生职业生涯选择的重要依据。兴趣可以使人集中精力去获得自己所喜欢的职业的相关知识，并创造性地开展工作。当一个人对某种职业发生兴趣时，他就会积极地去感知和关注该职业领域的知识、发展动态，并且积极思考，大胆探索，增强克服困难的意志等。反之，"强按牛头不喝水"，是不会取得良好效果的，当然也就很难在该职业领域发挥个人的优势。

兴趣是保证职业稳定、职场成功的重要因素。对某一职业有浓厚的兴趣，是个人智力开发的"孵化器"。对于一个人来说，对自己所从事的工作感兴趣，就愿意钻研，就容易出成果，这正是兴趣的作用所在。一般来说，兴趣是个人职业生涯稳定发展的一个基本方面，它可以用于预测个人的工作满意度和工作稳定性。工作满意是职业生涯稳定的一大标志，在其他条件相似的情况下，从事自己感兴趣的职业，不但能让个体自己感到满意，而且能够让工作单位的领导和同事感到满意，从而实现工作的持续性和稳定性。

因此，在规划自己的职业生涯时，个体不仅需要知道自己有能力从事什么样的工作，更重要的是需要知道自己对哪类工作感兴趣。只有将能力和兴趣结合起来考虑，才更有可能规划好职业生涯并取得职业生涯的成功。

### （二）职业兴趣与职业的匹配

美国心理学教授约翰·霍兰德于1971年提出了具有广泛社会影响的职业兴趣与职业匹配的理论。这一理论首先将职业划分为六种典型的"工作环境"。这六种环境分别是现实性的环境、调查研究性的环境、艺术性的环境、社会性的环境、开拓性的环境、常规性的环境。霍兰德认为，职业兴趣是决定一个人选择何种职业的重要因素。霍兰德基于自己对职业兴趣测试的研究，一共发现了六种基本的职业兴趣。然后，根据劳动者的心理素质和择业倾向，将劳动者划分为实际型、调研型、艺术型、社会型、企业型、常规型六种基本类型。霍兰德关于职业兴趣的六种分类可以帮助大学生了解哪种类型的工作对自己比较合适，同时也可以帮助大学生了解工作内容及环境。

1. 现实型——R 型

现实型也称为实际型。这种类型的人喜欢用头脑依照自己的方法来解决问题，喜欢追根问底，提出新的想法和策略，但对实际解决问题的细节较无兴趣。现实型者喜欢从事技艺性的或机械性的工作，能够独立钻研业务、完成任务，擅于动手并以技术高为荣，其不足之处是处理人际关系能力较差。

属于这一类型的职业有飞机机械师、机器修理工、电器师、自动化技师、电工、木工、机床操作工、机械工人、制图员、鱼类专家等。

2. 调研型——I 型

调研型也称为调查型、研究型或思维型。调研型者喜欢从事思考性、智力性、独立性、自主性的工作。这类人往往有较高的智力水平和科研能力，注重理论。其不足之处是不注重实际，考虑问题偏于理想化，而且领导他人、说服他人的能力较弱。

属于该类型的职业主要有科研人员、技术发明人员、计算机程序设计师、实验人员、科学报刊编辑、科技文章作者、天文学家、地质学者、气象学者、药剂师、植物学者、动物学者、物理学者、化学家、数学家等。

3. 艺术型——A 型

艺术型的人喜欢用文字、音乐、色彩等不同的形式来表达情绪或美的感受；喜欢创造，不喜欢受束缚；喜欢从事音乐、写作、戏剧、绘画、设计等领域的工作；喜欢通过各种媒介表达自我感受（如绘画、表演、写作），审美能力较强，感情丰富且易冲动，不顺从他人。他们不喜欢高度规范化和程序化的工作。

属于该类的职业主要有作曲家、画家、作家、演员、记者、诗人、摄影师、音乐教师、编剧、雕刻家、室内装饰专家、漫画家等。

4. 社会型——S 型

社会型也称为服务型。这种类型的人关心自己和别人的感受，喜欢倾听和了解别人的想法，愿意付出时间和精力去解决别人的冲突，并帮助他人成长；喜欢与人交往，乐于助人，关心社会问题，常出席社交场合，对于公共服务与教育活动感兴趣；喜欢从事教育、咨询、福利等领域的工作。其不足之处是往往缺乏机械操作能力。

属于该类型的职业主要有社会学家、社会工作者、咨询人员、心理治疗医生、学校领导、导游、精神疾病工作者、公共保健护士等。

5. 企业型——E 型

企业型也称为事业型、决策型或领导型。属于企业型者，多希望拥有权力去改善不合理的事情，希望自己的表现被他人肯定；性格外向、直率、果敢、精力充沛、自信心强，有支配他人的倾向和说服他人的能力，敢于冒险；喜欢从事管理、行政等领域的工作。其不足之处是忽视理论，自身的科学研究能力也较差。

属于该类型的职业有商业管理、律师、广告宣传员、政治家、零售商等。

### 6. 传统型——C 型

传统型者也称为常规型，做事规矩而精确，喜欢按部就班、精打细算；不喜欢改变或创新，也不喜欢冒险或领导；他们多喜欢从事文书事务、金融、统计等领域的工作。

属于该类的职业主要有记账员、会计、银行出纳、法庭速记员、税务员、校对员、打字员、办公室职员、统计员、计算机操作者、图书资料档案管理员、秘书等。

显而易见，每一种职业兴趣类型的人都有自己的特点和长处，也有一定的短处。从全社会的角度，以及从人的心理差异的角度看，无所谓哪一种好或坏，只有与职业类型是否协调、匹配的问题。

霍兰德认为，同一职业兴趣类型的劳动者与同一类型的职业互相结合，便达到适应状态，这样，劳动者找到了适宜的职业岗位，其能力与积极性才能得以发挥。劳动者职业兴趣类型与职业类型的相关系数越大，两者适应程度越高；二者相关系数越小，相互适应程度就越低。为了直观地阐明自己的思想，霍兰德用六角形将上述现实型、调研型、艺术型、社会型、企业型、传统型六种职业兴趣类型画出，并将其相互联系在图中加以表示，形成六类型相关图（见图 2－1）。这个图的六个角分别代表六种职业类型和六种职业兴趣类型。六种职业兴趣类型的从业者与六种类型的职业相关联，在图形上以连线表示。连线距离越短，两种类型的职业兴趣与职业特点之间的相关系数就越大，表示人职适应程度越高。当连线距离为零时，代表从业者的职业兴趣类型与职业类型高度相关，竟然统一在一个点上（即图中六个角的顶端），这种情况下，从业者的职业兴趣与其从事的职业最为匹配。

图 2－1 简明清晰地反映出个体职业兴趣与职业特点的匹配度。图中的"密切相关类型"用粗实线表示，如调研型与现实型之间、传统型与企业型之间；"一般相关类型"用细实线表示，如调研型与传统型之间；"相斥类型"用虚线表示，如传统型与艺术型之间。一个人属于艺术型时，若选择艺术型以及"密切相关"的调研型、社会型的职业，能够达到职业协调；若选择"一般相关"的现实型、企业型职业，其结果属于职业次协调；若选择"相斥"关系的传统型职业，则处于职业的不协调状态。

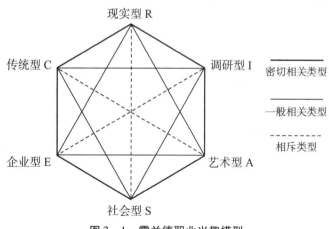

**图 2－1　霍兰德职业兴趣模型**

社会中的人是复杂的，大多数人实际上并非只有一种职业兴趣，因而不能单一地用一种类型来简单概括。他们可能兼有多种职业兴趣，或以一种类型为主，同时具备其他类型的特点。因此，职业问题专家进而提出若干种中间类型或同时具备多种类型特性的职业类型群的划分方法。如果个体具有的两种职业兴趣是紧挨在一起的，那么他可以很容易地选定一种职业。然而，如果个体兼有的职业兴趣是相互对立的，例如，同时具有实际型职业兴趣和社会型职业兴趣，那么他在进行职业选择时可能会过多考虑，更有可能犹豫不决。霍兰德认为，个体兼有的职业兴趣越相似或相容性越强，则个体在选择职业时所面临的内在冲突和犹豫就会越少。霍兰德模型预测的有效性被许多学术研究证实，经久不衰，目前仍是全球流行的人职匹配测试工具。

## 二、气质

根据心理学的知识，气质是指一个人的典型心理特点。人的气质可分为四类，即多血质、胆汁质、黏液质、抑郁质。

多血质类型的人表现出活泼外向、敏感易变的特点，对周围事物的变化反应快捷，但不强烈，注意力容易发生转移，属于活泼型。

胆汁质的人易冲动、急躁、行动敏捷，性格也具有外向性，对周围事物反应迅速且强烈，属于急躁型。

黏液质的人行动缓慢，反应迟钝，沉默寡言，情绪稳重，不易转移，具有内向性。

抑郁质的人反应迟钝、孤僻，善于感受周围事物，情绪体验深，且不轻易表露，性格坚毅、沉稳。

气质虽然分为四种，但现实生活中大多数人都是好几种气质类型的混合，比较明显的气质特征只不过是在这几种气质中更倾向于某一种。在选择职业上，不同气质特点的人适合于从事不同的工作。

气质类型从本质上来讲，并没有好坏之分，任何一种类型都具有两面性。例如，多血质活泼型的人因为其情感丰富、活泼好动、社交能力较强，容易适应环境，比较适合从事文艺或公共关系类的工作，如演员、记者、管理人员、律师、公关与人事工作人员；但由于其兴趣转移快，故不太适合从事科研工作。抑郁质稳重型的人由于其情感体验深厚、观察力敏锐、办事稳重，则比较适合从事科学研究或理论研究工作；又因为其反应缓慢、内向性明显，故不宜从事公共关系类的工作。胆汁质的人一般精力旺盛，待人热情爽快，情绪兴奋性高，能坚持较长时间的工作而不疲劳，此类气质的人从事行政管理比从事科学研究工作要好。黏液质的人情绪兴奋性低，但平稳难变，举止平和，行为内向，头脑清楚，做事有条不紊、踏踏实实，能严格遵守既定的生活秩序和工作制度，原则性有余而灵活性不足。黏液质人是最佳的合作者，也是最容易得到上司认同的下属，适合从事计算机、文秘、档案管理等工作。气质对一个人来说，没有选择的余地，重要的是了解自己，自觉地发挥气质中的积极方面，努力克服消极的一面。

### 三、性格

人们常说"性格决定命运",这是有一定道理的。不少用人单位在选拔人才时坚持"性格比能力更重要"的用人理念。因为一个人如果能力不足,可以通过培训提高,但如果其性格与职业不匹配,要改变起来,就相当困难。所以,他们在招聘新人时,将性格的测试放在首位,当性格与职业匹配时,才对其能力进行测试检查。

虽然我们在生活、学习和工作中可以培养性格,但有一些性格是难以改变的,或者说,有些性格是难以改变到与职业对性格特征的要求的水准上的。因此,我们在选择职业时或者在确定将来的职业目标时,要认真考虑自身的性格特点和职业要求的匹配度。比如说,大学老师这个职业,要求语言表达流畅,善于沟通,但如果一个经济专业的学生性格内向,不善言谈,但善于观察,创新和研究能力强,虽然经过培养,语言表达能力也有所提高,但要想成为一名出色的教师,恐怕会有一定的困难,主要原因是性格特征与职业要求不匹配。但如果其调整择业目标,成为研究所的研究人员,这样其性格与职业要求匹配,将来其成为一名优秀的经济学研究者比成为一名优秀的大学教授的可能性要大得多。

### 四、能力水平

个体的能力一般可分为语言能力、数理能力、空间判断能力、察觉细节能力、书写能力、运动能力、动手能力、社会交往能力和组织管理能力等九种能力。从多元智能理论来看,每个个体的能力各有不同,一种能力较弱,并不能说明其他的能力不行,一个人总有他的优势智能。就大学生而言,其智能一般来说已达到了较高的水平,是同龄人中的佼佼者。但是个体之间的能力差异还是存在的。在大学这个相对自由、开放的环境中,他们有的在学习方面一枝独秀;有的在文娱、运动方面独领风骚;还有的则在人际交往和组织管理方面表现出众。具有不同能力水平的人在进行职业生涯决策时,就会表现出不同的特色。每个人只要对自己的能力水平有一个清醒的认识,扬己之长,避己之短,就能对自己的职业生涯进行合理的规划。

### 五、价值观

#### (一)价值观的含义

价值观是指个人对客观事物(包括人、物、事)及对自己的行为结果的意义、作用、效果和重要性的总体评价,是对什么是"好的"、什么是"应该的"的总体看法,是推动并指引一个人采取决定和行动的原则、标准,是个性心理结构的核心因素之一。它使人的行为带有稳定的倾向性。价值观是人用于区别好坏、分辨是非的极其重要的心理倾向体系。它反映人对客观事物的是非判断及重要性的评价。人不同于动物,动物只能被动适应环境,人不仅能认识世界是什么、怎么样和为什么,而且还知道应该做什么、选择什么,发现事物对自己的意义,设计自己的人生规划,确定并实现奋斗目标。

这些都是由每个人的价值观支配的。价值观能够决定、调节、制约个性倾向中低层次的需要、动机、愿望等，它是人的动机和行为模式的统帅。人的价值观建立在需求的基础上，一旦确定则反过来影响调节人进一步的需求活动。人们对各种事物，如学习、劳动、享受、贡献、成就等，在心目中存在主次之分，对这些事物的轻重排序和好坏排序构成一个人的价值观体系。价值观体系是决定一个人行为及态度的基础。价值观受制于人生观和世界观。一个人的价值观是从出生开始，在家庭和社会的共同影响下逐渐形成的。一个人价值观的形成，受其所处的社会生产方式及经济地位的影响，且在一定程度上是不可逆的。具有不同价值观的人，对同一事物会表现出不同的态度和行为。

**（二）价值观的类型**

美国心理学家洛特克（Rokeach）于1973年在对人类价值观本质的论述中，提出13种价值观：

1. 成就感

提升社会地位，得到社会认同。希望工作能得到他人的认可，对工作的完成和挑战成功感到满足。

2. 美感的追求

能有机会多方面地欣赏周遭的人、事、物，或任何自己觉得重要且有意义的事物。

3. 挑战

能有机会运用聪明才智来解决困难。舍弃传统的方法，而选择创新的方法处理事物。

4. 健康

包括身体健康和心理健康，希望工作能够免于焦虑、紧张和恐惧，能够心平气和地处理事务。

5. 收入与财富

希望工作能够明显、有效地改变自己的财务状况，希望能够得到金钱所能买到的东西。

6. 独立性

希望在工作中能有弹性，可以充分掌握自己的时间和行动，自由度高。

7. 爱、家庭、人际关系

关心他人并与别人分享，协助别人解决问题，体贴、关爱他人，对周遭的人慷慨。

8. 道德感

与组织的目标、价值观、宗教观和工作使命能够不相冲突，紧密结合。

9. 欢乐

享受生命，结交新朋友，与别人共处，一同享受美好时光。

10. 权力

能够影响或控制他人，使他人照着自己的意思去行动。

11. 安全感

能够满足基本的需求，有安全感，远离突如其来的变动。

12. 自我成长

能够追求知性上的刺激，寻求更圆融的人生，在智慧、知识与人生的体会上有所提升。

13. 协助他人

体会到自己的付出对团体是有帮助的，别人因为你的行为而受惠颇多。

**（三）探索价值观的步骤**

价值观探索的方法很多，一般而言，价值观探索要经过下述 7 个步骤。

1. 自由选择

一个人的价值观必须让个人自由选择，经过自由选择而确立的价值观才能真正起到引导个人行为的作用。

2. 从各种不同的途径选择

选择的具体做法是：（1）辨别与问题有关的价值观。（2）辨别其他可能有关的价值观。（3）整理上述每一种价值观及其可能对选择产生的后果。

3. 对各种途径产生的后果三思后做选择

个人感情冲动时，大脑欠冷静，这样贸然选择的价值观，不能代表他的真正价值观。一个对各种不同途径的后果经过认真考虑和衡量比较后做出的选择才是有意义的选择，才是具有真正意义的价值观。

4. 重视和珍惜所做出的选择

一般来说，我们对自己认为有价值的东西都会重视和珍惜，会以它为荣。只有为我们所重视和珍惜的价值观，才有可能成为我们价值观真正的一部分。

5. 公开表示自己的选择

如果我们的选择是在自由的环境中经过自己的认真思考做出的，而且我们非常重视和珍惜它，那么，当有人问起时，我们会很自然地对外公开宣布。

6. 根据自己的选择采取行动

一个人的价值观能左右他的生活，能对他的日常行为产生举足轻重的影响。一个人如果认为某种东西有价值，就会非常乐意为之付出自己的时间、精力、金钱甚至生命，去尝试、去实践、去完成或者拥有它，百折不挠，锲而不舍。

7. 重复根据自己的选择所采取的行动

如果个人的某种观念、态度或兴趣已经上升为他的价值观，那么，他就会在各种不同的时间和场合一而再、再而三地表现在行为上。价值观将长久地支配着人们的行动。

# 第二节　了解职业

社会职业种类繁多，千差万别，特别是随着社会经济的发展，新的职业不断涌现。尽管职业的种类丰富多彩，但一个人一生中能够从事的职业相当有限，对许多人来说可能一生就只从事一种职业。选择理想的职业事关一个人的终身，选择好理想的职业是实现职业生涯目标的重要前提和基础。

## 一、职业的概念及内涵

社会职业是一个范围极广、丰富多彩的领域。对于职业的含义，不同的学者有着不同的看法。根据不同学者的论述，可以为职业下一个比较全面的定义，即职业是参与社会分工，利用专门的知识和技能，创造物质财富、精神财富，获得合理报酬，满足个人物质需要、精神需要的工作。简言之，职业就是社会中某一类型的工作。

从社会的角度来看，职业是劳动者获得的社会角色；从国家的角度来看，每一种职业都是社会分工中的一个部分；从个人的角度来看，职业则是劳动者"扮演"的社会角色，他因此为社会承担一定的义务和责任，并获得相应的报酬。职业是人类文明进步、经济发展以及社会劳动分工的结果。

职业在社会生活中主要包含三个方面的要素：一是职业职责，即每一种职业都包含一定的社会责任，必须承担一定的社会义务，为社会做出应有的贡献；二是职业权力，即每一种从业人员都有一定的职业业务权力，只有从事这种职业的人才有这种权力，而除此职业之外的人不具有这种权力；三是职业利益，即每种从业人员都能从职业工作中获得工资、奖金、荣誉等利益，从而满足个人需求，达到"乐业"。任何一种职业都是职业职责、职业权力和职业利益的统一体。

## 二、职业的分类

在职业分类中，产业、行业与职业三者之间存在着归属关系，其中，不同产业相应地包含着各种行业，不同的行业也相应地包含着各种职业。而产业是国民经济中最基本的分类。任何一个国家的国民经济都可以划分为三大产业：第一产业包括农业、林业、畜牧业、渔业；第二产业包括机器制造业、加工业和建筑业等；第三产业是指为社会公众提供社会性服务的非物质生产部门，如金融业、保险业、商业、旅游业、咨询业和信息业等。

职业分类的主要依据，是根据职业工作者在社会岗位从事的活动所包含的目标、应完成的任务以及所体现的社会职能来划分的。例如社会服务性职业，主要是指帮助公众解决问题或困难的职业，如医疗卫生工作者、民事调解员、心理咨询员等；一般服务性职业，是指为社会公众、家庭提供专项服务的职业，如服务员、导游员、钟点工、保姆等；文职性职业，是指使用文字或其他媒体，把信息和知识传授给别人的职业，如教师、记者、编辑、图书档案工作人员等；艺术及创造性职业，是指用语言、动作、音像、色彩等来创造艺术作品的职业，如摄影师、作家、画家、音乐家、舞蹈家等；计算及数学性职业，是指证券资金管理、资料数据统计，如银行证券职员、财务会计、统计员等；管理性职业，是指以管理为主的职业，如厂长、经理、公务员等。

根据国家统计局的分类，我国的国民经济行业分类为：①农、林、牧、渔业；②采矿业；③制造业；④电力、热力、燃气及水生产和供应业；⑤建筑业；⑥批发和零售业；⑦交通运输、仓储和邮政业；⑧住宿和餐饮业；⑨信息传输、软件和信息技术服务业；⑩金融业；⑪房地产业；⑫租赁和商务服务业；⑬科学研究和技术服务业；⑭水利、环境和公共设施管理业；⑮居民服务、修理和其他服务业；⑯教育；⑰卫生和社会工作；⑱文化、体育和娱乐业；⑲公共管理、社会保障和社会组织；⑳国际组织。

在上述行业分类的基础上，2022 年版《中华人民共和国职业分类大典》，将我国所有职业分为 8 个大类：①党的机关、国家机关、群众团体和社会组织、企事业单位负责人；②专业技术人员；③办事人员和有关人员；④社会生产服务和生活服务人员；⑤农、林、牧、渔业生产及辅助人员；⑥生产制造及有关人员；⑦军队人员；⑧不便分类的其他从业人员。

**知识链接**

## 盘点中国热门的十大行业

了解目前社会行业发展，明白哪些行业最热门？哪些职位最受企业关注都是非常有必要的。下面为大家整理的中国最热门的十大行业，仅供参考。

1. 互联网行业

互联网服务行业是随着互联网的发展而兴起的一种新兴行业，是"互联网＋服务业"融合发展的成果。互联网服务业以网络信息发展为基础，能够结合传统服务业，为消费者提供便利，及时解决消费者提出的需求，并为消费者打造专属的服务计划，提升消费者的服务感受。

互联网服务行业分为基础类服务和生活类服务两大板块。

（1）基础服务类

①新闻资讯服务。就是我们经常看到的新闻和资讯网站，具体又可分为综合性的资讯平台、地方性的资讯平台和垂直行业资讯平台，代表性的有腾讯新闻、新浪新闻、今日头条等。

②信息搜索服务。通过搜索，获取所需要的服务信息。综合性搜索的代表有百度、搜狗和 360 搜索，垂直精准搜索的有百度学术、知网等。

③邮箱服务。邮箱也是大家经常用到的互联网服务，个人邮箱常见的有 QQ 邮箱和 163 邮箱，企业邮箱代表的有网易企业邮箱、QQ 企业邮箱等。

④信息聚合服务。这类的互联网服务，会将信息进行汇总整理，从而更加方便大家的使用，代表的有 58 同城、赶集网、大众点评等。

（2）生活类服务

①衣。一般为购物平台，代表的就是淘宝天猫、京东和拼多多，还有抖音、微店等，这些平台解决了实体店购物带来的不便。

②食。最具代表性的就是外卖行业，比如美团、饿了吗，互联网外卖行业的兴起，真正实现了人们随时随地可以点餐，足不出户享受各种美食的乐趣。

③住。具有代表性的平台是携程旅行、58同城等。

④行。这种生活类服务无疑更加方便人们出行，具有代表性的有滴滴出行、高德地图等。

互联网的发展，给人们生活带来的便利是多方面的，而服务行业会越来越受到大家的喜欢。因而，这一行业需要更多专业化的工作人员。

2. 教育和培训行业

当今的教育是个非常宽泛的行业，行业高度细分。以年龄为阶梯，教育包括学前、小学、中学、高中、大学、在职教育、老年大学等；从内容维度，教育又可细分为艺术特长教育、体能性格情商培养、语言教育、补习培优、出国留学教育、职业技能教育等；从形式和载体来看，教育包括线下和线上两种。中国适龄劳动人口基数巨大，劳动力技术技能培养的需求也是巨大的，因而，教育和培训行业有较好的发展前景。

3. 农业

从创业的角度看，我国农村过去几乎是一张白纸，由于新农村、新郊区建设的红火，带动了农民的需求和农村市场的兴旺，催生了大量创业机会，不仅农民创业热情高涨，而且吸引了城里人和大学生前去创业。如今，城市创业成本高，竞争激烈，农村则生机盎然，优势凸现。农村的劳动力充足，自然资源丰富，创业成本低。

逐渐富裕起来的农民，对物质文化生活需求的层次在提高，各地政府相继出台了系列创业资金扶持政策，使农村创业更有吸引力。农村的市场很大，而农村又急需知识、技术、科技和人才。

4. 旅游行业

旅游业事国民经济战略性支柱产业，有持续增长的大众旅游需求。随着人们生活水平的进一步提高以及消费主体和消费观念的改变，旅游的需求将会不断增加，旅游业的发展前景空间巨大。到"十四五"末期，将会形成一个百亿人次、十万亿元消费的国内旅游大市场。到2035年，按照发达国家居民每人每月出游一次的频率，城乡居民现在每个季度才出游一次的频率，国内旅游市场规模至少有三倍左右的成长空间。

5. 文化娱乐行业

中国文化娱乐业市场是文化市场的重要组成部分。我国文化产业是伴随改革开放步伐而迅速崛起、随着市场经济的发展而茁壮成长的文化新领域。随着国家各种利好政策的支持，文化产业已经进入经济建设主战场，企业改制、产业资金扶持、民营资本建立和海外市场的推动，都带动了中国文化娱乐产业的升级。

年轻化、圈层化、个性化的用户需求使得各类小众文化进入大众视野，小众文化进一步推动内容创新，促进主流文化与其他各类文化碰撞交流。近十几年来，中国的综合国力得到大幅度提升，成长为世界第二大经济体，文化娱乐行业经济实力的增强，使得中国文化影响力显著增强。

6. 智能家居

统计数据显示，智能家电就国内而言拥有着过亿的潜在客户，特别是追求生活品质的年轻人，对智能家电的要求高，需求大，是最大的潜在客户群。根据数据预估，智能家居成为家电行业发展最快的关键部分，前景广阔，市场潜力巨大。目前智能家居市场的四个瓶颈：一是无法抓住客户的痛点需求；二是购买成本高；三是购买和使用的便利性差；四是客户服务跟不上。

7. 老年用品和服务行业

目前我国老年用品和服务的市场需求为每年 6000 亿元，但目前每年为老年人提供的产品和服务则不足 1000 亿元，供需之间的巨大差距让老龄产业"商机无限"。我国的老年用品和服务产业才刚刚起步，涉及养老机构、医疗保健产品、旅游、房地产等领域，在各方面的专项产品及服务都还待开发。

8. 生物医药行业

生物医药是国家的战略性新兴产业，其制药技术将成为未来创新主动力，也是企业的核心竞争力。在对研发人员的薪酬策略上，也可以看到生物医药行业对研发人员的重视程度。

9. 健康管理行业

近年来，我国经济发展稳步增长，但在物质生活空前发达的当下，不合理的饮食习惯及不良的生活方式却对人们的健康产生了巨大的负面影响。

10. 信息安全分析行业

从宏观角度来分析，信息安全分析行业的市场规模越来越大，会导致人才需求剧增。智慧城市的建设也对信息安全体系提出了全新的要求，云计算、移动互联网、大数据、移动支付等领域的应用信息安全逐渐成为市场的主要发展方向。

# 第三节　了解环境

所谓了解环境，就是要认清所选职业在社会大环境中的发展状况、技术含量、社会地位、未来趋势等。当前热点职业有哪些？发展前景怎样？社会发展趋势对所选职业有什么要求？影响如何？这些问题都要仔细研究。

一份有效的职业生涯规划应该是在全面认识了解自己的同时，也清楚地认识到外部环境特征，以评估职业机会。即看看外面有没有可以让自己施展拳脚的机会，哪里有机会，是什么样的机会。

如今，科学技术的发展已经改变了人们的生活方式和企业的运作模式。互联网技术早已使地球变小，使个人空间扩大，直接影响到个人生活的方方面面。同时，这个世界变化快，去年热门的职业，今年可能就被打入"冷宫"。因而个人要想谋求职业生涯的发展和成功，就必须考虑外部环境的需求和变化趋势，力求适应环境变化。

　　外部环境分析包括：社会环境分析、组织（企业）环境分析和行业环境分析。

## 一、社会环境分析

　　所谓社会环境分析，主要是对社会政治环境、经济环境、法律环境、科技环境、文化环境等宏观因素的分析。通过对社会大环境的分析，了解所在国家或地区的政治、经济、科技、文化、法律、政策等，以寻找各种发展机会。

　　对社会环境的分析主要包括如下内容：

### （一）社会各行业对人才的需求状况

　　人类为了更好地生存与发展，必须不断创造社会物质和精神财富，不断推动社会进步，而社会发展对于人才的需求更加多样化。党的二十大报告指出，坚持把发展经济的着力点放在实体经济上，推进新型工业化，加快建设制造强国、质量强国、航天强国、交通强国、网络强国、数字中国。同时还指出，构建优质高效的服务业新体系，推动现代服务业同先进制造业、现代农业深度融合。通过对这方面信息的分析，个体可认识到自己目前所具备的知识和技能是否为社会所需要，自己应在哪些方面学习和提高。只有这样，个人才能适应社会的需要。

### （二）社会中各种人才的供给状况

　　对人才资源供给状况的分析实际上是在分析人才竞争的状况。对这些信息的分析，可以使个体认识到与自己竞争相似职业的人的状况，了解自己与他人相比较优势在哪里，不足在哪里，如何才能在竞争中取得优势。所谓"知己知彼，百战不殆"。

### （三）社会政策

　　对社会有关政策的分析，可以使个人了解到一些新的职业机会，以便在进行职业规划时利用这些机会。例如，为鼓励大学生创新创业，2021 年国务院办公厅印发了《关于进一步支持大学生创新创业的指导意见》（以下简称《意见》）。《意见》中推出了一系列支持大学生创新创业的政策：税费减免、贷款额度提高、部分孵化空间免费用、探索建立创业风险救助等。这些政策为有志于独立创业的大学生找到了新的发展路线。

### （四）社会价值观的变化

　　不同时代有不同的社会价值观，人们在从事职业时也需要得到社会的认同。了解了社会的价值观，有利于在职业规划时做出与社会价值观相一致的职业选择。社会主义核心价值体系是当代青年努力奋斗的动力源泉，为大学生职业生涯规划及其实施提供了强大精神力量。

## 二、组织（企业）环境分析

　　企业是从业者生存和发展的土壤。每个企业都有自己的发展目标、运作模式。此外，企业本身为了生存和发展，也要随时关注、适应社会大环境的变化，并采取相应的变革措施，这必将影响到其成员的个人生涯。了解企业的基本情况便于自己迅速适应组织环境。企业环境分析包括企业在本行业中的地位、现状和发展前景，所面对的市场状况，产品在市场上的发展前景，能够提供的岗位等，具体包括以下几个内容：

**（一）企业的特色**

企业的特色包括企业结构、企业文化、企业规模、企业实力，如企业的文化是否与自己的价值观相符？企业在本行业中是否具备很强的竞争力，发展前景如何？

**（二）企业的发展战略**

企业的发展战略主要包括企业未来发展的目标是什么？企业的发展领域在哪些方面？有什么阶段性的发展目标？在本行业中的地位和发展前景如何？目前企业所处的发展阶段是怎样的？企业在社会中的地位和声望如何？企业的产品在市场上的表现和发展前景如何？

**（三）企业中的人力资源状况**

企业中的人员状况：目前的人员年龄、专业、学历结构是什么样的？企业中的人力资源发展政策是怎样的？企业会采取哪些促进员工发展的行动？企业领导人的情况：是真心想干一番事业，还是就想捞钱获利？他的能力足以带领员工开创新天地吗？有没有战略的眼光和措施？

**（四）企业制度**

企业制度涉及的范围比较广，包括管理制度、用人制度、培训制度等，尽可能了解这些信息，并分析这些对自己的未来可能带来什么样的影响。特别要注意企业的用人制度，是否能为员工提供教育培训机会？提供的条件是什么？自己将来有没有可能在该企业担任更高级的职务或担负更大的责任？个人待遇提升的空间有多大？

通过对组织环境的分析，个体可以确认该组织是否是自己所偏好的职业环境，自己在组织中的发展空间和发展机会如何，从而决定是否在该组织中寻求发展，哪些类型的组织将是适合自己未来发展的组织。

### 三、行业环境分析

行业环境分析包括对目前所想从事行业和将来想从事的目标行业的环境分析。分析内容包括以下两点。一是行业的发展状况、国际国内重大事件对该行业的影响。比如，要注意国家政策的影响，看一看国家对某一行业是扶持、鼓励还是限制、制约，尽量选择有前景、发展空间较大的行业。二是行业优势与问题何在、行业发展趋势如何等。例如，科技发展会使某些行业如夕阳坠落，逐渐萎缩、消亡。也会有许多极具发展前途的朝阳行业不断出现，发展起来。

# 第四节　职业发展决策

职业发展决策是指主体基于一定材料，运用一系列方法，经过选择最终形成决定的过程。人们的职业决策并非总是这样容易的。人们在进行职业发展决策时，总会出现各种情况，影响其决策。第一种情况是职业理想和现实之间的冲突比较明显，而且选择很困难。比如，有人喜欢绘画，但家庭经济条件不允许；有人喜欢舞蹈或体育，但父母坚决反对；有人想当工程师，但能力不够。第二种情况是有些时候鱼和熊掌不可兼得。比如，你希望有很高的回报，但又害怕风险和责任；你希望有很高的收入，但又不喜欢经常出差。第三种情况是有一些人各方面的能力都比较强，但不知道自己该选择哪种职业，是学文科还是学理工科？是学文化学科还是选择艺术学科？第四种情况是，有些人在与职业选择有关的主要心理特质方面发生冲突，或不一致。

那么，如何综合考虑各方面的因素，做出合理的职业发展决策，是职业生涯管理的重要内容。那么职业发展决策过程具体是怎样的？以及如何解决职业生涯选择时的冲突？

## 一、职业发展决策过程

职业发展决策的思路很简单，主要是个人和环境两个方面，如图 2 - 2（机会—能力—价值模式）：

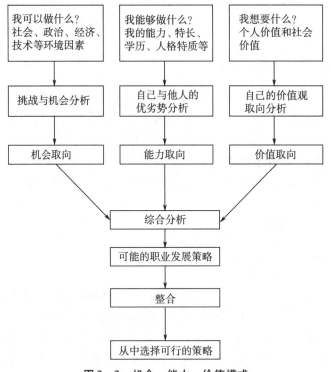

图 2 - 2　机会—能力—价值模式

图 2 - 2 比较清楚地表现了职业发展决策的过程，即将个人的属性（能力、性格、学历及价值观等）与职业环境进行整合或匹配，最终确定自己理想的职业。

## 二、职业发展决策方法

影响职业发展决策的因素很多，主要可以分成几个方面：一是心理特性，包括职业

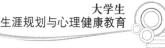

价值观、职业兴趣、职业能力、气质、人格类型等方面；二是职业机会，即从业、就业的可能性；三是社会家庭因素，即父母的职业态度、家庭的社会经济状况、接受培训和教育的可能性等。

有些情况下，这些方面相互之间会有一定的冲突，如心理特性与家庭经济状况的冲突，许多有潜力的学生，由于家庭经济状况的制约，不能选择自己理想的职业；有些学生的职业理想和价值观念与父母的想法有严重的冲突，父母看重就业，子女看重实现自我价值。此外，心理特性的内部也可能有冲突。比如，自己喜欢做演员，但没有演员的素质；想当职业经理人，但害怕承担风险。只有很好地协调上述各个方面，才可能做出理想的决策。

制定职业发展决策，可参考如下方法：

（一）经验法

经验法是被运用得比较多的方法，往往是找一些有经验的人提供支持。比如，老师指导过许多学生填报志愿，身边的成年人在经历了漫长的职业生涯道路后，往往也有许多经验，可以借助这些经验来辅助决策。这种方法所存在的问题是主观性强，精确性差。

（二）直觉法

直觉法则主要借助个人的内在感情和感觉，运用想象力，辅之以过去的知识和背景来做决定。其优点是简单、迅速；缺点是主观、武断，缺乏科学依据，比较感性。

（三）平衡单法

在实施生涯决策的过程中，一般人感到最困难的是如何对不同的选择方案进行评估。平衡单技术是帮助学生进行生涯决策的好方法。平衡单技术既可以自己应用，也可以在生涯辅导老师的指导下应用。

现在人们普遍采用的平衡单是由詹尼斯和曼恩设计，经台湾生涯辅导专家金树人进一步完善而成的。它是用来帮助我们具体分析每一个可能的选择方案，考虑实施各种方案的利弊得失，最后排定优先顺序，择一而行的一种方法。根据大学生的特点，我们对这一方法做了修改。这种方法要求将所选择方案的思考方向集中到四个主题上：①自我物质方面的得失；②家人物质方面的得失；③自我精神方面的得失；④家人精神方面的得失。如图 2－3 所示：

图 2－3 平衡单考虑的四个方面

决策平衡单（表2-1）的使用步骤如下：

（1）列出职业清单里3～5个最有意向的职业选项。（2）根据四大主题，对每个职业选项进行打分，判断各个职业选项的利得失。（3）对各项考虑因素加权计分。因为个体差异，每个人可以根据自身实际情况，对各个考虑因素设置权重，进行加权计分。（4）计算出各个职业选项的得分。（5）依据得分的高低排定各个职业选项的顺序，并以此作为决策依据。

表2-1                            决策平衡单

| 考虑因素 | | 权重分值 | 选择一 | 选择二 | 选择三 |
|---|---|---|---|---|---|
| | | | 得+失- | 得+失- | 得+失- |
| 个人物资方面得失 | 1. 个人收入 | | | | |
| | 2. 工作的福利待遇 | | | | |
| | 3. 工作环境 | | | | |
| | 4. 休闲时间 | | | | |
| | 5. 未来的发展机会 | | | | |
| | 6. 工作的胜任程度 | | | | |
| | 7. 对健康的影响 | | | | |
| 他人物质方面得失 | 1. 工作给家庭带来的收入 | | | | |
| | 2. 工作对家庭地位的影响 | | | | |
| | 3. 与家人相处的时间 | | | | |
| | 4. 家庭可以享有的福利 | | | | |
| 个人精神方面得失 | 1. 成就感 | | | | |
| | 2. 影响和帮助他人 | | | | |
| | 3. 自我实现 | | | | |
| | 4. 社会地位和声望 | | | | |
| | 5. 工作的创造性和挑战性 | | | | |
| 他人精神方面得失 | 1. 父母 | | | | |
| | 2. 朋友 | | | | |
| | 3. 配偶 | | | | |
| | 4. 师长 | | | | |
| | 5. 同事 | | | | |

### 三、职业生涯决策中的不合理信念

在重建一个比较理性的信念前，先要知道不合理的信念问题究竟出在哪里，为什么不合理。

**（一）选定一个职业或专业就不再回头**

持有这种观念的大学生容易出现在决策时犹豫不决或在决策后遇到挫折易产生颓废和沮丧的情绪。

较合理的信念是不管你多么慎重地去计划选择专业或职业，总是无可避免地要冒一点令人不确定的风险，因为人在各种因素不确定的情况下不可能把握所有未来可能发生的结果。在这种情况下，必须要培养前瞻性的眼光，时时注意自己的需要和长处在哪些方面。重要的是，决定方向的承诺与行动远胜于犹豫不决，应随时观察自己在某一个决定上的进程与成长，保持必要时重新检讨与调整方向的警觉与灵活性。

**（二）过度依赖职业测试**

事实上，测试只能协助我们找出大致的探索方向，但绝不可能百分之百地测试出我们适合哪一种特定的职业。专家所能做的，是帮助我们找出个人职业的取向，指导我们如何正确收集最新的生涯资料，如何根据这些来自己做决定，所以决定权在自己，自然责任也归于自己。

较合理的信念是，我的选择决定了我的生活方式和生涯历程，我可以从别人的建议或测试中得到有关个人兴趣与才华的意见和资料，以做进一步的职业规划。但我如何根据这些资料做决定，那是自己的事，别人可以提供建议，重要的是我要为自己的决定负责。

**（三）只要有兴趣，就一定能成功**

事实上，有这种想法的人，往往会把兴趣（喜欢做什么）和能力倾向（能做什么）混为一谈，认为兴趣所产生的动机能补偿能力上的缺陷。虽然，对于少数的工作而言，强烈的成就动机或许可以弥补能力的不足，但兴趣与能力倾向无法画等号。有兴趣缺能力往往是挫折与失败的根源。

较合理的信念是，考虑近期的教育或职业目标时，应该牢牢记住，满意的职业综合了个人兴趣与能力最突出的部分。如果只以其一为考虑的标准，日后难免会懊悔。

**（四）世界变化太快，"计划未来"是不切实际的**

事实上，虽然我们无法控制这个世界，但我们并未失去控制自我的能力。纵然有的职业会因社会或时代的变迁而消失，但职业世界的结构还是雷同的。纵使波涛的翻腾是千变万化的，一个优秀的冲浪者也永远能把握最佳的角度与时机，在浪花里表现出最优美的平衡姿势。

较合理的信念是，自主的行动比不动或被动要好，只有让自己与这个多变的世界同步前进，才能对变迁做最好的准备和回应。

**（五）现在逃避做决定，也许将来能做更好的决定**

事实上，有时候把一个棘手的问题放在一边，可以把问题看得更清楚；但是仅仅消极等待，问题还是无法解决。时间能提供我们的是机会，使我们能充裕地去探索自我和职业。

较合理的信念是，如果我能积极搜集做决定的有关资料，暂时避开做决定的压力，倒可以提供一个充裕的时间再做思考，但不能逃避问题。

### （六）一项和性别有关的非理性想法

有很多人认为，关于男女的分工，应按照"男主外，女主内"的原则。男人适合做管理、决策、富有挑战性的工作，女人适合做耐心、细致、较为平稳的工作等。这种观念对女生的影响较大。有的女生认为家庭和事业我只能选择其一，更多的还是会选择家庭；有的女生认为自己主要适合做一些细致耐心的工作，而不适合做管理、决策、有风险的工作。

较合理的信念是，男人该做什么，女人该做什么，应该按自己的能力和兴趣去考虑，与性别无关。当世俗的眼光怀疑和反对我们走入一个原本不属于某一性别的行业时，我们应保持理性的头脑，我们也必须为我们的成功与幸福负责。

## 霍兰德职业兴趣测验量表

● 本测验量表将帮助你发现和确定自己的职业兴趣和能力特长，从而更好地做出求职择业的决策。

● 如果你已经考虑好或选择好了自己的职业，本测验将使你的这种考虑或选择具有理论基础，或向你展示其他合适的职业。

● 如果你至今尚未确定职业方向，本测验将帮助你根据自己的情况选择一个恰当的职业目标。

● 本测验共有七个部分，每部分测验都没有时间限制，但请你尽快按要求完成。

### 第一部分  你心目中的理想职业（专业）

对于未来的职业（或升学进修的专业），你得早有考虑，它可能很抽象、很朦胧，也可能很具体、很清晰。不论是哪种情况，现在都请你把自己最想干的 3 种工作或最想读的 3 种专业，按顺序写下来。

### 第二部分  你所感兴趣的活动

下面列举了若干种活动，请就这些活动判断你的好恶。喜欢的，请在"是"栏里打"√"，计 1 分；不喜欢的，请在"否"栏里打"×"，不计分。请按顺序回答全部问题。

| R：实际型活动 | 是 | 否 |
| --- | --- | --- |
| 1. 装配、修理电器或玩具 | | |
| 2. 修理自行车 | | |
| 3. 用木头做东西 | | |
| 4. 开汽车或摩托车 | | |
| 5. 用机器做东西 | | |

续表

| R：实际型活动 | 是 | 否 |
|---|---|---|
| 6. 参加木工技术学习班 | | |
| 7. 参加制图描图学习班 | | |
| 8. 驾驶卡车或拖拉机 | | |
| 9. 参加机械和电气学习班 | | |
| 10. 装配修理机器 | | |

统计"是"一栏得分计_____

| I：调查型活动 | 是 | 否 |
|---|---|---|
| 1. 读科技图书和杂志 | | |
| 2. 在实验室工作 | | |
| 3. 改良水果品种，培育新的水果 | | |
| 4. 调查了解土和金属等物质的成分 | | |
| 5. 研究自己选择的特殊问题 | | |
| 6. 解算术或玩数学游戏 | | |
| 7. 物理课 | | |
| 8. 化学课 | | |
| 9. 几何课 | | |
| 10. 生物课 | | |

统计"是"一栏得分计_____

| A：艺术型活动 | 是 | 否 |
|---|---|---|
| 1. 素描/制图或绘画 | | |
| 2. 参加话剧/戏剧 | | |
| 3. 设计家具/布置室内 | | |
| 4. 练习乐器/参加乐队 | | |
| 5. 欣赏音乐或戏剧 | | |
| 6. 看小说/读剧本 | | |
| 7. 从事摄影创作 | | |
| 8. 写诗或吟诗 | | |
| 9. 进艺术（美术/音乐）培训班 | | |
| 10. 练习书法 | | |

统计"是"一栏得分计_____

| S：社会型活动 | 是 | 否 |
|---|---|---|
| 1. 学校或单位组织的正式活动 | | |
| 2. 参加某个社会团体或俱乐部活动 | | |

第二章 职业发展规划

| S：社会型活动 | 是 | 否 |
| --- | --- | --- |
| 3. 帮助别人解决困难 | | |
| 4. 照顾儿童 | | |
| 5. 出席晚会、联欢会、茶话会 | | |
| 6. 和大家一起出去郊游 | | |
| 7. 想获得关于心理方面的知识 | | |
| 8. 参加讲座或辩论会 | | |
| 9. 观看或参加体育比赛和运动会 | | |
| 10. 结交新朋友 | | |

统计"是"一栏得分计_____

| E：事业型活动 | 是 | 否 |
| --- | --- | --- |
| 1. 说服鼓动他人 | | |
| 2. 卖东西 | | |
| 3. 谈论政治 | | |
| 4. 制订计划，参加会议 | | |
| 5. 以自己的意志影响别人 | | |
| 6. 在社会团体中担任职务 | | |
| 7. 检查与评价别人的工作 | | |
| 8. 结交名流 | | |
| 9. 指导有某种目标的团体 | | |
| 10. 参与政治活动 | | |

统计"是"一栏得分计_____

| C：常规型（传统型）活动 | 是 | 否 |
| --- | --- | --- |
| 1. 整理好桌面和房间 | | |
| 2. 抄写文件和信件 | | |
| 3. 为领导写报告或公务信函 | | |
| 4. 检查个人收支情况 | | |
| 5. 参加打字培训班 | | |
| 6. 参加算盘、文秘等实务培训 | | |
| 7. 参加商业会计培训班 | | |
| 8. 参加情报处理培训班 | | |
| 9. 整理信件、报告、记录等 | | |
| 10. 写商业贸易信 | | |

统计"是"一栏得分_____

## 第三部分　你所擅长的活动

下面列举了若干种活动，其中你能做或大概能做的事，请在"是"栏里打"√"，计1分；反之，在"否"栏里打"×"，不计分。请回答全部问题。

| R：实际型活动 | 是 | 否 |
| --- | --- | --- |
| 1. 能使用电锯、电钻和锉刀等木工工具 | | |
| 2. 知道万用表的使用方法 | | |
| 3. 能够修理自行车或其他机械 | | |
| 4. 能够使用电钻床、磨床或缝纫机 | | |
| 5. 能给家具和木制品刷漆 | | |
| 6. 能看建筑设计图 | | |
| 7. 能够修理简单的电器用品 | | |
| 8. 能修理家具 | | |
| 9. 能修理收音机 | | |
| 10. 能简单地修理水管 | | |

统计"是"一栏得分计_____

| I：调研型活动 | 是 | 否 |
| --- | --- | --- |
| 1. 懂得真空管或晶体管的作用 | | |
| 2. 能够列举三种蛋白质多的食品 | | |
| 3. 理解铀的裂变 | | |
| 4. 能用计算尺、计算器、对数表 | | |
| 5. 会使用显微镜 | | |
| 6. 能找到三个星座 | | |
| 7. 能独立进行调查研究 | | |
| 8. 能解释简单的化学现象 | | |
| 9. 理解人造卫星为什么不会落地 | | |
| 10. 经常参加学术会议 | | |

统计"是"一栏得分计_____

| A：艺术型活动 | 是 | 否 |
| --- | --- | --- |
| 1. 能演奏乐器 | | |
| 2. 能参加二部或四部合唱 | | |
| 3. 独唱或独奏 | | |
| 4. 扮演剧中角色 | | |
| 5. 能创作简单的乐曲 | | |

续表

| A：艺术型活动 | 是 | 否 |
| --- | --- | --- |
| 6. 会跳舞 | | |
| 7. 能绘画、素描或书法 | | |
| 8. 能雕刻、剪纸或泥塑 | | |
| 9. 能设计板报、服装或家具 | | |
| 10. 会写一手好文章 | | |

统计"是"一栏得分计_____

| S：社会型活动 | 是 | 否 |
| --- | --- | --- |
| 1. 有向各种人说明解释的能力 | | |
| 2. 常参加社会福利活动 | | |
| 3. 能和大家一起友好相处地工作 | | |
| 4. 善于与年长者相处 | | |
| 5. 会邀请人、招待人 | | |
| 6. 能简单易懂地教育儿童 | | |
| 7. 能安排会议等活动顺序 | | |
| 8. 善于体察人心和帮助他人 | | |
| 9. 帮助护理病人和伤员 | | |
| 10. 安排社团组织的各种事务 | | |

统计"是"一栏得分计_____

| E：事业型活动 | 是 | 否 |
| --- | --- | --- |
| 1. 担任过学生干部并且干得不错 | | |
| 2. 工作上能指导和监督他人 | | |
| 3. 做事充满活力和热情 | | |
| 4. 有效利用自身的做法调动他人 | | |
| 5. 销售能力强 | | |
| 6. 曾做过俱乐部或社团的负责人 | | |
| 7. 向领导提出建议或反映意见 | | |
| 8. 有开创事业的能力 | | |
| 9. 知道怎样做能成为一个优秀的领导者 | | |
| 10. 健谈善辩 | | |

统计"是"一栏得分计_____

| C：常规型活动 | 是 | 否 |
|---|---|---|
| 1. 会熟练地打印中文 | | |
| 2. 会用外文打字机或复印机 | | |
| 3. 能快速记笔记和抄写文章 | | |
| 4. 善于整理保管文件和资料 | | |
| 5. 善于从事事务性的工作 | | |
| 6. 会用算盘 | | |
| 7. 能在短时间内分类和处理大量文件 | | |
| 8. 能使用计算机 | | |
| 9. 能搜集数据 | | |
| 10. 善于为自己或集体做财务预算表 | | |

统计"是"一栏得分计_____

## 第四部分　你所喜欢的职业

下面列举了多种职业，请逐一认真地看。如果是你有兴趣的工作，请在"是"栏里打"√"，计 1 分；如果你不太喜欢、不关心的工作，请在"否"栏里打"×"，不计分。请回答全部问题。

| R：实际型职业 | 是 | 否 |
|---|---|---|
| 1. 飞机机械师 | | |
| 2. 野生动物专家 | | |
| 3. 汽车维修工 | | |
| 4. 木匠 | | |
| 5. 测量工程师 | | |
| 6. 无线电报务员 | | |
| 7. 园艺师 | | |
| 8. 长途公共汽车司机 | | |
| 9. 火车司机 | | |
| 10. 电工 | | |

统计"是"一栏得分计_____

| I：调研型职业 | 是 | 否 |
|---|---|---|
| 1. 气象学或天文学者 | | |
| 2. 生物学者 | | |
| 3. 医学实验室的技术人员 | | |
| 4. 人类学者 | | |

续表

| I：调研型职业 | 是 | 否 |
| --- | --- | --- |
| 5. 动物学者 | | |
| 6. 化学家 | | |
| 7. 数学家 | | |
| 8. 科学杂志的编辑或作家 | | |
| 9. 地质学者 | | |
| 10. 物理学者 | | |

　　统计"是"一栏得分计_____

| A：艺术型职业 | 是 | 否 |
| --- | --- | --- |
| 1. 乐队指挥 | | |
| 2. 演奏家 | | |
| 3. 作家 | | |
| 4. 摄影家 | | |
| 5. 记者 | | |
| 6. 画家、书法家 | | |
| 7. 歌唱家 | | |
| 8. 作曲家 | | |
| 9. 电影电视演员 | | |
| 10. 节目主持人 | | |

　　统计"是"一栏得分计_____

| S：社会型职业 | 是 | 否 |
| --- | --- | --- |
| 1. 街道、工会或妇联干部 | | |
| 2. 小学、中学教师 | | |
| 3. 精神病医生 | | |
| 4. 婚姻介绍所工作人员 | | |
| 5. 体育教练 | | |
| 6. 福利机构负责人 | | |
| 7. 心理咨询员 | | |
| 8. 共青团干部 | | |
| 9. 导游 | | |
| 10. 国家机关工作人员 | | |

　　统计"是"一栏得分计_____

| E：事业型职业 | 是 | 否 |
| --- | --- | --- |
| 1. 厂长 | | |
| 2. 电视片编制人 | | |
| 3. 公司经理 | | |
| 4. 销售员 | | |
| 5. 不动产推销员 | | |
| 6. 广告部长 | | |
| 7. 体育活动主办者 | | |
| 8. 销售部长 | | |
| 9. 个体工商业者 | | |
| 10. 企业管理咨询人员 | | |

统计"是"一栏得分计_____

| C：常规型职业 | 是 | 否 |
| --- | --- | --- |
| 1. 会计师 | | |
| 2. 银行出纳员 | | |
| 3. 税收管理员 | | |
| 4. 计算机操作员 | | |
| 5. 簿记人员 | | |
| 6. 成本核算员 | | |
| 7. 文书档案管理员 | | |
| 8. 打字员 | | |
| 9. 法庭书记员 | | |
| 10. 人口普查登记员 | | |

统计"是"一栏得分计_____

## 第五部分 你的能力类型简评

下面两张表是你在6个职业能力方面的自我评定表。你可以先与同龄者比较自己在每一方面的能力，然后经斟酌后对自己的能力做评估。请在表中适当的数字上画圈。数字越大，表示你的能力越强。

表 A

| R 型 | I 型 | A 型 | S 型 | E 型 | C 型 |
|---|---|---|---|---|---|
| 机械操作能力 | 科学研究能力 | 艺术创作能力 | 解释表达能力 | 商业洽谈能力 | 事务执行能力 |
| 7 | 7 | 7 | 7 | 7 | 7 |
| 6 | 6 | 6 | 6 | 6 | 6 |
| 5 | 5 | 5 | 5 | 5 | 5 |
| 4 | 4 | 4 | 4 | 4 | 4 |
| 3 | 3 | 3 | 3 | 3 | 3 |
| 2 | 2 | 2 | 2 | 2 | 2 |
| 1 | 1 | 1 | 1 | 1 | 1 |

表 B

| R 型 | I 型 | A 型 | S 型 | E 型 | C 型 |
|---|---|---|---|---|---|
| 体育技能 | 数学技能 | 音乐技能 | 交际技能 | 领导技能 | 办公技能 |
| 7 | 7 | 7 | 7 | 7 | 7 |
| 6 | 6 | 6 | 6 | 6 | 6 |
| 5 | 5 | 5 | 5 | 5 | 5 |
| 4 | 4 | 4 | 4 | 4 | 4 |
| 3 | 3 | 3 | 3 | 3 | 3 |
| 2 | 2 | 2 | 2 | 2 | 2 |
| 1 | 1 | 1 | 1 | 1 | 1 |

注意：请勿全部画同样的数字，因为人的每项能力不可能完全一样。

## 第六部分　统计和确定你的职业兴趣

请将第二部分至第五部分的全部测验分数按前面已统计好的 6 种职业兴趣（R 型、I 型、A 型、S 型、E 型和 C 型）得分填入下表，并做纵向累加。

| 测试 | R 型 | I 型 | A 型 | S 型 | E 型 | C 型 |
|---|---|---|---|---|---|---|
| 第二部分 | | | | | | |
| 第三部分 | | | | | | |
| 第四部分 | | | | | | |
| 第五部分 A | | | | | | |
| 第五部分 B | | | | | | |
| 总分 | | | | | | |

请将上表中的 6 种职业兴趣总分按高低顺序依次从左到右排列：

_____型、_____型、_____型、_____型、_____型、_____型

你的职业兴趣类型得分：

最高分_____　最低分_____

## 第七部分　你所看重的东西——职业价值观

这一部分测验列出了人们在选择工作时通常会考虑的 9 种因素（见所附职业价值标准）。现在请你在其中选出最重要的两项因素，并将序号填入下边相应空格上。

最重要：_____　　　　次重要：_____

最不重要：_____　　　　次不重要：_____

附　职业价值标准

1. 工资高、福利好

2. 工作环境（物质方面）舒适

3. 人际关系良好

4. 工作稳定有保障

5. 能提供较好的受教育机会

6. 有较高的社会地位

7. 工作不太紧张、外部压力少

8. 能充分发挥自己的能力特长

9. 社会需要与社会贡献大

以上全部测验完毕。

现在，将你测验得分居前三位的职业类型找出来，对照下表，判断一下自己适合的职业类型。

职业索引——职业兴趣代号与其相应的职业对照表：

R（现实型）：木匠、农民、操作 X 光的技师、工程师、飞机机械师、鱼类和野生动物专家、自动化技师、机械工（车工、钳工等）、电工、无线电报务员、火车司机、长途公共汽车司机、机械制图员、修理机器、电器师。

I（调查型）：气象学者、生物学者、天文学家、药剂师、动物学者、化学家、科学报刊编辑、地质学者、植物学者、物理学者、数学家、实验员、科研人员、科技作者。

A（艺术型）：室内装饰专家、图书管理专家、摄影师、音乐教师、作家、演员、记者、诗人、作曲家、编剧、雕刻家、漫画家。

S（社会型）：社会学者、导游、福利机构工作者、咨询人员、社会工作者、社会科学教师、学校领导、精神疾病工作者、公共保健护士。

E（企业型）：推销员、进货员、商品批发员、旅馆经理、饭店经理、广告宣传员、调度员、律师、政治家、零售商。

C（常规型）：记账员、会计、银行出纳、法庭速记员、成本估算员、税务员、核算员、打字员、办公室职员、统计员、计算机操作员、秘书。

下面介绍与你 3 个代号的职业兴趣类型一致的职业表，对照的方法如下：首先根据你的职业兴趣代号，在下表中找出相应的职业，例如你的职业兴趣代号是 RIA，那么牙科技术人员、陶工等是适合你兴趣的职业。然后寻找与你职业兴趣代号相近的职业，如你的职业兴趣代号是 RIA，那么，其他由这三个字母组合成的编号（如 IRA、IAR、ARI 等）对应的职业，也较适合你的兴趣。

RIA：牙科技术员、陶工、建筑设计员、模型工、细木工、制作链条人员。

RIS：厨师、林务员、跳水员、潜水员、染色员、电器修理员、眼镜制作员、电工、纺织机器装配工、服务员、装玻璃工人、发电厂工人、焊接工。

RIE：建筑和桥梁工程技术人员、环境工程技术人员、航空工程技术人员、公路工程技术人员、电力工程技术人员、信号工程技术人员、电话工程技术人员、一般机械工程技术人员、自动工程技术人员、矿业工程技术人员、海洋工程技术人员、交通工程技术人员、制图员、家政经济人员、计量员、农民、农场工人、农业机器操作员、清洁工、无线电修理工、汽车修理工、手表修理工、管道工、线路装配工、工具仓库管理员。

RIC：船上工作人员、接待员、杂志保管员、牙医助手、制帽工、磨坊工、石匠、机器制造人员、机车（火车头）制造人员、农业机器装配工、汽车装配工、缝纫机装配工、钟表装配和检验工、电动器具装配工、鞋匠、锁匠、货物检验员、电梯机修工、托儿所所长、钢琴调音员、装配工、印刷工、建筑钢铁工人、卡车司机。

RAI：手工雕刻人员、玻璃雕刻人员、制作模型人员、家具木工、制作皮革品人员、手工绣花人员、手工钩针编织人员、排字工人、印刷工人、图画雕刻工、装订工。

RSE：消防员、交通巡警、警察、门卫、理发师、房间清洁工、屠夫、锻工、开凿工人、管道安装工、出租汽车驾驶员、货物搬运、送报员、勘探员、娱乐场所的服务员、起卸机操作工、灭害虫者、电梯操作工、厨房助手。

RSI：纺织工、编织工、农业学校教师、某些职业课程教师（诸如艺术、商业、技术、工艺课程）、雨衣上胶工。

REC：抄水表员、保姆、实验室动物饲养员、动物管理员。

REI：轮船船长、航海领航员、大副、试管实验员。

RES：旅馆服务员、家畜饲养员、渔民、渔网修补工、水手长、收割机操作工、搬运行李工人、公园服务员、救生员、登山导游、火车工程技术员、建筑工人、铺轨工人。

RCI：测量员、勘测员、仪表操作者、农业工程技术、化学工程技师、民用工程技师、石油工程技师、资料室管理员、探矿工、煅烧工、烧窑工、矿工、保养工、磨床工、取样工、样品检验员、纺纱工、炮手、漂洗工、电焊工、锯木工、刨床工、制帽工、手工缝纫工、油漆工、染色工、按摩工、木匠、农民建筑工人、电影放映员、勘测员助手。

RCS：公共汽车驾驶员、一等水手、游泳池服务员、裁缝、建筑工人、石匠、烟囱修建工、混凝土工、电话修理工、爆炸手、邮递员、矿工、裱糊工人、纺纱工。

RCE：打井工、吊车驾驶员、农场工人、邮件分类员、铲车司机、拖拉机司机。

IAS：普通经济学家、农场经济学家、财政经济学家、国际贸易经济学家、实验心理学家、工程心理学家、心理学家、哲学家、内科医生、数学家。

IAR：人类学家、天文学家、化学家、物理学家、医学病理学家、动物标本剥制者、化石修复者、艺术品管理员。

ISE：营养学家、饮食顾问、火灾检查员、邮政服务检查员。

ISC：侦察员、电视播音室修理员、电视修理服务员、验尸室人员、编目录者、医学实验室技师、调查研究者。

ISR：水生生物学者、昆虫学者、微生物学家、配镜师、矫正视力者、细菌学家、牙科医生、骨科医生。

ISA：实验心理学家、普通心理学家、发展心理学家、教育心理学家、社会心理学家、临床心理学家、目录学家、皮肤病学家、精神病学家、妇产科医生、眼科医生、五官科医生、医学实验室技术专家、民航医务人员、护士。

IES：细菌学家、生理学家、化学专家、地质专家、地理物理学专家、纺织技术专家、医院药剂师、工业药剂师、药房营业员。

IEC：档案保管员、保险统计员。

ICR：质量检验技术员、地质学技师、工程师、法官、图书馆技术辅导员、计算机操作员、医院听诊员、家禽检查员。

IRA：地理学家、地质学家、水文学家、矿物学家、古生物学家、石油学家、地震学家、声学物理学家、原子和分子物理学家、电学和磁学物理学家、气象学家、设计审核员、人口统计学家、数学统计学家、外科医生、城市规划家、气象员。

IRS：流体物理学家、物理海洋学家、等离子体物理学家、农业科学家、动物学家、食品科学家、园艺学家、植物学家、细菌学家、解剖学家、动物病理学家、农作物病理学家、药物学家、生物化学家、生物物理学家、细胞生物学家、临床化学家、遗传学家、分子生物学家、质量控制工程师、地理学家、兽医、放射治疗技师。

IRE：化验员、化学工程师、纺织工程师、食品技师、渔业技术专家、材料和测试工程师、电气工程师、土木工程师、航空工程师、行政官员、冶金专家、原子核工程师、陶瓷工程师、地质工程师、电力工程师、口腔科医生、牙科医生。

IRC：飞机领航员、飞行员、物理实验室技师、文献检查员、农业技术专家、动植物技术专家、生物技师、油管检查员、工商业规划者、矿藏安全检查员、纺织品检验员、照相机修理者、工程技术员、编计算机程序者、工具设计者、仪器维修工。

CRI：簿记员、会计、记时员、铸造机操作工、打字员、按键操作工、复印机操作工。

CRS：仓库保管员、档案管理员、缝纫工、讲述员、收款人。

CRE：标价员、实验室工作者、广告管理员、自动打字机操作员、电动机装配工、缝纫机操作工。

CIS：记账员、顾客服务员、报刊发行员、土地测量员、保险公司职员、会计师、估价员、邮政检查员、外贸检查员。

CIE：打字员、统计员、支票记录员、订货员、校对员、办公室工作人员。

CIR：校对员、工程职员、海底电报员、检修计划员、发报员。

CSE：接待员、通讯员、电话接线员、卖票员、旅馆服务员、私人职员、商学教师、旅游办事员。

CSR：运货代理商、铁路职员、交通检查员、办公室通信员、簿记员、出纳员、银行财务职员。

CSA：秘书、图书管理员、办公室办事员。

CER：邮递员、数据处理员、航空邮件检查员。

CEI：推销员、经济分析家。

CES：银行会计、记账员、法人秘书、速记员、法院报告人。

ECI：银行行长、审计员、信用管理员、地产管理员、商业管理员。

ECS：信用办事员、保险人员、各类进货员、海关服务经理、售货员、购买员、会计。

ERI：建筑物管理员、工业工程师、农场管理员、护士长、农业经营管理人员。

ERS：仓库管理员、房屋管理员、货栈监督管理员。

ERC：邮政局长、渔船船长、机械操作领班、木工领班、瓦工领班、驾驶员领班。

EIR：科学、技术和有关周期出版物的管理员。

EIC：专利代理人、鉴定人、运输服务检查员、安全检查员、废品收购人员。

EIS：警官、侦察员、交通检验员、安全咨询员、合同管理者、商人。

EAS：法官、律师、公证人。

EAR：展览室管理员、舞台管理员、播音员、驯兽员。

ESC：理发师、裁判员、政府行政管理员、财政管理员、工程管理员、职业病防治、售货员、商业经理、办公室主任、人事负责人、调度员。

ESR：家具售货员、书店售货员、公共汽车的驾驶员、日用品售货员、护士长、自然科学和工程的行政领导。

ESI：博物馆管理员、图书馆管理员、古迹管理员、饮食业经理、地区安全服务管理员、技术服务咨询者、超级市场管理员、零售商品店店员、批发商、出租汽车服务站调度。

ESA：博物馆馆长、报刊管理员、音乐器材售货员、广告商、售画营业员、导游、（轮船或班机上的）事务长、飞机上的服务员、船员、法官、律师。

ASE：戏剧导演、舞蹈教师、广告撰稿人、报刊专栏作者、记者、演员、英语翻译。

ASI：音乐教师、乐器教师、美术教师、管弦乐指挥、合唱队指挥、歌星、演奏家、哲学家、作家、广告经理、时装模特。

AER：新闻摄影师、电视摄像师、艺术指导、录音指导、丑角演员、魔术师、木偶戏演员、骑士、跳水员。

AEI：音乐指挥、舞台指导、电影导演。

AES：流行歌手、舞蹈演员、电影导演、广播节目主持人、舞蹈教师、口技表演者、喜剧演员、模特。

AIS：画家、剧作家、编辑、评论家、时装艺术大师、新闻摄影师、演员、文学作者。

AIE：花匠、皮衣设计师、工业产品设计师、剪影艺术家、复制雕刻品大师。

AIR：建筑师、画家、摄影师、绘图员、环境美化工、雕刻家、包装设计师、陶器设计师、绣花工、漫画工。

SEC：社会活动家、退伍军人服务官员、工商会事务代表、教育咨询者、宿舍管理员、旅馆经理、饮食服务管理员。

SER：体育教练、游泳指导。

SEI：大学校长、学院院长、医院行政管理员、历史学家、家政经济学家、职业学校教师、资料员。

SEA：娱乐活动管理员、国外服务办事员、社会服务助理、一般咨询者、宗教教育工作者。

SCE：部长助理、福利机构职员、生产协调人、环境卫生管理人员、戏院经理、餐馆经理、售票员。

SRI：外科医师助手、医院服务员。

SRE：体育教师、职业病治疗者、体育教练、专业运动员、房管员、儿童家庭教师、警察、引座员、传达员、保姆。

SRC：护理员、护理助理、医院勤杂工、理发师、学校儿童服务人员。

SIA：社会学家、心理咨询者、学校心理学家、政治科学家、大学或学院的系主任、大学或学院的教育学教师、大学农业教师、大学工程和建筑课程的教师、大学法律教师、大学数学教师、医学教师、物理教师、社会科学和生命科学的教师、研究生助教、成人教育教师。

SIE：营养学家、饮食学家、海关检查员、安全检查员、税务稽查员、校长。

SIC：描图员、兽医助手、诊所助理、体检检查员、监督缓刑犯的工作者、娱乐指导者、咨询人员、社会科学教师。

SIR：理疗员、救护队工作人员、手足病医生、职业病治疗助手。

# 职业生涯规划设计书

立足现在，胸怀未来！

姓名：

院系：

班级：

电话：

撰写时间：　　年　月　日

<table>
<tr><td colspan="1">对自己的深刻反思</td></tr>
</table>

| 对自己的深刻反思 |
| --- |
| 1. 我最欣赏自己之处: |
| 2. 我厌恶自己之处: |
| 3. 我最受鼓舞、高兴的事情/经历等: |
| 4. 我最厌恶的事情: |
| 5. 面对未来的挑战,我做了哪些(心理和素质等方面)准备工作? |

| 对自己职业发展心理趋向的检查 |
| --- |
| 1. 我的学业目标: |
| 2. 我希望从事一份什么样的工作? |
| 3. 我为自己选择的发展道路是什么样的? |
| 4. 我以自己的能力,将来的事业能发展到何种程度? |

第二章 职业发展规划

59

| 对能力和潜力的全面总结 |
|---|
| 1. 我拥有哪些天赋？ |
| 2. 我具备哪些技能和特长？这些技能和特长对自己的发展有何益处？ |
| 3. 我都获得过哪些荣誉以及在哪些方面取得过成功？对我今后有何借鉴之处？ |
| 4. 我拥有哪些良好的习惯？良好的习惯对自己的发展有何益处？ |
| 5. 在他人眼中，我在哪些方面比较突出？ |

| 对环境因素的分析 |
|---|
| 1. 我生活中的关键人物： |
| 2. 我能获得亲人、朋友哪些方面的帮助？ |
| 3. 我所处的生活环境中，哪些因素对我的发展是有利的？ |
| 4. 我与他人、集体的关系如何？还有哪些需要改进的地方？ |

| 希望最终获得怎样的成绩 |
| --- |
| 我如何到达那里？<br><br> 我的实施方案 <br>（在实施方案中明确你希望达到的目标，以及为实现目标要做出哪些具体的努力和付出，并在实现过程中不断检讨自己，修正自己，完善自己，达到最终目的） |
| 本学期（需要完成的工作或目标）<br>1. 素质方面<br>2. 学一门其他技能（职业资格培训、成人教育、业余兴趣班等）<br>3. 读一本好书/做一件有意义的事<br>4.<br>5.<br>6.<br>检讨：<br><br><br><br> |
| 毕业前（中期目标，需要完成的任务或目标）<br>1. 素质、技能等<br>2. 自我推荐书书写、掌握面试知识等<br>3.<br>4.<br>5.<br>检讨：<br><br><br><br> |
| 今后10年内（长期）<br>1. 职业目标（自我价值的实现）<br>2. 自我认可度（金钱、地位、幸福感等）<br>3. 过去十几年的经历对自己有何启示？对今后人生还有何打算？ |

第二章 职业发展规划

## 活动体验

## 我的岛屿计划

活动目的：帮助同学们对霍兰德所提出的六种兴趣类型有基本的认识，掌握每一种类型最突出的特征，并初步澄清自己最感兴趣的类型是什么。

活动程序：假设你就要去度假，你所乘坐的飞机突然发生了意外故障，必须紧急迫降。这时候，飞机正好在下列6个岛屿的上方。你希望飞机选择哪一个岛屿降落？要知道，这些岛屿只能通过这一班飞机与外界联系。因此，一旦降落，你可能需要在这个岛上待很长一段时间（至少半年）。请按"1、2、3"的顺序挑出3个岛屿。

☆岛屿 A：

深思冥想的岛屿：岛上人迹较少，建筑物多避处一隅，平畴绿野，适合夜观星象。岛上有多处天文馆、科博馆以及科学图书馆等。岛上居民喜好观察、学习、探究、分析，崇尚和追求真知，常有机会和来自各地的哲学家、科学家、心理学家等交换心得。

☆岛屿 B：

现代、井然的岛屿：岛上建筑十分现代化，是进步的都市形态，以完善的管理见长。岛民个性冷静保守，处事有条不紊，善于组织规划，细心高效。

☆岛屿 C：

自然原始的岛屿：岛上保留有热带的原始森林，自然生态保持得很好，有各种各样的野生动物。岛上居民生活状态还相当原始，他们以手工见长，自己种植花果蔬菜、修缮房屋、打造器物、制作工具，喜欢户外运动。

☆岛屿 D：

美丽浪漫的岛屿：岛上充满了美术馆、音乐厅，街头雕塑和街边艺人，弥漫着浓厚的艺术文化气息。当地的原住民很有艺术、创新和直觉能力，他们保留了传统的舞蹈、音乐与绘画，许多文艺界的朋友都喜欢来这里找寻灵感。

☆岛屿 E：

显赫富庶的岛屿：善于企业经营和贸易，能言善道，以口才见长。岛上的经济高度发展，处处是高级饭店、俱乐部、高尔夫球场。来往者多是企业家、经理人、政治家、律师等，曾数次在这里召开财富论坛和其他行业峰会。

☆岛屿 F：

友善亲切的岛屿：岛上居民个性温和、十分友善、乐于助人，社区均自成一个密切互动的服务网络，人们重视互助合作，重视教育，关怀他人，充满人文气息。

我最想前往的三个岛屿依次为：1. _____、2. _____、3. _____。

选择同一岛屿的成员请交流一下：自己为什么选择这个岛屿，看看大家有什么共同的兴趣爱好，归纳关键词。根据大家的交流给自己的小组命名并选取一个标志物，在一张大白纸上制作本小组的宣传图。每组推举一名岛主展示自己的图，并在全班分享自己小组成员的共同特点。

- 我们的岛屿名称：_____。
- 岛屿标志物及其含义：_____。
- 岛屿的关键词：_____。

以上六个岛屿实际上代表着霍兰德提出的六种职业兴趣类型。霍兰德对这六种职业兴趣类型的特点进行了不同的描述。

测试结果：

选择 A：研究型

具有技术倾向，喜欢科学地解决抽象问题，具备思考和创造能力，社交要求不高，思考任务定向，要求实验室设备但不需要强体力劳动。

选择 B：常规型

具有有规划、有效率、尽职的、坚持的、有系统的倾向，喜欢已界定好的口头和数字任务，坚持按照程序和步骤进行活动。要求系统的、常规的行为，人际技能要求低，要求规章制度明确。

选择 C：现实型

具有运动或机械活动倾向，喜欢需动手实用工具或机器来完成任务的工作；要求明确的、具体的体力任务和操作技能；较低的人际关系要求；喜欢户外活动。

选择 D：艺术型

具有敏感、情感化、直觉和想象倾向，注重美感，喜欢通过各种媒介表达自己，具有持续的创造动机。倾向于通过语言、动作、色彩和形状表达审美原则。喜欢单独工作，对友谊有特殊标准，长时间埋头苦干。

选择 E：企业型

具有雄心、鼓动性、有活力的倾向，喜欢竞争性和有影响性的活动。有实现组织目标或经济目的的强烈动机，有说服他人的能力。喜欢管理行为，善于承担监察性角色。

选择 F：社会型

具有理想化、乐于助人、善解人意和乐于支持的倾向。喜欢授课、培训、发展其他人，致力于提高他人的生活质量。要求高水平的沟通技能，热情助人，强调威望。

心理微视频
《人生领航员》

# 求职过程指导

熟悉求职过程对于大学生能否顺利就业起到非常重要的作用，求职的过程一般包括以下几个环节：确定职业目标，搜集相关职位信息，准备求职材料，参加招聘会，参加用人单位的笔试、面试，签订就业协议与劳动合同等。那么，在求职过程中应该注意什么？

案例共享

大学毕业生宿舍，赵峰在电脑前不停查找着招聘网站的信息，智联招聘、前程无忧……他根据自己的专业和兴趣选择着就业岗位。而他邻床的杨阳早已胸有成竹，手中早就握着几个单位的就业意向书，从国企到民企，杨阳在犹豫不决，但脸上有种灿烂的神情。赵峰只是单一地将搜集就业信息定位在传统的网站上，杨阳则有更多的想法，他说："我觉得自己能在就业时脱颖而出，主要是因为手头有很多就业信息可以选择。从综合学校就业指导中心提供的就业信息，到我自己去心仪企业网站链接上搜集招聘信息，我在尽可能多地搜集和利用就业信息，我赢在了起跑线上。"

**点评：**

在信息时代，信息的重要性不言而喻。谁能够以最快捷的方式占有最广泛、最有效、最准确的求职信息，谁就掌握了成功的机遇；谁能积极主动、广辟途径地收集求职信息，认真细致、去伪存真地分析处理信息，谁就能把握选择的主动权，就能抓住最佳的求职机会。大学毕业生求职的成功，不仅取决于个人的学业成绩、能力水平及社会对人才的需求等因素，同时也与毕业生及时有效地获取求职信息密切相关。因此，收集求职信息是高校毕业生求职前的一项重要工作，求职信息越广泛，择业的视野就越宽阔；求职信息质量越高，择业的把握就越大。

# 第一节　搜集就业信息

信息时代，在我们的周围充满了各种各样的信息，就业信息不仅指招聘的信息，而且包括了通过各种媒介传递的有关就业方面的情况。如就业政策、就业机构、经济发展形势、国民经济发展计划、就业结构的调整与变化形势、劳动用工制度、人事制度、毕业生分配制度、人才需求状况等。只有掌握了大量的就业信息，毕业生才能不失时机地确定自己的求职目标。毕业生就业的竞争在某种程度上就是就业信息的竞争，谁掌握了就业信息，谁就掌握了就业竞争中的先机。获得的信息越广泛，求职的视野就越宽阔，所获得的就业信息质量越高，求职成功的可能性就越大。因此，毕业生必须学会用各种渠道、手段，广泛、全面、准确地收集就业信息。

## 一、就业信息的获取途径

### （一）高校就业主管部门

高校有专门部门和工作人员会及时向毕业生发布需求信息，让毕业生了解当年就业市场毕业生的需求状况、就业形势及相关的政策规定等，毕业生也可就就业的问题进行咨询。毕业生就业办公室或就业指导中心是获取用人单位信息的重要途径，提供的信息在质与量上较其他途径均有明显的优势。

### （二）就业指导机构

全国高校毕业生就业指导中心以及省教育厅的毕业生就业指导机构，搭建毕业生与用人单位沟通信息平台，为双方提供咨询服务。这些部门常年向用人单位提供毕业生，对用人单位的需求情况比较了解，获得的信息比较准确可靠，并有一定的指导性。

### （三）社会各级人才市场

人才市场的中介机构可以为毕业生提供各类不同的职位需求信息。

### （四）人才交流会

由学校或毕业生就业主管部门组织的供需见面会，毕业生除了可以获取用人单位的信息外，还可以与满意的单位签订就业协议。

### （五）传统媒体

通过报纸、杂志、电视、广播等传统媒体来获取需求信息。

### （六）互联网

互联网突破了应聘者与用人单位沟通的时空限制，也打破了意向选择的传统人才交流模式。互联网的信息量是其他人才交流模式无法比拟的，为求职者提供了一种效率高、成本低、内容多、速度快的信息收集渠道。毕业生可以通过互联网来获取就业信息，也可以发布个人的简历供用人单位选择。

### （七）社会实践（或实习工作）

通过社会实践，高校毕业生可以更直接地获取用人单位的信息。实习单位一般专业对口，实习过程中与用人单位达成就业协议也是良好的就业途径。

## 二、就业信息的收集

就业信息的内容十分广泛，作为初入社会的毕业生需要了解以下几个方面的就业信息：

### （一）就业政策

就业政策是根据国民经济发展战略和人才培养目标、人才使用目的的客观要求而提出的，是根据各个不同时期的政治、经济发展状况制定的。大学毕业生只能在国家就业方针以及政策所规定的范围内进行职业选择。

目前我国已出台的就业相关法律有《中华人民共和国劳动法》（以下简称《劳动法》）与《中华人民共和国劳动合同法》（以下简称《劳动合同法》）等。各地区、单位根据国家的有关规定，结合本地区的具体情况，对毕业生的引进、安排、使用、晋升、工资、待遇等制定了一系列更为具体的规定。此外，某些地区为了吸引人才，还制定了很多优惠政策。

### （二）供求信息

毕业生应了解国家政治经济建设方针、任务和发展战略；了解产业的分类与结构，以及随着社会发展，产业结构的调整和变化趋势；了解职业的分类与结构，以及该职业发展的趋势，在国家建设的背景下正确定位。毕业生要了解当年就业市场的供求形势，如当年全国应届毕业生总数、就业市场需求人数，热门专业、冷门专业，本专业就业发展方向、适用领域，与自身专业对口的行业、用人单位的现状与发展趋势。

### （三）用人单位信息

准确全称；隶属关系，上级主管部门（即人事管理权限）；联系方式，如人事部门负责人联系电话、通信地址等；职位的具体要求；招聘程序；成立年代、地理环境、经营范围与发展前景等；企业文化、领导作风、管理制度等；薪资、奖金、福利待遇等。

## 三、就业信息的选择

### （一）分析就业信息

收集到就业信息，结合自身情况，加以筛选，有针对性地进行分析与整理，使信息具有准确性、全面性和有效性。

### （二）选择适合的就业信息

一是专业特点，从自身所学专业的角度选择信息；二是价值观，从工作价值观角度对信息进行选择；三是兴趣爱好，根据个人兴趣爱好选择信息。

# 第二节　简历撰写与面试技巧

## 一、简历撰写

### （一）简历的含义

简历是如实展示个人与推介自身的工具。

雇主通过简历来考查你所拥有的教育背景、工作经验和职业目标等，并以此来判断你能否满足你所申请职位的需要。据统计，一位经验丰富的人力资源人员仅需 8 秒钟的时间便可以浏览一份简历，即便内容复杂的简历，所花时间也不会超过 30 秒。故而简历必须要简明扼要、清晰易读。

许多企业为了方便筛选求职者，往往采用统一的职位申请表，由于每张申请表的外观和栏目设置完全一致，则很难彰显个性。简历应该个性化地反映你的资格条件和专业兴趣。简历内容则不应超过两页 A4 纸。

### （二）简历的作用

经过筛选的简历被送入面试官手中，进入面试程序。简历的作用是为面试官提供求职者的个人信息，面试官会留意职位需要的相关经验和技能，以及简历上可以引起兴趣的问题。

### （三）简历的种类

1. 传统简历

求职过程中最经常使用的两种基本的传统简历类型：时序型简历、功能型简历（或技术型简历）。

（1）时序型简历。主要根据时间序列来列举求职者的工作经验和教育经历，即按照日期来排列信息。

时序型简历适用于：你申请的职位非常符合你的教育背景和工作经历；你的升迁或荣誉具有连续性或是在短时间内得到的；你有在著名公司工作的经历。

（2）功能型简历（技术型简历）。主要根据求职者具备的特定技能为基本框架来组织工作经验。优点是能够弥补就业能力差距（教育背景差距）等不足。其缺点在于，招聘人员会怀疑你是否想通过删除时间等细节来隐瞒一些事实。

功能型简历适用于：你的教育背景、工作经历与申请的职位没有明显对应关系，但却让你获得了与申请职位相关的技能；在一段时间里干了许多不同的或者完全不相干的工作，害怕招聘单位认为你是一个频繁的跳槽者；教育或工作过程中存在难以向他人介绍和解释的间断。

2. 非传统简历

在计算机与网络技术高度发达的今天，求职者一般都是同时制作两种简历。一种是设计精美的用于面试的书面简历，另一种是用于网络投递的电子简历。电子简历是一个可被计算机识别的文本文件，能够全天 24 小时循环不停地帮你在网络上寻找工作。

总括起来，电子简历一共有三种类型：一为可扫描的书面简历，它可以通过扫描仪准确无误地生成一个计算机文；二为电子邮件简历，它虽是一个普通的计算机文件，但其内容可以通过网络传送到世界各地而无须打印；三为主页简历，它采用多媒体格式，可以放在因特网上，也可以存储起来供招聘单位随时察看。

电子简历的形式非常多样化，除了以上三种类型，还有光盘简历、视频简历、音频简历、等。

### （四）简历包括的信息

**1. 姓名**

简历的最前面应是你的姓名。

**2. 联系地址**

正确的联系地址。清楚准确的地址可以方便潜在雇主与你联系。如果目前不在常住地居住，那就将常住地址和暂住地址都写上。

**3. 电话号码**

写下你个人的移动电话号码并保持 24 小时开机，备用电话写下你最信任的人的电话号码，尽量不要给出你的家庭号码。一定要留固定电话的号码时，注意要包括所在区域的区号。

**4. 电子邮箱**

写下你的电子邮箱。找工作期间，养成查收邮件的习惯。

**5. 职业目标**

好的职业目标最好用一句话来表述清楚，最多不超过两句话，应该反映出你的长、短期职业目标以及你务实的态度。职业目标应当足够宽泛，以便你可以灵活操作。

例：初级工作是做一名商店管理实习生，从事零售运营工作。

对比：初级工作是做一名商店管理实习生，从事零售采购工作。

上面两个职业目标，看似一致，在范围上却有较大差异。"运营"比"采购"范围更宽泛。

**6. 教育背景**

简历中的教育背景这一栏，多采用逆时序的方式进行描述，即从你最近的经历开始，逆着时间顺序逐条列举个人的教育背景，包括如下信息：时间、学校（院、系）、专业，以及获得学历、学位类型。培训经历中，也要写明时间、培训项目以及通过培训所获得的证书。

**7. 所学课程**

没有太多工作经验的初级求职者，列出所学的专业课程特别重要。

**8. 专业技能**

简历中列出你想从事的工作相关的专业技能。

**9. 工作经验**

简历中工作经验一栏中不要留有时间空白，多列举与职位所需技能相关的工作经验。虽然兼职与应聘工作无关，雇主也会通过询问求职者兼职的情况借以找出应聘者缺乏相关工作经验的原因。

获取工作经验的途径有实习、专业见习或者合作教育计划三种，参与这些项目，可以提高你的就业能力。如果你有这些经历，那么一定在简历中写上在这些项目中你承担的主要职责。

如果你的实习经历较多，那么应注意选择列举与你申请职位相关的工作，列举你从事时间较长的工作。

10. 课外活动和兴趣爱好（可选）

你参加的课外活动及兴趣爱好，可以体现你的领导潜能、人际交往能力、主动性、创造性以及计划与组织能力。

11. 特殊荣誉

特殊荣誉，包括所获得的各项荣誉与奖项、赢得的竞赛、已出版发行的作品等。

**（五）简历撰写的基本原则**

1. 围绕一个明确的求职目标

没有一种简历适合所有的工作，因此，每一份求职简历中，求职目标一定要明确。针对不同类型、不同性质的工作，简历制作的侧重点则不同。

2. 把简历看作推销自己的广告

简历能够反映你做事与做人的一种态度。首先保证简历内容简短有效，其次简历应保存完好，用纸规范，统一用 A4 纸打印。

3. 通过陈述亮点获得面试机会

相应的教育背景、技术水平和能力是应聘者在求职过程中取得成功的关键。

**（六）编写简历的技巧**

1. 篇幅适中

以 1200 字为限，语言简洁明快，避免冗长啰唆；要有内容、信息量大，对能证明你任职资格的信息不能丢三落四。

2. 布局得当

结构、逻辑、层次清晰，便于阅读、理解。

3. 用词要准确、恰当

少用虚夸的形容词与副词，既不夸张，也不言过其实，也不可过于妄自菲薄。

4. 内容要真实可信

不可以凭空捏造事实，随意抬高身份。可以灵活变通，但要可信，撰写的求职资格和工作能力要有依据，经受得起检验。

5. 简历要有的放矢

针对不同的职位申请要突出不同的重点，尽量让个人情况与招聘条件相一致。

6. 简历结构

开头高度概括，中间客观可靠，最后附加参考性材料。

**7. 打印简历**

保证打印纸张不易化墨,要使字迹清晰,简历美观大方。

**(七) 网上求职和电子简历的注意事项**

**1. 基本要求**

(1) 将求职信与电子简历保存于个人邮箱。

(2) 简历发送附加求职信,避免多次翻页,最好采用 Word 格式,注意求职信的措辞和语气。

(3) 简历发送不要采用附件形式,避免无法打开附件而错失就业机会。

(4) 突出关键字的作用。内容长短适中,突出个人的特长与才能。

(5) 合理选择网上发送简历的时间。择机而动,避免上网高峰期发送简历。

(6) 主动与用人单位联系。网上招聘结束后,应主动通过电子邮件或打电话询问情况,向用人单位表示诚意。

**2. 发送电子简历的注意事项**

(1) 写好主题。"应聘××岗位,××的简历"比宽泛的词语"应聘"更引人注意。

(2) 选好职位再发。不要在同一单位应聘多个职位。

(3) 及时确认。有联系电话的招聘单位,在发送邮件第二天,应打电话到应聘单位确认,一方面提醒用人单位查收,另一方面表明自己应聘的诚意。

(4) 遵守招聘单位的规定。仔细阅读公司的招聘信息,将简历发送到指定邮箱。

(5) 每天查收电子邮件。注意每天查收电子邮件,有些大型公司会直接通过电子邮件与求职者联系。

## 二、面试技巧

**(一) 面试**

面试就是一种事先经过精心设计的,面试官与面试者之间面对面地观察、直接交谈或置面试者于某种特定情境中进行观察,从而对面试者的知识、工作能力、工作经验、性格、态度和待人接物的方式等素质进行考察的一种人员选拔测试活动。

**(二) 构成要素**

面试要素有十个,包括面试目的、面试内容、面试方法、面试官、面试者、面试试题、面试时间、面试考场、面试信息、面试评定等。在不同的面试活动中,这些要素的表现形式与作用不同,合理地配置和使用这些要素,是做好面试准备的基础。

**1. 面试目的**

面试目的,指面试想要达到的目标和希望实现的结果。

**2. 面试内容**

面试内容,指面试需要测评的面试者的基本素质内容。在面试时将素质结构划分为许多具体的素质指标,测评时,只选择部分重要的和相关的素质指标进行测评。因此,如何恰当和有针对性地选择与岗位要求密切相关的素质进行测评，是十分重要的问题。

### 3. 面试方法

面试方法，指面试活动的组织方式。不同的面试方法对面试者素质测评的侧重点也不同，常见的面试方法有面谈法、情景模拟法、无领导小组讨论法等。

### 4. 面试官

面试官，是面试的直接组织者，在面试过程中扮演着十分重要的角色。面试官的任务是提出问题，针对面试中面试者的行为表现进行素质评定。

### 5. 面试者

面试者，是面试试题的直接承受者。在面试中，考生通过对面试试题的"反应"，即作答，达到被测试的目的。

### 6. 面试试题

面试试题，主要指面试官向面试者提出的各种不同的面试要求。面试方法不同，面试要求亦不同。在非结构化面谈中，这种要求表现为"随意的话题"；在结构化面谈中，这种要求表现为精心设计的"具体的问题"；在小组讨论面试中，它表现为"讨论的议题"；在情景模拟中，试题则体现为具体情境中的各种要求。

### 7. 面试时间

一般而言，面试时间越长，面试结果可信度越高。但是，受各种因素影响，面试时间往往比较短。

### 8. 面试考场

面试时，场地的大小、温度的高低、光线的明暗，以及噪音等干扰因素对面试都有影响。

### 9. 面试信息

面试信息分为面试官信息和面试者信息。面试官信息，指面试测评过程中面试官所发出的信息。最主要的面试官信息，是面试官对面试者提出的测评问题或指令，以及对面试者的行为反应所表现的态度等。面试者信息，指面试测评过程中面试者所表现出的行为反应信息，包括自觉发出的和不自觉发出的、语言的和非语言的信息。最主要的面试者信息，是面试者对面试官的测评问题或指令所产生的行为反应。

### 10. 面试评定

面试评定，指面试官对面试者的素质能力进行评分或评价。

#### （三）面试的主要内容

### 1. 仪容仪表

仪容仪表是指面试者的体型、外貌、气色、衣着举止、精神状态等。因此，仪容仪表是用人单位录用面试者的一项重要参考内容。仪表端庄、衣着整洁、举止文明的面试者，一般做事有规律、有责任心、自制力强。

### 2. 专业知识

了解面试者掌握专业知识的深度与广度是否符合所要录用职位的要求，是对专业知识笔试的补充。面试对专业知识的考查更具灵活性和深度，所提问题也更接近空缺岗位对专业知识的需求。

3. 实践工作经验

面试官查阅面试者的个人简历或求职登记表进行相关的提问，查询面试者的背景和过去工作的情况，以补充或证实面试者具有的实践工作经验。面试官通过对面试者工作经历与实践经验的了解，考察面试者的责任感、主动性、思维能力和口头表达能力等。

4. 口头表达能力

面试中考察面试者是否能够将自己的思想、观点、意见或建议顺畅地用语言表达出来。具体内容包括：表达的逻辑性、准确性、感染力，以及表达时的音质、音色、音量、音调等。

5. 综合分析能力

考查面试者是否能对主考官所提出的问题抓住本质并说理透彻、分析全面、条理清晰。

6. 反应能力与应变能力

考查面试者对主考官所提的问题理解是否准确贴切，回答的迅速性、准确性等；对于突发问题的反应是否机智敏捷、回答恰当；对于意外事情的处理是否得当、妥当等。

7. 人际交往能力

在面试中，通过询问面试者经常参与哪些社团活动，喜欢同哪种类型的人打交道，在各种社交场合所扮演的角色，可以了解面试者的人际交往能力。

8. 自我控制能力

自我控制能力对于许多类型的工作人员（如中层管理人员）显得尤为重要。

9. 工作态度

面试官主要考察面试者对学习、工作的态度和对应聘岗位的态度，以及面试者在新工作岗位上的表现。

10. 求职动机

面试官通过了解面试者为何希望来本单位工作，对哪类工作最感兴趣，对工作的追求，来判断本单位所能提供的职位或工作条件等能否满足其工作要求和期望。

11. 业余兴趣与爱好

面试官通过了解面试者休闲时间喜欢从事的运动，喜欢阅读的书籍以及有什么样的嗜好等，可以了解面试者的兴趣与爱好，有利于录用后对其进行工作安排。

此外，面试时面试官还会向面试者介绍本单位及拟聘职位的情况与要求，讨论有关工薪、福利等面试者关心的问题，以及回答面试者可能要问到的其他一些问题等。

**（四）面试的基本形式**

面试可以分为以下几种基本形式：

1. 单独面试与集体面试

所谓单独面试，指主考官与面试者单独面谈，这是最普遍、最基本的一种面试方式。单独面试的优点是能为面试双方提供一个面对面的机会，让双方较深入地进行交流。单独面试又有两种类型：一是只有一个主考官负责整个面试过程。这种面试大多在较小规模的单位录用较低职位人员时采用；二是由多位主考官参加整个面试过程，但每次均只与一位面试者交谈。公务员面试大多属于这种形式。

集体面试又叫小组面试，指多位面试者同时面对考官的情况。在集体面试中，通常要求面试者进行小组讨论，相互协作解决某一问题，或者让面试者轮流担任领导主持会议、发表演说等。这种面试方法主要用于考查面试者的人际沟通能力、洞察与把握环境的能力、领导能力等。

无领导小组讨论是最常见的一种集体面试法。在无领导小组讨论中，一组面试者开会讨论一个实际工作中存在的问题，讨论前并不指定谁主持会议，在讨论中，主考官观察每一个面试者的发言，以了解面试者的心理素质和潜在能力。这是情景模拟的形式之一。

无领导小组讨论的题目有很强的现实性和典型性，每一位面试者对题目本身没有陌生感，均可以发表自己的观点。通常题目是一题多义、一题多解，使参与讨论的人能够产生多种意见，以便大家在观点上出现交锋，有利于形成讨论的气氛。

无领导小组讨论一般是由 5~8 人组成。

无领导小组讨论分为三个阶段：

第一阶段：面试者了解试题，独立思考，列出发言提纲。

第二阶段：面试者轮流发言，阐述观点。有时也可以不提这个要求，以观察每个人的主动性。但是如果有人不发言，就无法评判，无法给出评语。

第三阶段：面试者发言、辩论，继续阐明自己的观点，或对别人的观点提出不同的意见。

考官可从讨论的过程中评价面试者的各种素质。

2. 一次性面试与分阶段面试

所谓一次性面试，即指用人单位对面试者的面试集中于一次进行。在一次性面试中，面试考官的阵容一般都比较强大，通常由用人单位人事部门负责人、业务部门负责人及人事测评专家组成。在一次性面试情况下，面试者是否能面试过关，甚至是否被最终录用，就取决于这一次面试表现。面对这类面试，面试者必须集中所长，认真准备，全力以赴。

分阶段面试又可分为两种类型，一种叫依序面试，一种叫逐步面试。

依序面试，一般分为初试、复试与综合评定三步。初试的目的在于从众多面试者中筛选出较好的人选。初试一般由用人单位的人事部门主持，主要考查面试者的仪表风度、工作态度、上进心、进取精神等，将明显不合格者予以淘汰。初试合格者则进入复试，复试一般由用人部门主管主持，以考查面试者的专业知识和业务技能为主，衡量面试者是否合适拟任工作岗位。复试结束后再由人事部门会同用人部门综合评定每位面试者的成绩，确定最终合格人选。

逐步面试，一般是由用人单位的主管领导、处（科）长以及一般工作人员组成面试小组，按照小组成员由低到高的职位层次，依次对面试者进行面试。面试的内容依层次各有侧重，低层面试官一般以考查专业及业务知识为主，中层以考查能力为主，高层则实施全面考查与最终把关。逐步面试实行逐层淘汰筛选制，面试者要对各层面试的要求做到心中有数，力争给每个层次的面试官均留下好印象。在低层次面试时，面试者不可轻视大意，不可骄傲马虎，在面对高层次面试时，也不必胆怯拘谨。

3. 非结构化面试与结构化面试

（1）非结构化面试

在非结构化的面试条件下，面试的组织比较随意。关于面试过程的把握、面试中要提出的问题、面试的评分角度与面试结果的处理办法等，主考官事前都没有精心准备与系统设计。非结构化面试颇类似于人们日常非正式的交谈。除非面试考官的个人素质极高，否则很难保证非结构化面试的效果。目前，非结构化的面试愈来愈少。

（2）结构化面试

所谓结构化面试，包括三个方面的含义：

第一，面试程序的结构化。在面试的起始阶段、核心阶段、收尾阶段，主考官要做些什么、注意些什么、要达到什么目的，主考官在面试前都会做好相应策划。

第二，面试试题的结构化。在面试过程中，要考查面试者哪些方面的素质，围绕这些角度主要提哪些问题，在什么时候提出，怎样提，主考官在面试前都会进行准备。

第三，面试结果评判的结构化。从哪些角度来评判面试者的面试表现，等级如何区分，如何打分等，主考官在面试前都会有相应规定，并在众考官间统一尺度。

简而言之，结构化面试即对面试程序、测评项目、测评标准、时间限制等进行了详细地设计安排。面试过程，就是程序化的交谈和评价的过程。

结构化面试时，多名考官按照预先设计的一套包括各种测评要素在内的试题向面试者提问，根据面试者的回答，给出其在各个测评要素上的得分，各个测评要素得分的总和就是面试者结构化面试的最后成绩。

面试中，一个题目可能包括一个或者几个测评要素，考官不是按照题目打分，而是按照面试者在回答问题中反映出的各种能力，也就是测评要素打分。

例如，考官向面试者提出几个问题。第 1 题可能只测查面试者的综合分析能力，第 2 题可能测查面试者的自我情绪控制能力和表达能力两个要素。

（1）结构化面试的优点：

①内容确定，形式固定，便于操作。

②测评项目、参考话题、测评标准及实施程序等，都是事先经过科学分析确定的，能保证整个面试有较高的效度和信度。

③对于有多个面试者竞争的场合，易做到公平、统一。

④要点突出，形式规范，紧凑高效，能更加简洁地实现目标。

（2）公务员录用面试就是典型的结构化面试，它主要包含以下程序：

①入场抽签：考生从题箱内抽签确定试题，主考人当场开启试题。

②回答试题：主考人宣读考生抽中的试题，宣布答题时间不超过 15 分钟，考生回答。

③突发提问：考生答完试题后，主考人请评委临时提问。

④记分审核：提完问后，主考人请计时员从评委手中收回评分表和试题答案，评分表交计分员计分，试题答案交监督员。

⑤公布得分。

⑥考生退场。

4. 常规面试与情景面试

（1）常规面试

所谓常规面试，就是我们日常见到的主考官和面试者以问答形式为主的面对面的面试，主考官提出问题，面试者根据主考官的提问回答，以展示自己的综合素质。在这种面试条件下，主考官处于积极主动的位置，面试者一般是被动应答的姿态。主考官根据面试者对问题的回答以及面试者的仪表仪态、身体语言、在面试过程中的情绪反应等对面试者的综合素质状况进行评价。

（2）情景面试

情景面试是面试形式发展的新趋势。在情景面试中，突破了常规面试即主考官和面试者一问一答的模式，引入了无领导小组讨论、公文处理、角色扮演、演讲、答辩、案例分析等人员甄选中的情景模拟方法。在这种面试形式下，面试的具体方法灵活多样，面试者的才华能得到更充分、更全面的展现，主考官对面试者的素质也能进行更全面、更深入、更准确的评价。

在情景面试中，面试者应落落大方，自然和谐地进入情景，去除不安和焦灼的心理。只有这样，才能发挥出最佳水平。

**（五）面试前的准备**

面试成功与否与你是否花费时间进行准备有很大关系，面试前的准备工作不仅给予你面试时的信息，而且还给予你面试成功的自信。要像准备一次考试一样准备面试。

1. 情境知识

面试前确保你对应聘公司及岗位有足够的了解，如工作性质、业务范围、行业特色及发展前景等，对你可应聘的岗位的职责、条件、工作时间、工资福利、提升机会等也应有一个全面的了解。这不仅会决定你是否能应聘成功，还可以使你在入职后能尽快适应工作环境。

2. 了解信息

对信息的了解，涉及你对公司、应聘职位以及职业上升路径的认识，也包括你对工作的总体态度与各种期望，主要涉及以下四个方面：

①了解公司信息能使你确定是否对应聘的工作岗位真正感兴趣；②了解公司信息能在面试中为你提供参考；③了解公司信息能向公司表明你的诚意并获得认可。

3. 心身准备

身体准备是心理准备的基础，有良好的体能才能强化心理准备。

①面试之前要适当休息；②养成良好的卫生和穿戴习惯，穿戴整洁；③尽量少戴饰

物；④穿着适合自己的服饰；⑤保持微笑与活力。

### （六）面试过程中

与面试官初次见面，严格遵守握手礼仪，如果面试官伸出手，你必须伸出坚实有力、干暖的手与之相握，第一时间向面试官传递你的自信、真挚。握手时保持眼神交流并保持微笑，向面试官打招呼。等面试官示意你坐下或是面试官先坐下后你再坐下。面试过程中要保持积极的态度和良好的外在形象，与招聘人员眼神交流并面带微笑。

### （七）面试结束阶段

离开面试现场并不意味着面试结束。如何跟进面试结果与面试准备一样重要。

结束面试之后，如果不清楚接下来的流程，那么就询问一下面试官。面试官可能会表示在两三周或是特定的时间通知你面试结果。此时，应向面试官询问联系方式，是电话联系还是通过网络联系，并确保你留下的信息确实可以联系到本人。

为了加深面试官对你的印象，增加求职成功的可能性，面试后两天内，你最好给面试官打个电话或写封信表示谢意。感谢电话要简短，最好不要超过 5 分钟。感谢信要简洁，最好不超过一页。面试后表示感谢是十分重要的，因为这不仅是礼貌之举，也会使面试官在决定之时对你有更好的印象。

# 第三节　心理调适

大学生在就业过程中引发的心理问题已经成为一种社会现象，为了减轻就业压力，缓解毕业生就业心理问题，大学生应根据自己的实际情况进行自我心理调适；同时也要改变自己的就业观，合理规划职业发展，全面提升个人素质。

## 一、调整择业心态

### （一）正视现实

正视现实是大学生择业必备的健康心态之一。正视现实包括两方面的内容，即正视社会、正视自身。

#### 1. 正视社会

现实是客观存在的。积极的心态是正视社会，适应现实；消极的心态是脱离现实，逃避社会。现实是客观的，既有有利于自己的一面，也有不利于自己的一面。目前社会为大学生提供的工作岗位不可能使人人满意，供需形势也不平衡，边远地区、艰苦行业、基层和第一线急需人才。

#### 2. 正视自身

对自我的充分、客观的认识，在择业时有着重要的参考作用。自我认识，一般包括以下几个方面：

（1）气质方面。心理学家一般将气质分四种类型，即胆汁质、多血质、黏液质、抑郁质。气质类型的不同，适宜从事的职业范围亦不同。了解自己的气质特点，便可以对气质表现加以控制和调节。

（2）性格方面。俄罗斯的一个科研机构曾把大学生的性格划为16种类型："未来理想专家"型、"理想大学生"型、"职业家"型、"院士"型、"纯理性主义"型、"勤奋"型、"平庸"型、"懒汉"型、"社会活动家"型、"博学"型、"运动员"型、"消费"型、"假现代派"型、"中心人物"型、"机灵鬼"型、"极端消极"型。

（3）兴趣方面。大学生在择业中应适当考虑自己的兴趣和爱好，以便在将来的工作中更加充实、丰富，更富有乐趣。

（4）能力方面。能力是指直接影响活动的效率，使活动顺利完成的个性心理特征。能力是和活动密切相关的。只有通过活动才能发展能力，也才能表现一个人的能力。人的能力是在先天的基础上通过后天的社会实践而获得的。

大学生的能力除了一般能力（即智力）之外，还包括学习能力、实践能力、科研能力、社交能力、组织管理能力、创造能力等。用人单位对大学生的要求，不仅仅是思想素质和学业水平，而且还有各种能力。

（5）个性方面。美国心理学家霍兰德将人的个性分为六种，并将个性与职业相联系。这六种类型为：现实型或实际型（R型）、研究型（I型）、艺术型（A型）、社会型（S型）、企业型（E型）、常规型（C型）。

适用原则。即个性和所从事的职业属同一类型。如R型的人适宜从事R型职业；S型的人适宜从事S型的职业。

相近原则。如现实型（R）与研究型（I）相近；现实型（R）与常规型（C）相近。选择与个性相近类型的职业，比较容易适应。

中性原则。如现实型（R）与艺术型（A）；现实型（R）与企业型（E）。

相斥原则。如现实型（R）与社会型（S）；常规型（C）与艺术型（A）。人们如果选择与个性类型相斥的职业，则很难适应。

**（二）敢于竞争**

在求职过程中，大学生应敢于竞争，努力实现自己的抱负。

首先，要有竞争意识。大学生应该有青年人的朝气和锐气，要敢想、敢说、敢干，有敢为天下先的精神，不能唯唯诺诺，胆小怕事，羞怯自抑。其次，竞争要从实际出发。充分考虑到自己的专业、性格、气质、爱好等，扬长避短，发挥特长，才可能在竞争中立于不败之地。然后，竞争要靠真才实学。不能纸上谈兵、夸夸其谈，更不能互相拆台或互相嫉妒。竞争应是在互相学习、互相勉励、共同进步中进行。最后，做好经受挫折的心理准备。求职择业的竞争，失败在所难免。有了充分的思想准备，尤其要有遭受挫折的思想准备，才会成为竞争中的强者。

从某种意义上说，人生本来就是一场竞争。大学生应摒弃侥幸和幻想，面对机遇，正视现实，扬起理想的风帆，在竞争的激流中奋力拼搏，驶向成功的彼岸。

**（三）不怕挫折**

遇到挫折，要认真分析失败的原因，是主观努力不够还是客观要求太高？是客观条件苛刻，还是主观条件不具备？认真分析，才能做到心中有数，才能更好地调节心理。有人说，挫折是试金石。心理健康的人，勇于向挫折挑战，百折不挠。心理不健康的人，知难而退，甚至精神崩溃、行为失常。择业时，应该保持健康稳定的心理，采取积极的态度。遇到挫折，不要消极退缩。

### （四）放眼未来

社会为大学生择业提供了"双向选择"的机会，多数大学生可以通过"双向选择"获得较满意的职业。但是，由于种种原因，一部分大学生的志愿难以实现：也许专业较为对口但地域偏僻或工作在基层，也许地域优越但专业不对口等。对于这些问题，大学生应该有充分的评估，要从长计议，正视现实，适应现实，放眼未来。

## 二、面试心理准备

面试时，应聘者在特殊的环境中接受招聘者的考核，不仅要迅速、机敏地回答处理现场提出的问题，还要使自己的言谈举止恰到好处，符合测试要求。因此，面试前做好必要的心理准备，调整好情绪，克服怯场心理，使自己具有饱满的精神状态，力争取得面试的最佳效果，是非常必要的。

### （一）避免心理冲突

根据心理学所揭示的规律，人的行为是由动机支配的，而动机则是由需要和愿望引起的。一般来说，人的求职行为是在某种就业动机策动下，为达到某个就业目标而发生的。在同一时间内，一个人的就业目标可能多个并存，在各个不同的目标之间会存在各种各样的矛盾，引起目标冲突。不及时解决这些冲突，往往会导致心理冲突。

解决就业目标冲突，首先要以正确的就业动机为基础，不能患得患失。其次，要郑重思考，面对现实，权衡利弊，分析自己的知识状况、能力水平、身体素质、目标远近以及其他主客观原因，不能好高骛远。在就业目标冲突面前，要以你最重要的期望为目标，做出迅速果断的选择。

### （二）消除紧张心理

紧张是人们在面对那些自己认为很难对付的事情时，所产生的身体和情绪上的异常反应。人们在体验到紧张后会发生各种生理与心理上的变化和反应，如心跳加快、呼吸速度加快、血压增高、皮肤和内脏的血管自行收缩、瞳孔放大、血糖上升等。

面试不仅要了解求职者的知识和人品，更重要的是通过相互交谈测试求职者的应变能力和处世能力。如果面试者过度紧张，甚至怯场，应变能力也就无从谈起。

那么，怎样才能克服紧张情绪呢？

1. 不要把面试看得过重

应采取超然的态度，记住这样一句话：胜败乃兵家常事。即使面试失败了，你也没有失去什么，却得到了面试的经验，还有更好的机会在等待你。

2. 增强自信心

首先，不要把招聘者看得过于神秘。其实，并不是每个招聘者都是学识渊博、心计多端、难以对付的。他们同你一样，都是普普通通的人，有些人恐怕还没有你那么多的知识和经验，了解了这一点也就不会有畏惧感了。其次，多想自己的优点、优势和特长。即使有缺点，或许对所应聘的工作来说还是优点呢。这样的暗示作用，可使你增加自信，消除紧张。

3. 掌握说话节奏

放缓说话速度有助于稳定情绪和理顺思路，从而保证口齿清楚、思路清晰、有条不紊。

精神放松法和快速放松法，可用于考试前或面试前的放松准备，有助于消除紧张心理。

精神放松法：①任凭头脑涌现各种意念，任凭这些意念自由串联。②任何意念重复出现时，要加以制止，低声而坚定地说"不"字。③闭上双眼，想象一个宁静的景色，比如晴朗湛蓝的天空，宁静幽蓝的大海，或者任何不带喧嚣成分的物体。蓝色是一种能使人放松的颜色。④努力将意识集中到呼吸上来，留心其自然节奏。⑤重复念叨一个具有抚慰作用的词，如"平静""没关系"等。呼吸时脑子里想着这些词。⑥保持脸颊、眼圈和额头肌肉放松，使额头产生凉爽的感觉。

快速放松法：①坐正，以舒适为佳。②深吸一口气，屏息5秒，再慢慢从一数到五之后才呼出这口气。如此重复多次。③让全身肌肉放松。如此重复2~3遍，直到彻底放松为止。④想象一个令人愉快的景色，比如宁静的乡村或秀丽的湖光山色等。

（三）克服羞怯心理

羞怯是许多人都有过的一种普遍的情绪体验，主要是指由于性格内向或挫折引起的过多约束自己的言行，以致无法真实表现自己情感的一种心理障碍。

羞怯感强的人，在招聘者面前会感到有一种无形的压力，他们不敢迎视对方的目光，缺乏表现自己的信心和勇气。面试时常出现脸红、冒汗、张口结舌、语无伦次等现象。他们对自己的神态举止和言谈过分敏感，生怕自己在别人面前失态出丑。

那么怎样才能克服羞怯心理呢？增强自信心是最有效的途径之一。除此之外，还应注意以下几点：

第一，不要过多地计较他人的评论。羞怯感强的人，最怕得到否定的评价，结果越害怕越不敢表现自己，越不敢与人交往，从而恶性循环，使他们在羞怯的漩涡中越陷越深。其实，被人评论是正常的事，应把它作为改善自己的动力，而不应把它当成精神负担。

第二，扩大自己的知识面。只有具备丰富的知识，才能在各种求职活动中，不会因知识过分狭窄而受窘。这里所说的知识，不仅包括你的专业知识和其他科学文化知识，而且也包括面试的基本礼节和推销自我的基本技巧。你可以从有关求职的书刊上获得这些知识，也可以从你周围的同学、朋友身上获得。

第三，学会控制自己。常用方法是自我暗示法，每当在面试时，自感有可能紧张、羞怯时，就提醒自己镇定下来，什么都不去想，把招聘者当成自己的熟人和朋友，羞怯心理就会减少大半。心理学的研究表明，一个非常怕羞的人，当他在陌生场合讲出第一句勇敢的话语后，随之而来的将不再是新的羞怯，而可能是顺理成章的陈述。

第四，争取锻炼的机会。开始可以拣容易的做，如在熟人的圈子里练习面试，锻炼自己的表达能力，运用和熟悉自我推销的技巧，培养对羞怯的心理抗力。然后按循序渐进的原则，扩大范围，增加难度。要尽可能地参加各种类型的人才交流会和人才洽谈会，以及毕业生供需见面会，把它们看成是锻炼自己的机会。在有意识地克服羞怯心理的过程中，对每一个机会都必须有充分的准备，以获得好的效果。

有的求职专家建议，在正式面试前要像戏剧演出前的彩排一样进行预演。把为面试准备的衣服、道具都用上，同镜子里的你进行"面试"，看看自己的外表、姿势、态度和言辞如何。也可以把朋友叫来充当招聘者进行"演习"。这对进一步熟悉面试内容，使行为举止自然、流畅，克服紧张和羞怯，增强自信都有重要作用。

**（四）克服自卑心理**

一般说来，自卑的人，多是性格内向、勤于反思而又敏感多疑的人。他们的自尊心很强，但不懂得如何积极地获取自尊，而是采取消极退避的方式以保护自尊。在推荐自我的过程中，他们也希望自己给对方留下好印象，可又总怀疑自己的能力，不相信自己能够做得很好，仿佛自己的一举一动都是在公众面前演出。所以只要置身于陌生人面前，他们便会产生不知所措的惊慌，有的人会立即出现脸红、低头、出冷汗、干笑等反应，有的人还会出现喉头颤抖、发音吐字不清，甚至全身发软等现象。

一个人的行为取决于对自己的信心。如果我们想改变自己，克服自卑心理，就应正确评价自己，正确表现自己，正确补偿自己。

1. 要正确评价自己

人贵有自知之明。这里的"自知"，不仅表现为知道自己的短处，也表现为了解自己的长处。我们不能因为自己某方面的能力缺陷而怀疑自己的全部能力，而要看到自己的过人之处。自卑感的产生多是由于或多或少地否定自己造成的。比如，在招聘者面前或在众多的竞争对手面前，你可能认为他们的能力和水平远远超过自己，在他们面前介绍自己的特长总有一种班门弄斧的感觉。结果不能充分地表现自己的能力和特长，导致求职失败。

遇到这种情况，首先要淡化自我，不要把自己的一言一行都看得如此重要，人人都希望自己的言行处处得体，但事实上谁也难以办到。有疏忽是正常的，不能因为有些小的失误就否定自己，处处谨小慎微，结果搅得自己心慌意乱，无所适从。有时可以通过"否定"他人来获得心理上的平衡。也就是要正确认识他人的权威性，肯定自己在某方面的优点是对方所不能及的。马克思十分赞赏一句格言："你之所以感到巨人高不可攀，只是因为自己跪着，不信你站起来试试。"你一定能发现，自己并不一定比别人矮一截。许多事情，别人能做到的，你经过努力一样能做到。

2. 要正确地补偿自己

一个人的眼睛失明了，耳朵会变得特别灵，这是生理上的补偿功能。人的心理上也具有这种补偿能力。我们提倡积极的心理补偿方法：

一是以勤补拙。知道自己在某方面有缺陷，就下功夫去弥补。一个热爱生活的人，应用自己的辛勤汗水去换取希望得到的一切。古希腊著名演说家德穆斯芬幼年时口才平平，而且有些口吃，第一次登台演说就被喝了倒彩。面对挫折，他毫不气馁，而且立志成为雄辩家。他面对大海，口含石子，反复练习，经过第二次演说，他就成了古希腊闻名遐迩的演说雄才。

二是扬长避短。人与环境的联系是多方面的，在成才的道路上，"失之东隅，收之桑榆"的情况是屡见不鲜的。我们阅读许多伟人的传记，可以发现许多人的优秀品格和一生的辉煌成就，从某种意义上说是其个人缺陷促成的。像苏格拉底和伏尔泰虽然在容貌上存在缺陷，而他们在思想上痛下功夫，结果在哲学领域大放光芒；张海迪的成功也是她思想的坚强弥补了她身体的缺陷。

3. 正确地表现自己

自卑感往往产生在自我表现的过程中，要克服自卑感还必须学会恰如其分地表露自己的才能。自卑感强的人，不妨多做一些把握较大的事情。因为任何成功都会增加人的自信，循序渐进地锻炼自己的自我表现能力是克服自卑的根本途径。比如，学会如何平静地与人交谈，如何接近陌生人，如何同别人握手寒暄，如何进行开场白，如何使谈话继续和终止等技巧。

一个人对自己的态度，全部反映在其举手投足之间，如果你认为你有资格承担那项工作，并对做好那项工作充满信心，你的一言一行就会给对方以可信的感觉。一位心理医生曾说："你越练习得好像对自己很有信心，就越能造成一种你很行的气氛，对方就越觉得你是一个可信赖的人。"

# 第四节　就业权益保护

近几年，青年群体就业面临较大压力。党的二十大报告提出："实施就业优先战略，强化就业优先政策，健全就业公共服务体系，加强困难群体就业兜底帮扶，消除影响平等就业的不合理限制和就业歧视，使人人都有通过勤奋劳动实现自身发展的机会。"随着就业优先战略的实施，不合理、不公平的就业现象逐步减少，更多的年轻人将在就业市场中找到清晰定位，获得更多发展机会。国家宏观政策的大力支持，为大学生的就业提供了更多的保障。而个人该如何进行就业权益的保护，是每一位大学生都应关注的话题。

## 一、就业协议制度

毕业生与用人单位经过"双向选择"，在相互了解和协商的基础上决定相互接纳，达成意愿后以就业协议这一书面形式确定双方关系，这就是就业协议的签订。

### （一）概念

就业协议是明确毕业生、用人单位和学校在毕业生就业工作中权利和义务的书面表现形式。一般由教育部或各省、市、自治区的就业主管部门统一制表。

## （二）作用

签订就业协议书是国家为规范高校毕业生就业工作的一项必要措施，签订就业协议书，能够杜绝就业欺诈行为，维护高校毕业生就业工作的严肃性，维护毕业生、用人单位和学校的合法权益。

## （三）签订就业协议

高校毕业生就业协议的签订全国各地基本类似，协议三方以及主管部门均可随时通过网络开展无纸化办公。

**1. 订立的原则**

（1）主体合法原则。毕业生方面必须要取得毕业资格，如果学生在派遣时未取得毕业资格，用人单位可以不予接收而无须承担法律责任。

用人单位方面必须具有从事各项经营或管理活动的能力，单位应有录用毕业生计划和录用自主权，否则毕业生可解除协议而无须承担违约责任。

高校方面则要求如实介绍毕业生在校表现，也应如实将所掌握的用人单位的信息发布给毕业生。

（2）平等协商原则。就业协议的三方在签订就业协议时的法律地位是平等的，学校不得应用行政手段要求毕业生到指定单位就业（不包括有特殊情况的毕业生，如委培生），用人单位亦不应在签订就业协议时要求学生交纳过高数额的风险金和保证金。

**2. 订立的步骤**

（1）要约。毕业生持学校统一印制的就业推荐表或复印件参加各地人才供需洽谈会，进行双向选择，或向用人单位寄发书面材料，应视为要约邀请。用人单位收到毕业生材料，对毕业生进行考察后，表示同意接收并将回执寄到高校毕业生就业工作部门或毕业生本人，应为要约。

（2）承诺。毕业生收到用人单位回执或通过其他方式得到用人单位答复后，从中进行选择，并到学校就业工作部门领取就业协议书，与用人单位签订协议。

**3. 签订的程序**

签订协议是在毕业生和用人单位供需见面、双向选择达成一致意见的结果。签订的一般程序具体如下：

（1）用人单位人事部门负责人签署同意接收该毕业生的文字意见，并签字盖章。若该用人单位无人事录用权，则报送上级主管部门签字盖章予以批准。

（2）毕业生本人在协议书上以文字形式明确表达自己同意到选定单位应聘工作的意愿，同时签署本人姓名。

（3）毕业生所在院系签署意见。

（4）学校毕业生就业主管部门审核并签字盖章，纳入就业方案并将就业协议书返到各方手中。

在完成上述程序之后，就业协议正式生效，并列入国家就业方案，下达学校和有关部门执行。

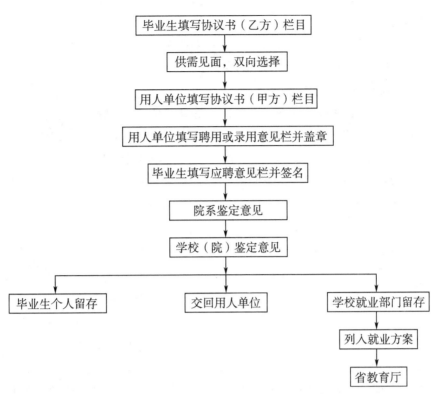

### 4. 有效协议

有效协议的关键是用人单位的签章是否有效，即该单位是否有用人权（人事权）。民营企业、外资企业则需经过人事局或人才交流中心的审批才有效。

**（四）就业协议的解除**

### 1. 单方解除

（1）单方擅自解除协议属违约行为，解约方应对另两方承担违约责任。

（2）单方依法或依协议解除。例如，学生未取得毕业证，用人单位解除协议；毕业生考取研究生后解除协议。

### 2. 三方解除

三方当事人对协议的解除表示一致，三方均不承担法律责任。三方解除协议应在就业计划上报主管部门之前进行，如就业派遣计划下达后三方解除协议，还须经主管部门批准办理调整改派。

**（五）违约责任及违约的后果**

就业协议书一经毕业生、用人单位、学校签署即具有法律效力，任何一方不得擅自解除约定，否则应承担相应的违约责任。

## 二、劳动合同制度

**（一）概念**

劳动合同也称劳动契约，是劳动者与用人单位确立劳动关系、明确相互权利和义务的协议。

### （二）特征

劳动合同是合同的一种，具有一般合同的法律特征，如协商一致，双方法律地位平等，意思表示真实，权利义务对等。还包括一些独有特征：

**1. 劳动合同的主体固定且具有从属性**

一方为用人单位，主要指企业、个体经济组织，同时也包括与劳动者通过签订劳动合同或其他方式确立劳动关系的国家机关、事业单位和社会团体；一方为劳动者，即在我国境内具有劳动权利、能力和行为能力的中国人、外国人和无国籍人。

从属性指签订劳动合同后，劳动者就成为用人单位的一员，必须接受用人单位的纪律和要求付出劳动。

**2. 劳动者的主体资格受限**

（1）年龄限制。下限：禁止使用童工。童工指未满 16 周岁，与单位或者个人发生劳动关系且从事有劳动报酬的劳动或者从事个体劳动的少年、儿童。上限：即退休年龄的规定，男性年满 60 周岁，女工人年满 50 周岁，女干部年满 55 周岁。在特殊行业，男性年满 55 周岁，女性年满 45 周岁。

（2）性别限制。主要针对女性职工在劳动过程中的安全和健康进行保护。

（3）身份限制。由于特殊身份而不能成为劳动合同的主体。

公务员和比照公务员制度的事业单位和社会团体的工作人员；现役军人；已签订劳动合同的劳动者；在校学生（在校学生利用业余时间勤工俭学，不视为就业，未建立劳动关系，可以不签订劳动合同）。

（4）技术限制。某些行业对劳动者有技术能力方面的限制（例如：司机和医师。）

（5）身体健康状况限制。劳动者不得患有本岗位所禁忌或不宜的特定疾病。

（6）自由状态限制。自由状态应不受限制（在校生由于不具备支配自己劳动能力所必要的行为自由，一般不得成为招工对象，寒暑假可被招为临时工）。

**3. 劳动合同具有身份性质**

一方面，劳动合同的签订必须由劳动者本人签订，不得代签；另一方面，劳动者与一个用人单位签订劳动合同后，未经合法手续解约合同，不得再与其他用人单位签订劳动合同，否则应向用人单位赔偿经济损失。

**4. 劳动合同强调的是过程而不是结果**

只要劳动者按照劳动合同为用人单位提供了正常的劳动，不管结果如何、水平高低，用人单位必须向劳动者支付不低于当地最低工资标准的工资。

### （三）劳动合同的签订

**1. 签订时间确定**

《劳动合同法》第二章第十条规定：建立劳动关系，应当订立书面劳动合同。已建立劳动关系，未同时订立书面劳动合同的，应当自用工之日起一个月内订立书面劳动合同；用人单位与劳动者在用工前订立劳动合同的，劳动关系自用工之日起建立。

《劳动合同法》第七章第八十二条规定：用人单位自用工之日起超过一个月不满一

年未与劳动者订立书面劳动合同的，应当向劳动者每月支付二倍的工资。

**2. 主要条款**

（1）主体条款。用人单位和劳动者本人的基本情况。

（2）期限条款。劳动合同从哪一天开始到哪一天结束。依据《劳动法》和《劳动合同法》，劳动合同期限可以分为有固定期限、无固定期限以及以完成一定的工作为期限。

有固定期限的劳动合同中，应明确规定劳动合同的开始期限和终止期限。

无固定期限的劳动合同应明确劳动合同的开始期限及终止条件。有下列情形之一，劳动者提出或者同意续订、订立劳动合同的，除劳动者提出订立固定期限劳动合同外，应当订立无固定期限的劳动合同：劳动者在该用人单位连续工作满十年的；用人单位初次实行劳动合同制度或者国有企业改制重新订立劳动合同时，劳动者在该用人单位连续工作满十年且距法定退休年龄不足十年的；连续订立二次固定期限劳动合同，且劳动者没有法律规定的用人单位可以解除劳动合同的情形，续订劳动合同的。

以完成一定工作任务为期限的劳动合同，指用人单位与劳动者约定以某项工作的完成为合同期限的劳动合同。

（3）工作条款。包括工作内容、时间和地点。

（4）劳动保护和劳动条件条款。包括工作时间和休息休假、劳动安全卫生、女职工和未成年工特殊保护、职业培训、社会保险和福利。

（5）劳动报酬和保险条款。写明劳动报酬的具体数额或计算方法及支付日期，并明确该劳动报酬是税前还是税后，明确按照国家规定缴纳社会保险。

（6）劳动合同终止的条件。应严格按照法律法规和现有关规定订立。用人单位有时将劳动合同的解除条件约定为劳动合同终止的条件，从而规避应承担的解约的补偿责任，这种约定是违法的。

（7）违反劳动合同的责任。《劳动合同法》第二章第25条规定，除劳动者违反服务期约定或违反保守商业秘密约定的情形外，用人单位不得与劳动者约定由劳动者承担违约金。

《劳动合同法》第四十条，对无过失性辞退做了明确规定。有下列情形之一的，用人单位提前三十日以书面形式通知劳动者本人或者额外支付劳动者一个月工资后，可以解除劳动合同：

《劳动合同法》第四十一条对经济性裁员做出了明确规定。有下列情形之一，需要裁减人员二十人以上或者裁减不足二十人但占企业职工总数百分之十以上的，用人单位提前三十日向工会或者全体职工说明情况，听取工会或者职工的意见后，裁减人员方案经向劳动行政部门报告，可以裁减人员：（1）依照企业破产法规定进行重整的；（2）生产经营发生严重困难的；（3）企业转产、重大技术革新或者经营方式调整，经变更劳动合同后，仍需裁减人员的；（4）其他因劳动合同订立时所依据的客观经济情况发生重大变化，致使劳动合同无法履行的。

裁减人员时，应当优先留用下列人员：（1）与本单位订立较长期限的固定期限劳动合同的；（2）与本单位订立无固定期限劳动合同的；（3）家庭无其他就业人员，有需要扶养的老人或者未成年人的。

用人单位依照本条第一款规定裁减人员，在六个月内重新招用人员的，应当通知被裁减的人员，并在同等条件下优先招用被裁减的人员。

### 三、就业协议与劳动合同的区别与联系

就业协议和劳动合同都是具有法律意义的法律文件，两者紧密相连，分别在毕业生就业的不同阶段签订。就业协议书与劳动合同都是用人单位录用毕业生时所订立的书面协议，二者既有区别又有联系。

#### （一）就业协议与劳动合同的区别

（1）就业协议的法律依据是1997年由国家教委制定的《普通高等学校毕业生就业工作暂行规定》，而劳动合同的法律依据是2008年1月1日起实施的《劳动合同法》。前者属于部门规章，后者属于国家基本法律，部门规章的法律效力低于国家劳动基本法律。

（2）毕业生就业协议是毕业生在校时，与用人单位、学校三方协商签订的，是编制毕业生就业计划和派遣毕业生的依据。在劳动合同中，学校既不是劳动合同的主体，也不是劳动合同的鉴证方，劳动合同是上岗毕业生从事何种工种劳动的依据。

（3）毕业生就业协议的内容主要是毕业生如实介绍自身情况，表示愿意到用人单位就业，用人单位表示愿意接收毕业生，学校同意推荐毕业生并列入就业计划进行派遣，而不涉及毕业生到用人单位报到后所享有的权利和义务。劳动合同的内容涉及劳动报酬、劳动保护、工作内容、劳动纪律，内容更为具体，劳动权利义务明确。

（4）一般情况下，就业协议签订在前，劳动合同订立在后。如果毕业生与用人单位就工资待遇、住房等有事先约定，亦可在就业协议备注条款中予以注明，日后订立劳动合同时对此内容予以认可即可。

（5）就业协议是毕业生与用人单位关于将来就业意向的初步约定，以及对于对方的基本条件和即将签订劳动合同的部分基本内容的大致认可，并经用人单位的上级主管部门和高校就业部门同意和鉴证，一经毕业生、用人单位的上级主管部门签字盖章即具有一定的法律效力，是编制毕业生就业计划和将来双方订立劳动合同的意向依据。

#### （二）就业协议与劳动合同的衔接

毕业生就业协议签订在先，为避免在日后订立劳动合同时产生纠纷，应尽可能将劳动合同的主要内容（利用备注填写：劳动报酬、试用期限、住房、服务期限）体现在就业协议的约定条款中，并明确表示在今后订立劳动合同时应予以确认。

毕业生如对用人单位不甚了解或不太满意，但又担心市场变化，一旦放弃落实就业单位可能更加困难，或有继续升学的想法，或是准备出国留学，这种情况下，毕业生可与用人单位在就业协议中就解除条件进行约定，以避免产生经济损失或争议。

就业协议主要是作为转递毕业生人事关系的依据，在毕业生正式到单位报到并签订

劳动合同后，就业协议书的效力就终止了，即一旦签订劳动合同，就业协议书中约定的内容就失效。但在就业协议书上约定内容具有法律效力时，如约定关于服务期、保守商业秘密等内容的，即使后来签订了劳动合同，协议中的约定效力仍然存在。

### 四、劳动争议及其处理

#### （一）什么是劳动争议

劳动争议是指以劳动关系为中心所发生的一切争议和纠纷。包括职工和单位之间、职工之间、职工团体与企业之间、企业与主管部门之间的权利和义务的争执。

#### （二）劳动争议处理的基本形式

（1）当事人自行解决。

（2）依法向劳动争议调解委员会申请调解。劳动争议调解委员会设在用人单位，由职工代表、用人单位代表、用人单位工会代表三方组成，调解委员会主任由工会代表担任。应本着自愿、民主的原则进行调解；调解不成，当事人一方或双方可以直接向劳动争议仲裁委员会申请仲裁。

（3）依法向劳动争议仲裁委员会申请仲裁。劳动争议仲裁委员会由劳动行政部门代表、同级工会代表、用人单位代表组成，主任由劳动行政部门代表担任。

仲裁委员会：

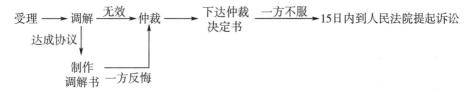

提出仲裁要求的一方应当自劳动争议发生之日起 60 日内向劳动争议仲裁委员会提出书面申请。仲裁裁决一般应在收到仲裁申请的 60 日内作出。对仲裁裁决无异议的，当事人必须履行。

（4）依法向人民法院起诉。当事人对仲裁裁决不服的，可以自收到仲裁裁决书之日起 15 日内向人民法院提起诉讼。一方当事人在法定期限内不起诉又不履行仲裁裁决的，另一方当事人可以申请人民法院强制执行。

▶ **活动体验**

### 面试官爱问的 20 个典型问题

1. 你正在寻找的工作环境或公司类型是什么？

2. 你正在寻找的职位或职业责任类型是什么？

3. 谈谈你的专业培训或大学经历。

4. 描述一下你以前的兼职工作或者是暑期打工的情况。

5. 到目前为止，你的学习成绩如何？

6. 描述一下你的课外活动或学生活动情况。

7. 你认为你的长处是什么？

8. 你的长、短期工作目标分别是什么？

9. 给我介绍一下你的前任雇主。

10. 你了解我们公司的哪些信息？

11. 选择学习你现在的专业领域的原因是什么？

12. 你为什么要选择这所学校接受教育？

13. 迄今为止，在你的生活中三大最重要的成就是什么？

14. 你曾经应对的最困难的任务是什么，你是如何解决的？

15. 我为什么要雇用你？

16. 你的朋友、前雇主、老师是怎样描述你的？

17. 你愿意为了工作而迁往外地或出差吗？

18. 举一个例子来证明你有团队协作能力。

19. 你的薪酬期望是多少？

20. 你是否愿意花费至少 6 个月的时间来实习？

## 无领导小组讨论

案例 1：

假设你负责设计比尔·盖茨的卫生间，当然钱不是问题，但你不可以和比尔·盖茨本人谈，你会怎么做？

讨论的要点：①方向、思路、想象力。

②和谁谈。

案例 2：

一艘小型客轮在海上突然遇险，只剩下 9 名乘客挤在一艘救生艇上，请你们将这 9 名乘客从最先被救到最后被救排一个顺序，9 名乘客资料如下：

老将军 68 岁，男，在几次保卫国家的重大战役中做出过卓越的贡献；

医生 41 岁，女，国内著名外科医生，成功完成过多例疑难手术；

职业经理人 38 岁，男，一家跨国电子公司的总经理，刚刚让一家公司起死回生；

中学生 18 岁，男，高三学生，是国际奥林匹克物理竞赛金牌获得者；

中学教师 53 岁，男，全国特级教师，教学经验丰富，深受学生欢迎；

运动员 23 岁，女，多次奥运会金牌得主，现处于运动的巅峰状态；

儿童 9 岁，女，小学三年级学生；

9 岁女孩的父亲，36 岁，一名优秀的律师；

大学教授 45 岁，男，博士生导师，重要学科带头人。

考查的关键：①统一标准。

②说服他人的能力。

案例3：

假设你是公司的一名业务员，现在公司派你去偏远地区销毁一卡车的过期面包（人们吃后不会致命，且无损身体健康），在行进的途中，刚好遇到一群饥饿的难民堵住了去路，因为他们坚信你所坐的卡车里有能吃的东西。

这时报道难民动向的记者也刚好赶来。对于难民来说，他们肯定要解决饥饿问题；对于记者来说，报道事实是职责；对于你业务员来说，销毁面包是你的职责。

现在要求你既要解决难民的饥饿问题，让他们吃这些过期的面包，以便销毁这些面包，又要阻止记者报道过期面包被难民吃掉的这一事实，维护公司的形象。请问你怎么处理这一问题？

说明：①过期面包不致命，且无损身体健康。

②不能贿赂记者。

③不能损害公司形象。

心理微视频
《口风琴的故事》

# 第四章

# 职业适应与发展

挥手告别大学校园，昂首步入社会舞台，是每一个大学生人生历程中的又一次重大转折。在这个重要的转折阶段，大学生最关心的莫过于更科学、更完善、更合理、更有价值地安排或优化自己新的人生旅程，最需要的莫过于迅速适应新的环境。实践表明，由学生角色到社会职业角色转换比较快的人，容易更早地获得单位的认可，更快地寻找到新的起点，也就更容易享受到事业成功和生活幸福的喜悦。

为了更好地适应未来职业的要求，大学生要充分利用求学期间的大好时光，根据所选择的职业要求和社会发展，不断提高、完善自身素质，大胆迎接挑战，投入竞争，为适应未来职业生活和事业发展奠定良好的基础。

案例共享

案例一

## 职场障碍——适应力差、没有转换角色

小王是刚大学毕业入职的学生，由于经验不足，能力欠缺，在工作中出现了失误，受到上级的严厉批评，他很不开心，没心思工作。

有人问他："你为什么不开心？"他说："经理骂我了。"又问："你是不是工作没做好？"答："即便工作没做好，他也不应该对我这样，我长这么大，我爸、我妈都没对我大声喊过！"问："那你希望怎么样？"答："我希望我下次再犯错时，他的态度能好点儿！"

小王说的话意味着：

1. 我出错是难免的；

2. 我以后还会出错；

3. 我再出错时，要改的是经理，不是我。他应该提高管理艺术。

试问如果小王有这样的想法，下次再做同样的工作、重复同样的错误，上级对他的态度会好一些，还是会更严厉一些呢？

职场人士正确的说法应该是："我今天工作出错了，上级严厉地批评我，我很不开心。但是我下次一定把事情做好，让他说不着。"

**点评：**

这是典型的职场适应问题，小王拿单位经理与父母相比较，没有很好地进行职场适应与角色转化；在心态上，小王没有从自身反思问题，积极地寻找解决的办法，而是一味埋怨别人，也不善于调整自己的情绪。

## 职场障碍——自负自傲、眼高手低

毕业生小珂口才不错，在试用期间与用人单位代表面谈时自我感觉良好。在这种心理的支配下，小柯在平时工作中总是自以为是、自负自傲，自以为自己什么都懂、什么都会，夸夸其谈，结果留给用人单位的是浮躁、不踏实的印象。结果试用期结束后被用人单位毫不犹豫地拒之门外。

**点评：**

小珂的失败是典型的自负心理造成的。自负在心理学上指过高地估计个人的能力，从而失去自知之明。职场需要的是责任务实、能尽快融入团队、有真本领的人。小柯入职后，没有做到低调谦虚、多听少说多干，没有加强职业素养和业务知识的学习。职场不同于学校，踏入职场后，很多当惯了"天之骄子"的大学生很难放低身价、谦虚谨慎、从零学起，存在自负自傲、眼高手低的情况，从而出现了职业适应障碍。

# 第一节　从学生到职业人的过渡

"铁打的营盘流水的兵"——每年都有众多的大学毕业生离开校园进入不同行业，迎接人生的第一份工作甚至是终身工作。这对涉世未深的毕业生来说，存在相当大的压力和挑战，容易出现适应障碍。实现从"学校人"到"职业人"角色适应，需要及时进行角色转型与转换。实习，则是完成从学校人到职场人转型过渡的开始，第一份工作能否选好、做好至关重要。在转型的过程中，敬业、心态、诚信、礼仪则是职场新人成功的四大法宝。

## 一、职场新人容易出现的适应障碍

著名的职业心理学家舒伯将人一生主要的发展阶段分为成长期（相当于儿童期）、探索期（相当于青春期）、建立期（相当于成人前期）、维持期（相当于中年期）、衰退期（相当于老年期）。职场新人处于探索期和建立期的阶段，面临从现实经验中进行自我探索、角色探索与职业探索，从中发展一个符合现实的自我概念，进而逐步确定适合的职业领域。

从现实情况来看，毕业生从学生到工作者角色身份转换的过程中，并没有为工作者角色做好充分的准备，一系列的调查数据显示，我国适应期中的毕业生存在着严重的适应障碍。入职适应期的调研也显示，高达 71.7% 的职场新人将"不知道自己未来的职业发展方向"视为最大的职场困惑。

每个人的职业生涯中都会遇见各种障碍，当面临这些障碍时，许多人不懂得如何清除它们，而是因此而苦恼，阻碍了职业的发展。以下是一些工作单位主管归纳出来的几项常见的职场障碍，你是否会遇到其中一项呢？

**（一）适应力差**

对新环境无法适应，对市场变动经常无所适从或不知所措，只知请教上级，也不能接受职位调动或轮班等工作的改变。

**（二）不会沟通**

出现问题时，不愿或不会直接沟通或不敢表达出来，总是保持沉默，任由事情恶化下去，没有诚意解决问题，更不愿意通过沟通共同找出解决方案。

**（三）不懂礼仪**

不守时，常常迟到早退；服装不整，不尊重他人；做事散漫或刚愎自用，在过分的自我中心下，根本不在乎他人的感受。

**（四）难以合作**

没有丝毫团队精神，不愿与别人配合及分享自己的能力，也无视他人的意见，只顾着自己工作。

**（五）消极应对**

不肯追求成长、突破自己，不肯主动接受新工作的挑战，抱着"打工仔"的心态，认为单位给什么就接受什么，自己只是一个人微言轻的小职员。

**（六）欠缺人缘**

易嫉妒他人，并不欣赏别人的成就，更不愿意向他人学习，以致在需要同事帮助的时候，没有人肯伸手援助。

**（七）没有创意**

只会做机械性的工作，不停地模仿他人，不会追求自我创新，自我突破；认为多做多错，少做少错。

**（八）不善学习**

凡事需要别人的照顾及指引，独立工作能力差，需要十分清晰及仔细的工作指引，否则干不好。对社会问题及行业趋势也从不关心，不肯充实专业知识，很少阅读专业书籍及参加各种活动。

以上这些障碍，值得职场新人逐一跨越，只要我们肯思考、判断、分析，与时俱进地学习，能找到移除障碍的基本方法。

## 二、职场新人的入职第一课

刚刚参加工作的大学生大多满腔热情地投入到工作中，但很多时候他们也不得不面对职场"冰冷"的现实。职场新人从学校进入工作单位，如何更好完成从校园到社会的角色转换，首先要做好职场各门功课：

**（一）认真了解企业文化**

每家公司都有林林总总的成文、不成文的制度和规则，它们加在一起，就构成了公司的精髓——企业文化。想迅速融入环境，在公司里如鱼得水，就要对这些制度、规则烂熟于心，严格遵守。初来乍到，切记莫逞英雄，天真地想去改变公司现有的文化，这样你只会给自己惹来麻烦。

**（二）快速熟悉身边同事**

进入一个完全陌生的圈子，面对的是一张张或亲切、或深沉、或谦虚、或倨傲的脸。从中找到几位兴趣相投、价值观相近的，与之建立友谊，尽快打造自己在公司里的社交圈。这样，一旦在工作中遇到困难，不愁没人对你进行点拨；遭到恶意刁难时，也不致没人出手援助。不过要注意的是，与同事搞好关系的同时，应把握一个度，千万不要钻进某个狭隘的小团体，拉帮结派只会引起"圈外人"对你的对立情绪，有百害而无一利。

**（三）做事分清轻重缓急**

一个人的能力、精力有限，谁也不是超人，不可能一夜之间解决所有难题，做完所有事情。当一大堆工作同时压到你身上时，按"轻重缓急"的次序依次完成，是最合理的解决之道。暂且把那些杂七杂八的小事搁下，集中精力处理棘手的事情。做好一件事，远比事事都尝试、最终却一事无成要强得多。

**（四）绝对遵守公司章程**

每家公司都有自己的规章制度，有些是无论在哪里都必须遵守的，比如不迟到、不早退、办公时间不打私人电话、不私自占用公司的资源等。也许没有人因你早下班10分钟而指责你，但领导或同事的眼睛是雪亮的，如果在这种小事上栽跟头，可真是得不偿失。

**（五）任劳任怨，踏实勤快**

一般说来，一开始用人单位都会把一些琐碎、单调、技术含量低的工作交给职场新人，让他们从中得到锻炼。但这个阶段的工作缺乏乐趣和挑战性，往往让职场新人觉得自身价值无法体现。其实这个时候应该任劳任怨、更好地做好。要相信，这是个考验更是个积累的过程，只有表现好，才有机会获得进一步施展才能的机会。

**（六）学会和领导和谐相处**

怎样把握和领导的关系和距离，向来是职场新人的一大困扰，既不能拒领导于千里之外，也不便"紧紧追随"。要及时了解领导的风格，有的放矢地进行交流；和领导适度保持距离是必要的，尽量避免"马屁精"的嫌疑，否则会在无形中失去许多同事的信赖。当然，要尊敬领导，万一与领导产生冲突，一定要克制自己的情绪，学会化解冲突，不然只有另谋高就了。

### （七）会工作，也要会娱乐

为事业而奋斗的人，不可不知调适身心的重要，不可不知调适身心的方法。要知道，"既工作，又娱乐"是使工作最具效能的好方法。如果一个人把他的全部精力都投注到工作上，缺乏必要的娱乐和休息，而工作内容又刻板，工作环境又不变的话，那么他不是会成为一颗锈死的螺丝钉，就是会成为一颗日益松动、最终"逃离"工作岗位的螺丝钉。

## 故 事

米琳从高职院校毕业后，前往南方某市求职，经过一番努力，她和别的两个女孩被一家公司初步录用，试用期为一个月。若试用期工作表现合格，将被聘用。

在这一个月之内，米琳和那两个女孩都很努力，到了第 29 天时，公司按照他们三人的营业能力，一项项给她们打分。结果，米琳的工作表现虽然也很优秀，但仍然比另两位女孩低一至二分。公司王经理直接通知米琳："明天你是最后一天上班，后天便可以结账走人。"最后一天上班时，两位留用的女孩和其他的人都劝米琳说："反正公司明天会发给你一个月的试用期工资，今天你就不必上班了。"米琳笑道："昨天的工作还没做完，我干完那点活再走也不迟。"到了下午三点，米琳最后的工作做完了。又有人劝她提早下班，可她笑笑，不慌不忙地把自己工作过的桌椅拭擦得干干净净，一尘不染，而且和"同事"一同按点下班，这让她感觉很充实，站好了最后一班岗。

第二天，米琳到公司的财务处结账，结完账，她正要离开，顶头遇见王经理。王经理对她说："你不要走，从今天起，你到质量检验科去上班。"米琳一听，惊住了，她不信会有这种好事。王经理微笑着说："昨天下午我暗中观察了你好久，面对工作你有坚持的理念。正好我们公司的质量检验科缺一位质检员，我相信你到那里一定会干得很好。"

### ▶ 知识链接

## 职场礼仪中应该注意的小细节

没有规矩，不成方圆。你的一举一动，都是个人品行的有力证明，也是别人考量你的重要标准。

不管你在一个开放性的创业公司，或是在国企事业单位，还是传统型企业，都应该遵守一定的职场礼仪。以下这 12 条职场礼仪，希望对你有帮助：

### 1. 介绍他人

在社交场合，我们往往有为不相识者彼此引见一下的义务，这便是为他人做介绍。为他人做介绍，应做到合乎礼仪。

有机会就将身边的人介绍给其他人。如果你想要让人感到自己被重视，无论他职级比你高还是低，都要记得第一时间将他介绍给小组里的其他人。

### 2. 把"请"和"谢谢"挂嘴边

一个没有礼貌、举止粗俗的人，不易获得友谊和自信，也很难获得他人的尊重和认同，而那些把"请""你好""谢谢"挂在嘴边的人，他们往往心存感激，善于从更积极的方面来看待困境。常说"谢谢"，能帮助那些不善于表达感受的人与他人进一步交流，同时让他们避免陷入说不出口的负面想法中。

### 3. 握手

握手能展示你的礼貌、自信和可接触性。切记握手的时候一定要真诚且坚定。软弱无力的握手，会给对方传递一种你很虚弱，并且不真诚的信号。

### 4. 不要打断别人

无论是职场中还是生活里，无论是主动还是被动，打断别人讲话可能是我们经常会碰到的一个场景。一旦处理的方式不对，大多数情况下都会被认为是失礼了。

在职场中，就算你很了解情况，会议中你迫不及待地想要表达自己的观点，甚至在同事结束发言之前就打断他，这不仅很无礼，而且是对同事的不尊重。

记住，在职场中，我们要展现自己的坚定和自信，而不是攻击性。

### 5. 注意措辞

说话也是门艺术，同样的意思用不同的表达方式说出来，收到的效果也不一样，这就是语言的魅力。祸从口出，有时候你无心的一句话，在别人听来，可能就与你想表达的意思相去甚远了。

谨慎而明智地选择自己的措辞是非常重要的。

### 6. 不要随便进入他人的办公室

进入他人办公室前，永远记得敲门或者在门是开着时，探头询问是否可以进入，听到应答后再进。而不敲门就进入是对对方的不尊重。

切记不要私自阅读别人办公桌上的信件或文件，或未经许可而翻阅别人的名片盒。

### 7. 对他人做出回应

当有人走向你的时候，挥手或者点头示意，不要忽视他们，而应及时向他做出礼貌性的回应。

如果你正忙于某事，要结束手头上的事情再和他们交谈，你可以说"稍等一会儿，马上就好"来告知他们。

如果你在匆忙中碰到他人，一个简单的挥手或者"你好"就可以了。忙碌从来都不是忽视他人的借口。

**8. 不要偷听**

每个人都有私人的对话，无论是面对面的交谈还是电话交谈，电邮也是一样的道理。

不要在他人写一封邮件、回复留言的时候站在其身后。如果有人对你这么做，你也会觉得很厌恶。

**9. 准时**

工作的时间观念很重要，上班要准时，如果能够早到 15 分钟会更好。

不管上班或开会，注意不要迟到或早退。如果有事需要这么做，一定要前一天或更早些时间提出，不能临时才说。

**10. 开会时手机调为静音**

开会时将手机调为静音或关机是基本的职场礼仪。当台上有人做发言时，台下手机铃声响起，会议必定会受到干扰，不但对台上的人，对其他参与会议的人也不尊重。

如果开会的时候你恰巧在等一个很重要的电话，一定记得通知与会者，这样他们会有所准备，或者你将手机调成静音。

**11. 展示真实的兴趣**

没有什么比在交谈中展示对对方真实的兴趣，能更加显示尊重对方了。

告别时候的眼神接触，交谈中的认真聆听都是在告诉他们，你在意他们，尊重他们。

# 第二节 提升职业素养

当你过关斩将，闯过求职的种种隘口，迎来的是让你热血沸腾的心仪的工作岗位，开始一段令你期待但全新的职业旅程。初入职场的你，有很多东西需要学习、调整与适应。

## 一、职场新人需要训练的职业素养

### （一）思维和意识

对于职场新人来说，面临的最大阻碍就是缺乏工作经验，而对我们最有用的经验其实是在基层建立起来的，但是基层工作只是提供了一个环境，能否学到本领全在自己。能不能发觉其中的联系以及如何考虑其对组织、对单位运作和发展产生深远的影响，取决于你的思维和意识，这直接决定了你未来的发展方向。相信总有一天，你会拥有一份自己的事业。作为职场新人，我们能做的就是在工作中保持不断审视和学习的态度。

**（二）责任心**

职场新人的工作能力可能还不是太高、解决问题的能力还不是太强，但是职场新人一定要有敢于担当、勇于克难、负责到底的责任感。对于自己负责的工作，不会可以请教，但不能随便放弃或草草了事推给同事。假如有高度负责的态度，能积极面对责任与困难，那个人的成长就欣喜可见，离职场成功也就越来越近。

**（三）不断成长**

职场新人更需要不断成长。你可以每个月问问自己，我这个月学了什么？我有哪些进步？因为一个人的成就，与岁月无关，与学历无关，却与经历有关，最根本是在经历之后收获了什么——思考到多少、悟到多少，有没有在此得到成长。成长学习可概括为"内强素质，外树形象"。内强素质主要包括：积极心态、时间管理、目标管理、情绪管理、执行力等。外树形象主要包括：团结协作能力、与领导同事的关系、社会支持体系、处理问题的能力等。

**（四）职业化**

无论去到哪里，职业经理在职场上总是得心应手。因为职业经理们具备同一职业素养，那就是职业化。职业人的核心目标都是让客户满意，职业人总是提供超过客户期望值的服务。

职业化包括四方面：第一是职业人要为高标准的产出负责，要明确之所以被雇佣是因为具有竞争力——专业优势或特殊才能；第二是团队协作，作为职业人，唯有团队协作，才能够提供更好的服务标准；第三是职业人必须为自己的职业生涯负责，处在急剧发展的时代，应变的唯一之道是学习，否则只能被社会淘汰；第四是善于提升自身领导能力，唯有实现了自身的职业化，并善于传帮带，才可能真正打造一支职业化的队伍。某种程度上说：工作价值＝个人能力×职业化程度。

**（五）知识量**

对于职场新人，想有所成就必须要有很好的知识积累，因为你需要在适当的时机，对单位的政策、产品市场、流程等问题提出多元化的反思和建议。有个现象很可怕，叫作"瞎忙"。很多职场新人的光阴葬送于此，所以一定要学会跳出来，学会站在阶段目标上看问题，这也称作成长的目标节点。最好每天都能看一点财经新闻以掌握市场和经济动态，看一点管理知识提升自己的竞争力，看一些专业领域的信息巩固自己的知识储备，再看一点个人感兴趣的内容轻松你的大脑。

**二、把握影响职业成功的关键**

很多毕业生在尚未离开学校的时候就着手职业规划，刚进入职场就开始勤奋工作。那么，在做了诸多准备，蓄势待发直奔理想之时，影响我们职业成功的关键，你是否都把握住了？影响职业成功的关键，有以下几点：

**（一）职业成功需要激励**

有人把团队合作和创新精神当作保持激励状态的关键，每次调岗都会因新工作带来新的挑战和新的团队伙伴而重新焕发活力；有人的成就感则来自奉献，如做义工和慈善家。那么对你来说，怎样才能保持自己在岗位上奋发的工作激情？什么才能让你获得最大的成就感？这是你在求职时就需要考虑的，因为这种激励会让你迈出更快、更坚定的步伐，并先于他人取得职业上的成功。

**（二）职业成功需要付出艰苦的努力**

要想取得职业的成功，都需要充分的准备和艰苦的努力。

"每天一小步"的想法是明智的。解决了一个客户争端，学会了一项新技能，完成了一份报告，得到了一次优秀业绩的表彰，在已有的能力上又有了提高，以及学会应对建设性的批评，这些小小的胜利会为你在工作中建立良好声誉，为你最终走向成功添砖加瓦。

**（三）确定目标，追逐梦想**

梦想就是使命，驱使着精英人士追求卓越。临床心理学家加菲尔德对商界精英进行了研究，以探究到底是什么因素使他们与众不同。在《顶尖高手》一书中，他揭示出，这些经理人之所以能够持续不断地取得骄人的成绩而没有半途而废，是因为他们追逐自己的梦想。在每一位顶尖高手身上，加菲尔德都发现了一种欲望：把自己真正感兴趣的事情做到极致、做到出类拔萃。

对于每一个人来说，需要的就是这样的梦想和追梦的行动。不要执着于探究自己是否是精英，做你自己，确定目标并为自己的目标努力，你就会是最出色的。

**（四）展现你的多种才能**

哈佛大学的心理学家加德纳对于"多元智能"的划时代研究，打开了全面理解人类潜能之门。加德纳提出了包括语言的、音乐的、空间的、运动知觉的、情感的、人际的、内省的等多元智能。我们能够开发的多元智能越多，能力就越强，进化程度就越高。

当一个人全力开发自己的各种潜能时，就会更享受职业人生建设的过程，在工作中发掘到更大的乐趣，发现自己更有能力的一面。由此带来的内在满足感，会让他创造一个独特的、有意义的职业人生。

**（五）管理好自己的情绪**

成功和心理健康之间并无直接的关联。但是，任何一个成功者都能在他的思想、情绪和行动之间建立良好的协调关系，把各种情绪转换为工作中前行的动力。你的情绪既能成为你的盟友，也能成为你的敌人。要用它来创造并实现有意义的目标，而不是造成自我伤害。情绪要经过理性思考才能产生建设性的行动。在对负面情绪做出自然反应前，你首先应该冷静，然后制定并实施一个有效的行动，在工作上更上一层楼。

**（六）只冒可以控制的风险**

在充满竞争的职场中发展自己的职业生涯，你必须主动面对一些风险才能达到自己的目标，因为机遇总是伴随着风险出现的。精英与庸才的区别在于把握机遇能力的大小，不冒险本身也是一种风险，这种风险叫遗憾。因此，你需要学会区分真正的危险和想象中的危险。并非每个陌生人都是危险的，也并非每一次工作或职业改变都像走钢丝那么悬。成功的风险承担，关键是要了解你的风险承受限度。要做到这一点，你首先要学会评估出风险的潜在后果并为之做最坏的打算，让风险变得可控；其次是学会评估风险带来的收益是否与你所能承担的风险成比例，以综合决策这个机会的价值。

---

### 知识链接

## 拥有这五种职业心态，想不成为优秀的职场人都难！

心态对一个人行为的影响能有多大？

请先来看一个实验——"过桥实验"。

教授说：你们九个人听我的指挥，走过这个弯弯曲曲的小桥，千万别掉下去，不过掉下去也没关系，底下就是一点水。于是所有人顺利过桥。

走过去后，教授打开了一盏黄灯，透过黄灯，九个人看到，桥底下不仅仅是一点水，还有几条鳄鱼。

教授问：现在你们谁敢走回来？

教授说：你们要用心理暗示，想象自己走在坚固的铁桥上。

只有三个人愿意尝试。

第一人颤颤巍巍，走的时间多花了一倍；第二个人哆哆嗦嗦走了一半再也坚持不住了，吓得趴在桥上；第三个人才走了三步就吓趴下了。

教授这时打开所有的灯，大家才发现，在桥和鳄鱼之间还有一层黄色的网，刚才在黄灯下看不清楚。现在大家不怕了，说早知道有网的话就过去了，几个人哗啦哗啦都走过去了。

只有一个人不敢走，教授问他，你怎么回事？

这个人说：我担心网不结实。

从这个实验中可以看出心态对一个人的行为甚至能力都产生了巨大影响。

积极的心态让人积极乐观地面对人生、接受挑战和应对困难，主动去解决问题。消极的心态让人逃避、拒绝改变，浑浑噩噩，拖延成性。

那么身在职场中，好的职业心态势必成就优秀的职场人。

**第一种心态：空杯心态**

水满则溢，如果一个杯子永远都是满的，那杯子就装不进新的东西了！人也是一样。

人生如茶，空杯以对。空杯心态能让人保持终身学习和终身成长的信念。

**第二种心态：共赢心态**

说到共赢不得不谈到合作，通常合作会有 4 种结果：共输、你赢我输、你输我赢、共赢。

共输：也就是两败俱伤，双方的利益都没有得到满足。是合作中最坏的结果。

你赢我输：双方合作，结果你的赢是建立在我的利益受损的基础上。那我再也不会跟你合作了。

你输我赢：我虽然获利了，但是损害了对方的利益。这样短视的行为，不会为你赢来第二次合作。

共赢：合作双方的利益都得到了满足。是长期合作的基础。

共赢是一个古老的智慧。共赢在生物界普遍存在的现象。

我们来看看犀牛和犀牛鸟的故事。

犀牛的皮肤非常坚硬，刀砍不入，但是褶皱很多。褶皱之间皮肤薄而娇嫩，那些小虫子特别喜欢去叮咬，吸血。犀牛非常难受。这时犀牛鸟就帮犀牛吃掉那些虫子。犀牛就和犀牛鸟合作共生了。

职场中，合作时，可以多看看对方的利益点。从利益点出发，事情会简单很多。

时刻保持着共赢的心态会为你赢得长期合作的伙伴，创造一个合作者的身份。

### 第三种心态：创业心态

所谓创业心态其实就是自己做老板的心态。老板之所以是老板，必然有过人之处。老板跟员工的思维有很大不同。老板做事注重成本与收益，注重结果导向，讲求全局化思维。

员工呢？大多数只关心自己的一亩三分地，接到任务时首先想工作量大不大，会不会有背锅的地方。反正老板怎么安排怎么做。通常不会跳出细节看整体。分析我能做什么让结果超乎期待。

设想一下，如果现在你创业了，自己当老板了，你会雇你自己这样的员工吗？你会给自己开多少工资呢？

### 第四种心态：执行心态

再完美的计划，没有执行也没有办法落地。所以说：行动决定出路！

然而执行有两大敌人：拖延和借口。

拖拉会窃取你的时间。很多人知道"拖延症"不好，可就是迟迟不愿意开始行动。尝试培养"紧迫感"吧！无论工作还是生活中，紧迫感将成为最有价值的心理状态之一。

培养自己的紧迫感，可以尝尝以下的方法：

1. 将工作任务分解成若干个步骤，并明确每一步完成的时间。

2. 备齐所有完成任务所需物品。

3. 遇到困难时，不要找借口，想象如果你是领导，会怎样来解决这个困难。

4. 专注高效地完成每步工作。可以参考"番茄工作法"。

克服拖延是需要决心和毅力的，最好的时间就是现在！

**第五种心态：感恩心态**

感恩心态是一个老生常谈的话题。

谁不希望有贵人相助？如果你有能力帮助一个人时，是愿意帮助拥有感恩之心的人还是一个忘恩负义的人？

请时刻了解别人对你的付出，承认别人的付出。投桃报李。你感恩越多，收获也就越多。成功＝能力×心态。能力不是短期内就能练就的。如果你现在觉得你的工作让你感到困顿，请试试改变一下自己的心态，也许一切又豁然开朗了。我们每个人都守着一个自内开启的"改变之门"，除了自己没人能为你开门。

每天改变一小步，积少成多，优秀也会成为一种习惯。

## 发现之旅

# 职场礼仪知识调查问卷（附正确选项）

### （一）单项选择题

1. 与人握手时，以下哪种做法是正确的？（A）

   A. 目光应注视对方，以表示对对方的尊重

   B. 女士可以戴着配礼服的薄纱手套与人握手

   C. 目光看哪里都行，只要热情就好

   D. 为表示热情可以用双手握住对方的单手

2. 给别人递送名片时，以下哪种做法是正确的？（B）

   A. 应将名片正面朝向自己

   B. 应将名片正面朝向对方

   C. 名片的朝向无所谓

3. 在我国，由专职司机驾驶的专车（小轿车），其贵宾专座是：（B）

   A. 副驾驶座

   B. 后排右座

   C. 后排左座

4. 男子与妇女握手时，应只轻轻握一下妇女的（C）

   A. 指尖　　　　　B. 手掌　　　　　C. 手指　　　　　D. 手腕

5. 上下楼梯时，下列哪项是错误的？（D）

   A. 不管有多急的事情也不能奔跑

   B. 为人带路上下楼梯时应走在前面

   C. 与穿短裙的女士上下楼梯时应走在女士前面

   D. 需要深谈时应该到楼梯的拐角处再谈

6. 乘坐电梯应注意的礼节，哪项是错误的？（A）

A. 乘坐手扶电梯宜站在扶手左侧，右侧留作通道，方便有急事的乘客自由上下

B. 出入厢式电梯要讲先后顺序，出来时应由外而内依次而出

C. 当电梯人数超载时，不要强行挤入

D. 手扶电梯应尽量单人乘坐，避免多人并行、拥挤

7. 接待人员引导来访客人时，以下选项哪项是错误的？（D）

A. 在走廊上，接待人员在客人之前两三步，让客人走在内侧

B. 引导客人上楼时，接待人员应走在后面，下楼时反之

C. 乘坐电梯时，接待人员应先进入电梯，走出电梯时，接待人员应请客人先行

D. 客人进入会客室如果坐在了靠近门的下座，接待人员不可以请其改坐，否则不礼貌

8. 涉外交往中，收到对方的礼物之后，得体的做法是：（B）

A. 致谢后搁在一边不动

B. 致谢后经对方认可打开礼物并表示喜欢

C. 致谢并当面打开后对礼物不进行评价

D. 在赠送者对礼品做介绍说明时，不可以对礼品表示任何态度

9. 领带夹应别在七粒扣衬衫上数的（　　）个纽扣之间。（A）

A. 第四和第五

B. 第二和第三

C. 第三和第四

D. 第五和第六

10. 领带的下端应（B）

A. 在皮带上缘处

B. 在皮带上下缘之间

C. 在皮带下缘处

D. 比皮带下缘略长一点

（二）多项选择题

1. 同事之间相处应注意什么礼仪？（AD）

A. 同事之间应保持一种平等、礼貌的合作关系，尽量做到相互包容和体谅

B. 自己出现失误应主动向对方道歉，双方出现误会时，在对方没有捅破的情况下不应主动说明

C. 经济往来上，向同事借钱可延后几天归还

D. 不在背后议论同事，不说不利于团结的话，不损害他人的名誉

2. 小型会议排列的礼仪要求有哪些？（ABC）

A. 讲究面门为上，面对房间正门的位置一般被视为上座

B. 讲究右为上，进门方向坐在右侧的人为地位高者

C. 讲究居中为上，小型会议通常只考虑主席之位，但同时也强调自由择座

D. 小型会议主席不可以坐在前排中央的位置

3. 公共场所吸烟应注意以下细节：（ACD）

　　A. 在正式的西式宴会上，上咖啡后不宜吸烟

　　B. 在正式会谈时应主动给他人敬烟

　　C. 妇女、儿童所在房间不宜吸烟

　　D. 与人交谈时不能口含香烟或持烟指物

4. 正式场合下男士着装有哪些要求？（AD）

　　A. 忌穿宽条纹的西装

　　B. 衬衣衣袖的长度忌超过西装袖口

　　C. 衬衣内忌穿背心

　　D. 衬衣打好领带后不宜再套羊毛衫之类的衣物，应直接着西装

5. 佩戴首饰时应注意哪些规则？（AB）

　　A. 数量上以少为佳，总量上不超过三种

　　B. 色彩上力求同色，同时佩戴两件或三件首饰时，应使其色彩一致

　　C. 工作或休闲时可佩戴高档首饰

　　D. 金色首饰适合于暖季佩戴

6. 自我介绍应注意的有（BDE）

　　A. 先介绍再递名片

　　B. 先递名片再做介绍

　　C. 初次见面介绍不宜超过 5 分钟

　　D. 初次见面介绍不宜超过 2 分钟

　　E. 先介绍自己，再让对方介绍

　　F. 先让对方做完自我介绍，自己再做介绍

7. 关于握手的礼仪，描述正确的有：（BCDEF）

　　A. 先伸手者为地位低者

　　B. 客人到来之时，应该主人先伸手；客人离开时，客人先伸手

　　C. 忌用左手，握手时不能戴墨镜

　　D. 男士与女士握手，男士应该在女士伸手之后再伸手

　　E. 不要戴帽子，不要戴手套握手

　　F. 下级与上级握手，应该在上级伸手之后再伸手

8. 去外国朋友的办公室或住所应注意哪些礼节？（CD）

　　A. 去外国人的住所拜访应在晚饭以后

　　B. 若因急事来不及预约应在说完正事后致歉

　　C. 除非主人邀请，否则不能提出参观其住所或办公室

　　D. 主人不吸烟又未请你吸烟，最好不要吸烟

9. 会客时座次安排应讲求什么原则？（AD）

    A. 亲朋好友聚会时可以自由择座

    B. 宾主并列而坐时，如果双方都是面对房间正门，主人应该坐在客人右边

    C. 宾主对面而坐时，面对房间正门为主位

    D. 宾主对面而坐时，面对房间正门为客位

10. 到医院探望病人应注意哪些礼节？（BCD）

    A. 探视传染性疾病的病人，为安慰病人心理可以适当接触病人的衣物

    B. 与病人交谈时声音要适当，以免影响其他病人

    C. 探望特殊病人，不宜选择对其病情有碍的礼品

    D. 探望病人时间不宜过长，以十分钟左右为宜

# 第五章

# 创业教育

　　就业是民生之本，创业是富民之道。习近平总书记在二十大报告中明确要求，"完善促进创业带动就业的保障制度""支持和规范发展新就业形态"。创业具有带动就业的乘数效应，是解决就业问题的渠道之一，能为青年学子提供更多施展才华的机会。青年学子有朝气、有活力，富有开创和探索精神，是国家的未来、创业的希望。如果你选择成为一名创业者，必须做好充分的准备，认真学习、积极思考、用于实践，经受意志品质的考验，用自己百折不挠的毅力在激烈的市场竞争中取得一席之地。

案例共享

## 是什么让他绝处逢生

　　有个叫丹尼尔的年轻人，从一个偏僻的山村来到纽约。走在繁华的都市街头，啃着干硬冰冷的面包，他发誓一定要闯出一片属于自己的天空。然而因为没有经验，要想在这座城市里找一份满意的工作很难，几乎所有的公司都拒绝了他的求职请求。

　　就在他心灰意冷之时，他接到一家日用品公司让他前往面试的通知。他兴冲冲地前往面试，但是主考官提问了有关各种商品的性能和用法的问题，他吞吞吐吐，一句话也答不出来。眼看唯一的机会就要消失，丹尼尔有些不甘心地问："请问阁下，你们到底需要什么样的人才？"

　　主考官微笑着告诉他："这很简单，我们需要能把仓库里的商品销售出去的人。"回到住处，回味着主考官的话，丹尼尔突然有了奇妙的感想：不管哪个地方招聘，其实都是在寻找能够帮自己解决实际问题的人。既然如此，何不主动出击，去寻找那些需要帮助的人？他想，总有一种帮助是他能够提供的。

　　不久，在当地一家报纸上，丹尼尔登出了一则颇为奇特的启事："……谨以我本人人生信用作为担保，如果你或者贵公司遇到难处，如果你需要得到帮助，而且我也正好有这样能力给予帮助，我一定竭力提供最优质的服务……"

　　让丹尼尔没有料到的是，这则并不起眼的启事登出后，他接到了许多来自不同地区的求助电话和信件：老约翰为自己的花猫咪生下小猫照顾不过来而发愁，而凯西却为自己的宝贝女儿吵着要猫咪找不到卖主而着急；北边的一所小学急需大量鲜奶，而东边的一处牧场却奶源过剩……诸如此类的事情，一一呈现在他面前。

丹尼尔将这些情况分类，一一记录下来，然后毫不保留地帮助那些需要帮助的人。而他，也在一家需要市场推广员的公司找到了适合自己的工作。不久，一些得到帮助的人给他寄来了汇款，以表谢意。据此，丹尼尔灵机一动，辞了职，注册了自己的信息公司，业务越做越大，他很快成为纽约最年轻的百万富翁之一。

**点评：**

在多次求职失败后，丹尼尔并没有灰心，反而主动出击，去寻找那些真正有需求的人，并为他们提供服务。丹尼尔抓住这样一个小小的灵感，不断拓展业务，整合资源，为更多的人提供优质的服务，从而成立了自己的公司，取得事业上的成功。这个案例可以帮助我们更好地理解创业。创业是创业者及创业搭档对他们拥有的资源或通过努力对能够拥有的资源进行优化整合，从而创造出更大经济或社会价值的过程。创业是开拓，是贡献，也是一种收获。

# 第一节　在趣味活动中理解创业

## 一、自我能力分析

求职面试中，主考官往往会问你这样一个问题："你都会做些什么？我为什么要雇佣你？"面对这样的问题，你是否已经准备好了答案？你的回答应当涉及你的能力、技能和才智。这些能力同样也是你简历中的重要内容。同学们，如果你们还没准备好，那么就让我们一同来搜寻，认识一下自己的能力。

1. 盘点你的活动

（1）你最喜欢学校的哪门课？在这门课上你有何特别表现？

_____

（2）你在家里做得最好的事是什么？

_____

（3）你业余时间最喜欢做的事情是什么？

_____

（4）你平时不想做，但是做得比较多的事情是什么？

_____

2. 发现你可能胜任的职业领域

不论是出于主动还是迫不得已，你做以上这些事情，都锻炼了你的能力。这些能力构成了你从事职业活动的基础。填写下表，看看你的职业能力基础如何。

表 5-1　　　　　　　　　　　能力分析表

| 事例 | 名称 | 表现出色之处 | 这种表现还可用于哪些场合 |
| --- | --- | --- | --- |
| 1 | 烧菜 | 色香味俱佳 | 烹饪、烘焙、食雕及食品加工等 |
| 2 | 打球 | 迅速、准确、有耐力 | 舞蹈、机工、体育（教练）、驾驶、骑术等 |
| 3 | | | |
| 4 | | | |
| 5 | | | |
| 6 | | | |
| …… | | | |

3. 鉴别你的职业能力倾向

汇总你所列出的职业领域，并对照下面的多元智能说明，看看你的能力优势主要分布于能力领域中的哪些领域。

## 什么是多元智能

能力就是你成功地做事情或工作的潜能。它通常被称为智力，是先天具有或通过后天学习获得的，它使你能把事情做好。拥有不同能力类型的人，适合从事的职业也不同。

哈佛大学心理学家霍华德·加德纳教授认为，人在实际生活中所表现出来的智能是多种多样的，这些智能可被区分为八项：语言文字智能、数学逻辑智能、视觉空间智能、身体运动智能、音乐旋律智能、人际关系智能、自我认知智能和自然环境智能。

语言文字智能，是指有效地运用口头语言或书写文字的能力。律师、演说家、编辑、作家、记者等是几种特别需要语言文字智能的职业。对语言文字智能强的人来说，他们更喜欢玩文字游戏。在学校里，他们往往对语文、历史之类的课程更加感兴趣，在谈话时常引用他处读来的信息，喜欢阅读、讨论及写作。

数学逻辑智能，即有效地运用数字和推理的能力。这项智能包括逻辑推理能力、问题解决能力、正确阅读和理解能力、创新能力、组装能力和运用数字及抽象符号的能力。数学家、税务员、会计、统计学家、科学家、电脑软件研发人员等是特别需要数学逻辑智能的几种职业。对数学逻辑智能强的人来说，他们在学校特别喜欢数学或科学类的课程；喜欢提出问题并执行实验以寻求答案；喜欢寻找事物的规律及逻辑顺序；对科学的新发展有兴趣，喜欢在他人的言谈及行为中寻找逻辑缺陷，对可被测量、归类、分析的事物比较容易接受。

视觉空间智能，是指准确地感觉视觉空间，并把所知觉到的表现出来的能力。这项智能包括对色彩、线条、形状、形式、空间及它们之间关系的敏感性，也包括将视觉和空间的想法具体地在脑中呈现出来，以及在一个空间的矩阵中很快找出方向的能力。向导、猎人、室内设计师、建筑师、摄影师、画家等是特别需要视觉空间智能的几种职业。视觉空间智能强的人对色彩的感觉很敏锐，喜欢玩拼图、走迷宫之类的视觉游戏，喜欢想象、设计及随手涂鸦，喜欢看书中的插图，学几何比学代数容易。

　　身体运动智能，是指善于运用整个身体来表达想法和感觉，以及运用双手灵巧地产生或改造事物的能力。这项智能包括特殊的身体技巧，如平衡、协调、敏捷、力量、弹性和速度以及由触觉所引起的能力。演员、舞蹈家、运动员、雕塑家、机械师等是特别需要身体运动智能的几种职业。这一类的人很难长时间坐着不动，他们喜欢动手建造东西，如缝纫、编织、雕刻、木工，或是跑跑跳跳，触摸环境中的物品。他们喜欢在户外活动，与人谈话时，常用手势或肢体语言，喜欢惊险的娱乐活动并且定期从事体育活动。

　　音乐旋律智能，是指察觉、辨别、改变和表达音乐的能力。这项智能包括对节奏、音调、旋律或音色的敏感性。作曲家、演奏（唱）家、音乐评论家、调琴师等是特别需要音乐旋律智能的几种职业。他们通常有很好的歌喉，并且能轻易辨别出音调准不准，对节奏很敏感，常常一面工作，一面听（或哼唱）音乐，会弹奏乐器，一首新歌只要听过几次，就可以很准确地把它唱出来。

　　人际关系智能，是指察觉他人的情绪、意向、动机及感觉并做出适当反应的能力。这项智能包括易于与人交往并能使别人感觉很舒服、礼貌待人、倾听别人说话、理解并尊重地与人交流，尽管与别人有不同意见，也积极地看待他人等。人际关系智能强的人通常比较喜欢参与团体性质的运动或游戏，如篮球、桥牌；而较不喜欢个人性质的运动及游戏，如跑步、玩电动玩具。当他们遭遇问题时，他们比较愿意找别人帮忙；喜欢教别人如何做某件事。他们在人群中感觉很舒服自在，通常是团体中的领导者。他们适合从事的职业有政治、心理辅导、公关、推销及行政等需要组织、联系、协调、领导、聚会等的工作。

　　自我认知智能，是指有自知之明并据此做出适当行为的能力。这项智能包括对自己有相当的了解，意识到自己的内在情绪、意向、动机、脾气和欲求以及自律、自知和自尊的能力。自我认知智能强的人通常能够维持写日记或睡前反省的习惯；常试图由各种的回馈渠道中了解自己的优缺点；经常静思以规划自己的人生目标；喜欢独处；他们适合从事心理辅导方面的工作。

　　自然环境智能，指的是对自然的景物（如植物、动物、矿物、天文等）有浓厚的兴趣、强烈的关怀及敏锐的观察与辨认能力。自然生态保护者、农夫、兽医、宠物店老板、生物学家、地质学家、天文学家等是特别需要自然环境智能的职业。

## 多元智能测验

完成下面的多元智能测试题，并把测试结果与上述分析汇总，确定自己所擅长的职业能力领域。

量表内每一叙述之后均有五个选项，依照层次高低排列。请按照你实际行为表现与题目相符的程度，勾选适当的选项：1 是完全不符，2 是小部分符合，3 是部分符合，4 是大致符合，5 是完全符合。如下表：

### 多元智能量表

| 你的表现 | 1 | 2 | 3 | 4 | 5 |
|---|---|---|---|---|---|
| 1. 词汇丰富，表达能力超出一般 | | | | | |
| 2. 喜欢思考、讨论科技或数学方面的问题 | | | | | |
| 3. 喜欢用图表来解释说明 | | | | | |
| 4. 肢体动作协调，姿态优雅 | | | | | |
| 5. 很喜欢关心、欣赏、谈论音乐方面的信息 | | | | | |
| 6. 到户外活动，能够细心观察自然景物，喜好发问、思考 | | | | | |
| 7. 经常参加群体聚会活动 | | | | | |
| 8. 非常了解自己的优点和缺点 | | | | | |
| 9. 能准确记得自己读过的文章或听过的话 | | | | | |
| 10. 计算能力优异，数字感良好 | | | | | |
| 11. 空间目测能力良好 | | | | | |
| 12. 说话时，善于使用肢体和手势来表达意见及情感 | | | | | |
| 13. 很会唱歌、吹口哨、哼曲子或打拍子等 | | | | | |
| 14. 对大自然有浓厚兴趣，很愿意关心、思考、从事有关自然界的事物 | | | | | |
| 15. 朋友很多 | | | | | |
| 16. 会自觉地朝自己的目标努力，不需要外部的奖惩或约束来督促 | | | | | |
| 17. 表达生动有趣，善于描述、讲故事等 | | | | | |
| 18. 对运用数字、符号、概念等很敏感，抽象思考能力强 | | | | | |
| 19. 绘图能力优异，作品充满画趣 | | | | | |
| 20. 能运用多种多样的动作来表现一个事物 | | | | | |
| 21. 能随手运用生活中的器材来表现音乐 | | | | | |
| 22. 关注与大自然有关的书籍或电视节目 | | | | | |
| 23. 善于体察别人的情绪 | | | | | |
| 24. 能够反思和改进自己的做事方式 | | | | | |
| 25. 阅读面很广，阅读理解能力很强 | | | | | |
| 26. 能用符号、比喻、概念等表达或简化复杂的意思 | | | | | |

续表

| 你的表现 | 1 | 2 | 3 | 4 | 5 |
|---|---|---|---|---|---|
| 27. 善用图像记忆思考或表达 | | | | | |
| 28. 运动感觉很好，偏爱在活动中学习 | | | | | |
| 29. 能用音乐来美化生活 | | | | | |
| 30. 关心、参与垃圾分类与废物处理事务 | | | | | |
| 31. 很了解别人对你的看法 | | | | | |
| 32. 独立性强，不依赖他人 | | | | | |
| 33. 对词句理解精确，能灵活运用谚语、成语或名句 | | | | | |
| 34. 善于归纳，善于得出结论 | | | | | |
| 35. 喜欢绘图、造型或者场景布置 | | | | | |
| 36. 善于运用肢体动作生动地模仿人和动物 | | | | | |
| 37. 听觉很灵敏，能清晰记得听过的语音、声响、曲子等 | | | | | |
| 38. 很会饲养小动物或种花草树木 | | | | | |
| 39. 能积极参与团体讨论 | | | | | |
| 40. 善于自我激励，不需要别人督促自己 | | | | | |
| 41. 说理能力良好，擅长辩论或演说 | | | | | |
| 42. 擅长推理，逻辑性很强 | | | | | |
| 43. 擅长美术鉴赏，对于色彩、图形、光彩的感觉十分敏锐 | | | | | |
| 44. 能很快学会操作工具、机器等器具 | | | | | |
| 45. 乐感、节奏感很好，能很快学会一首歌曲或乐曲 | | | | | |
| 46. 尊重自然界的生命，很喜欢欣赏自然景物 | | | | | |
| 47. 能主动关心别人，善于为他人排忧解难 | | | | | |
| 48. 能理性地对待别人对自己的批评 | | | | | |
| 49. 说话、写作能够把握重点，有条有理 | | | | | |
| 50. 善于发现、分析问题，能找出问题的症结 | | | | | |
| 51. 能很快理解图表、地图、示意图等 | | | | | |
| 52. 能很快学会骑车、游泳、球类运动等新技能 | | | | | |
| 53. 唱歌或演奏乐器的能力很强 | | | | | |
| 54. 很了解名山、大川、古镇等，通晓各地风土人情 | | | | | |
| 55. 同伴总是很尊重、喜爱你 | | | | | |
| 56. 在亲友人群中，你很清楚自己的地位与角色 | | | | | |
| 57. 喜好写作，善于用文字表情达意 | | | | | |
| 58. 思维方式灵敏，能用多种方法解题 | | | | | |
| 59. 方位感很强，在陌生的地方很快能找到方向 | | | | | |
| 60. 能很快学会舞蹈，表演出色 | | | | | |
| 61. 能够改编乐曲或歌曲 | | | | | |

续表

| 你的表现 | 1 | 2 | 3 | 4 | 5 |
|---|---|---|---|---|---|
| 62. 喜好以大自然为题的电影、摄影、美术、文学等作品 | | | | | |
| 63. 很善于与别人合作 | | | | | |
| 64. 遇到不同的或陌生的场合，能很快知道自己该怎么做 | | | | | |
| 65. 对方言、外语等语言学得快而好 | | | | | |
| 66. 解决数理难题的能力很强 | | | | | |
| 67. 很会玩拼图、迷宫、积木等观察游戏 | | | | | |
| 68. 体育能力很强，是个优秀的运动员 | | | | | |
| 69. 音乐鉴赏能力佳，对乐曲、歌曲有独到见解 | | | | | |
| 70. 关心和参与保护野生动物、水资源和其他自然环境 | | | | | |
| 71. 当与别人意见不同时，能有效地沟通、协调 | | | | | |
| 72. 面对团体压力，也能坚持自己正确的意见 | | | | | |
| 73. 常常自豪地谈论或展示你的作文或文艺作品 | | | | | |
| 74. 喜欢深入地探究各种问题 | | | | | |
| 75. 常常对自己到过的地理场景记忆犹新 | | | | | |
| 76. 善于制作、拆装玩具、航模等器具 | | | | | |
| 77. 有演出机会时，常常为大家演奏或演唱 | | | | | |
| 78. 喜好登山、远足、攀岩、露营、漂流、赏鸟等休闲活动 | | | | | |
| 79. 常被选为团体的代表或带头人 | | | | | |
| 80. 很清楚自己的个性和追求 | | | | | |

计分方法：对于每题的选项，你选择了哪个数字，这一题就计几分。比如第1题你选择了5，就计5分，并把得分"5"写在下表中"1"所在的方格。其余以此类推。最后把每一列的计分加起来，就是这一列对应的智能总得分。

### 多元智能量表计分表

| 智力类型 | 语言文字 | 数学逻辑 | 视觉空间 | 身体动觉 | 音乐旋律 | 自然环境 | 人际关系 | 自我认知 |
|---|---|---|---|---|---|---|---|---|
| | 1 | 2 | 3 | 4 | 5 | 6 | 7 | 8 |
| | 9 | 10 | 11 | 12 | 13 | 14 | 15 | 16 |
| | 17 | 18 | 19 | 20 | 21 | 22 | 23 | 24 |
| | 25 | 26 | 27 | 28 | 29 | 30 | 31 | 32 |
| | 33 | 34 | 35 | 36 | 37 | 38 | 39 | 40 |
| 题号 | 41 | 42 | 43 | 44 | 45 | 46 | 47 | 48 |
| | 49 | 50 | 51 | 52 | 53 | 54 | 55 | 56 |
| | 57 | 58 | 59 | 60 | 61 | 62 | 63 | 64 |
| | 65 | 66 | 67 | 68 | 69 | 70 | 71 | 72 |
| | 73 | 74 | 75 | 76 | 77 | 78 | 79 | 80 |
| 合计得分 | | | | | | | | |

## 二、探索创业机会

### 故　事

　　美国加州传来发现金矿的消息，许多人认为这是一个千载难逢的发财机会，于是纷纷奔赴加州。17 岁的小农夫亚默尔也加入了这支庞大的淘金队伍，他同大家一样，历尽千辛万苦，赶到了加州。

　　淘金梦是美丽的，做这种梦的人很多，而且还有越来越多的人蜂拥而至，一时间加州遍地都是淘金者，而金子自然越来越难淘。

　　不但金子难淘，而且生活也越来越苦。当地气候干燥，水源奇缺，许多不幸的淘金者不但没有圆致富梦，反而葬身此处。

　　小亚默尔经过一段时间的努力，和多数人一样，没有发现黄金，反而被饥渴折磨得半死。一天，望着水袋中一点点舍不得喝的水，听着周围人对缺水的抱怨，亚默尔突发奇想：淘金的希望太渺茫了，还不如卖水呢。

　　于是亚默尔毅然放弃对金矿的努力，将手中挖金矿的工具变成挖水渠的工具，从远方将河水引入水池，用细沙过滤，将河水变成清凉可口的饮用水。然后将水装进桶里，挑到山谷一壶一壶地卖给找金矿的人。

　　当时有人嘲笑亚默尔，说他胸无大志："千辛万苦地到加州来，不挖金子发大财，却干起这种蝇头小利的买卖，这种生意哪儿不能干，何必跑到这里来？"

　　亚默尔毫不在意，不为所动，继续卖他的水。哪里有这样的好买卖，把几乎无成本的水卖出去，哪里有这样好的市场？

　　结果，淘金者都空手而归，而亚默尔却在很短的时间赚到几千美金，这在当时是一笔非常可观的财富了。

1. 阅读故事后思考以下问题：

（1）卖水难还是淘金难？

（2）金子的价值高还是水的价值高？

（3）为什么淘金者空手而归，而卖水的亚默尔却迅速致富呢？

（4）从亚默尔创业致富的故事中，你得到了哪些发现创业机会的启示？

2. 寻找身边的创业机会

（1）小组个人赛

看看小组中谁发现的创业机会最多。

①探索与发现：小组内每个成员独立思考并记录探索发现的创业机会，要求至少 3 个以上，记录在草稿纸上。

②组内评比：由组长组织带领小组成员对发现的创业机会进行相互了解和比较，按照发现的数量进行排序。

③组内分享：小组内每个成员互相分享各自发现的创业机会的具体情况。

（2）组间团体赛

①整合小组探索成果：各小组首先整合本小组所有成员发现的创业机会，去除重复的项目，并由本小组记录员记录在表 5-2 创业机会探索单上，并上交。

表 5-2 　　　　　　　　　　　　　创业机会探索单　　　　　　　　　　组号：

| 序号 | 创业机会 |
|---|---|
|  |  |
|  |  |
|  |  |
|  |  |
|  |  |

②小组汇报：由发言人板书展示或口述（前者为佳），汇报本小组组内个人赛的比赛结果和本小组团体成果。

③组间评比：由本小组发言人汇报小组探索成果，进行组间创业机会的评比。

④按照发现数量进行比较，评出发现数量最多的前三名，授予团体冠军、亚军、季军称号。

3. 小组创业项目选择与展示评比

（1）小组创业机会选择。

议一议，我们发现的创业机会中哪些是可以实施的？

请各小组组长领导和组织本组成员首先筛选出组内个人赛探索结果中出现频率最高的 3 种创业机会。然后小组成员对这 3 种创业机会分别从项目名称、服务对象、经营范围等多个方面进行讨论，并由小组记录员将讨论结果填入表 5-3 创业机会评估单中。最后，小组成员对这 3 个创业机会进行进一步的讨论，并选择其中 1 个作为本小组后面进行创业设计的创业项目。

表 5-3 　　　　　　　　　　　　　创业机会评估单　　　　　　　　　　组号：

| 项目名称 | 服务对象 | 经营范围 | 经营形式 | 自身条件 | 外部条件 |
|---|---|---|---|---|---|
|  |  |  |  |  |  |
|  |  |  |  |  |  |
|  |  |  |  |  |  |

（2）小组创业项目展示评比

秀一秀，本小组的创业机会有哪些？

评一评，哪个小组的发现最有特色？

看一看，其他小组的最终选择和原因。

由各小组发言人代表本组分别展示本小组的创业机会评估单。一组展示和汇报期间，其他小组的成员需认真听取汇报，同时使用表5-4创业项目展示评分表进行打分，最后老师根据各小组的得分情况颁发各种奖项。

表5-4 　　　　　　　　　　　创业项目展示评分表

| | 评分标准 | 1组 | 2组 | 3组 | 4组 | 5组 | 6组 |
|---|---|---|---|---|---|---|---|
| 1 | 项目名称新颖及可接受程度（1~5分） | | | | | | |
| 2 | 经营范围明确程度（1~5分） | | | | | | |
| 3 | 服务对象明确程度（1~5分） | | | | | | |
| 4 | 经营形式种类数量（0~5分） | | | | | | |
| 5 | 自身条件数量（0~5分） | | | | | | |
| 6 | 外部条件数量（0~5分） | | | | | | |
| 7 | 汇报综合表现（1~10分） | | | | | | |
| 8 | 团队合作（1~10分） | | | | | | |
| | 总分 | | | | | | |

使用说明：评分标准的第1、2、3项按照程度由低到高打1~5分；第4、5、6项按照数量计算，1条记1分，最高为5分，最低为0分；第7项主要考查包括表达、台风、说服力等方面的综合表现，按照表现由低到高打1~10分；第8项主要考查各小组在创业机会选择和展示过程中组员之间分工协作的整体情况，按照表现由低到高打1~10分。

4. 课后尝试

为了能够对真实的创业世界有一定的初步了解，请大家在课余时间积极进行以下尝试：寻访与本小组创业项目相关的创业人士，记录他们真实的创业故事（可参考以下所示的创业人士访谈提纲）。

# 创业人士访谈提纲

班级：　　　　姓名：　　　　组别：

1. 访问前准备工作

（1）小组共同讨论，决定和联系访问的人选，确定访问时间和地点。

（2）访问时请携带纸、笔、照相机等，以方便记录及搜集数据。

（3）前往访问时，请注意安全及礼节。

2. 访问内容提示

（1）创业人士的基本个人情况（年龄、性别、家庭情况等）。

（2）创业历程。

（3）经历了几次创业，各是怎么样的情况？（分别从创业起始时间、创业项目的名称、所属行业、选择该项目的原因、投入资金、如何进行经营管理、经营定位、聘用人员、创业结果、所获的经验和教训等进行访谈）

（4）对过去、现在和未来创业形势的看法（从政策与相关规定、市场因素、创业项目选择、做哪些准备等几个方面谈）。

（5）对职校生创业的看法。

第五章　创业教育

（以上仅供参考，可提出更有创意的问题）

3. 小组报告方式

（1）由小组成员推选一人做口头报告。

（2）如果能配合海报、照片或其他数据会更好。

（3）报告时间以 5 分钟为限。

（4）口头报告结束后，请整理成一份 500 字左右的书面材料并上交。

4. 注意事项

（1）访问时请各小组成员集体行动，勿使组员落单。

（2）书面报告末页请附上本小组分工情况。

# 第二节　创业准备

每个人的心中，或许都有一个创业梦。当别人一心想着找份称心如意的工作时，一些人却在盘算着怎样自主创业，自己当老板。就业，是一种选择；创业，也是一种选择。

可是，创业并不是一件容易的事。"凡事预则立，不预则废"，要想成功创业，必须事先做好计划或准备，也就是"预"。

张毓，女，31 岁，中专毕业后就读于上海市一所普通大专学校，2014 年毕业。所创公司为上海某物流有限公司，现有员工 5 人，主营业务是物流，以下是她的自述。

我在校时表现一般，性格内向，学习中等，生活有规律，朋友不多。大专毕业后曾在物流公司、外贸公司工作，担任过操作、外贸单证员。但在工作过程中一直不是特别开心，因为工作很忙，人际关系比较复杂，拿的工资比较低，导致我心情压抑、郁闷。我自觉个人工作不错，能够处理各种事物。掌握物流转账过程后，我产生了自己创业的想法。由于感到创业难度太大，这个想法就压下了。后来工作总是不顺，于是创业的想法又强烈地冒了出来，再也挥之不去。我在这个行业工作过几年，对这个行业已经非常了解，认为这个行业前景很好，为我的创业增加了不少信心和动力。于是，在家人的鼓励下，为了有所依托，我先挂靠在一家物流公司名下，租了一个小办公室，靠朋友、家人介绍了一两个客户，一个人先做起来，事无巨细都靠自己。开始时，业务较少，有时一个月连 10 份订单都不到。那时，我压力很大，经常失眠，也产生了退缩的想法。后来想，既已创业，不可能再回到以前。这种生活虽然很累，却过得很充实。经过对这个行业重新调查与思索之后，我发现这个行业最重要的一点是人脉，如果没有了这点，在这个行业根本无法立足。"万事开头难""千里之行，始于足下"，在老公的支持与鼓励下，在家人朋友的介绍下，我开始有意识地多与别人打交道。认识的人越来越多，人脉越来越广，业务也越来越多，渐渐由 10 份订单增加到 30 份订单。随着业务量的增多，公司开始招兵买马，最终我决定自己独立成立公司。于是，先在宁波、义乌等多处设立分部，然后在上海正式注册，脱离了挂靠的公司。那时，我要宁波、义乌、上海三地跑。现在公司逐渐步入正轨，每月业务已经达到 100～200 份，每月净盈利 10 万元。每当一笔本来不可能完成的业务做成功的时候，我总有一种很大的成就感，更有自信做好更难的业务。服务行业要想做得好，只有不停地提高自己的服务质量！

**点评：**

张毓创业成功之处，在于拥有强烈和坚定的创业意愿。虽然她也曾有过波动，但始终不曾放弃。另外，对物流行业的了解以及准确评估是促使她成功的必要因素。她的创业不但使自己获得了成功，同时也帮别人就了业。

因此，我们要变通地看待就业和创业。一些人认为创业是找不到合适工作时的替代选择，其实不然。有时，创业并非解决就业的临时途径，而是更好实现自我价值的桥梁。作为一种成才的方式，成功的创业甚至比就业更能体现个人价值。所以，无论你是否打算创业，都有必要增强创业意识。

## 一、增强创业意识，了解创业世界

一旦我们选择了自谋生路、自主创业，就要眼观六路、耳听八方，对所创行业要有准确的认识与了解。多了解创业世界的变化，积累丰富的商业知识和经营之道。因此，只有把握形势，才能把握商机，从而大胆开展业务。

那么，我们应如何更多地了解创业世界呢？

**（一）了解国家和地方有关创业的政策法规，尤其是对学生创业有何鼓励措施**

一般而言，国家政策对大学生就业和创业有一定的倾斜，比如这几年关于加强大学生就业工作的条文中基本上都有鼓励、引导学生自主创业的条款。同时，不同的地方也有不同的倾向和措施。

每位同学在创业前，如能仔细查找、阅读和把握当地有关创业的政策，将十分有利于我们在创业中借助政策优势开启最初的业务。

**（二）通过报纸、电视、广播、网络等媒体了解创业信息，通晓创业过程**

在媒体报道中，我们可以看到、听到许多有关创业的政策、人物故事、经验总结等。平常有意识地对此类信息多加关注，你一定收获颇丰。

**（三）通过走访创业人士了解创业的相关知识**

每个创业者，无论开了一家大公司，还是一家小面馆，都有自己的故事。设法走访他们，聆听他们的故事，了解他们的经历和感受，我们一定能从中学到许多有关创业的知识，其中有些是我们永远无法从书本上学到的。

如果你走访创业人士，请尽量问清上文"创业人士访谈提纲"中的问题。

如果你有幸能从多名创业人士中得到这些问题的答复，你一定会受益匪浅，也会更清楚自己创业之初需要准备什么。

**（四）通过父母、亲戚来了解创业情况，掌握创业的基本要素**

如果你的父母或亲戚是自己开公司的，你可以请求先在他们的公司里实习一段时间，学习掌握一些创业所需的基本条件、市场需求等，为将来自己创业积累资金和经验。

## 二、做好创业分析，了解自我欠缺

在创业失败者中，有相当一部分人是由于当初没有进行创业分析，最后因创业无法符合现实需要而失败。那么，要想搞好创业分析，需要注意哪些因素呢？

**（一）认真分析创业所需要的各种客观条件**

创业所选行业的市场空间，需要的资金、场地、人员等，都是需要我们认真分析、对待的有关创业的客观因素。对此，一定不能忽略。否则，创业途中会受到各种阻碍。

**（二）认真分析创业策略，选择最有利于自己的领域**

每个人的创业方向、创业特点不同，每项创业政策的适用范围和对象也不同。我们要选择适合自身的政策，要切实发挥好政策的实际效用，使政策的运用能真正降低经营成本，改善经营状况，提升经营能力，实现企业的发展壮大，使企业走上长期发展的道路。

**（三）深入了解自己是否适合创业**

创业并不是一件容易的事，不是每个人都适合创业。因此，我们需要通过多种途径，认真审视自身的创业素养，深入了解自己是否适合创业。

比如，我们可咨询生涯规划师，认真分析自身的优势和劣势，对自身的条件和能力进行正确评估，为自己制定合理的职业生涯方向，而不是随意地投身创业浪潮。

## 三、增强心理素质，掌握创业技能

创业有风险，因此，同学们除了要有敢于尝试的勇气外，还应具备正视挫折、承担压力的心理能力，做好创业的心理准备。比如，在创业的过程中，如何保持内心的平静与坚定，如何在成功与失败的转换中自我调节，这是每一个成功的创业者必须具备的心理品质。

创业不能仅凭一个创意或一个点子，而是要兼顾管理、营销、成本预算等各个方面，即使是两三个人的"办公室式"小企业，也必须有明确的财务与人事制度。这些复杂的东西，对我们的心理素质也时常是个考验。为此，有条件、有创业意向的大学生，可考虑以下几点建议：

（1）可参加一些正规的创业培训班，理清自己的创业观念。

（2）在校期间利用学校的政策，尝试模拟创业。

比如，自己可以卖些小物品，也可以为别人做中介赚取差价，从而培养创业意识，学习创业知识，积累一定的经验，提高创业技能。

（3）有意识地参加一些失败训练或是简单的极限训练，以增强自己的心理承受能力。

## 四、收集创业信息，捕捉创业机遇

创业者在选择创业项目时，要充分掌握相关信息。比如，该项目的创业政策如何、市场前景如何、盈利状况如何、投入资金多少、竞争激烈程度如何等。收集、加工和运用这些信息的能力是创业者必不可少的。

如何收集信息？前面内容已经有所介绍，需要注意的是，收集好信息后要学会归类、整理，找出对自己有用的信息，寻找创业机会。

## 雷厉风行的周明

周明，男，毕业于会计电算化专业，大专文凭。在某经济开发区开了一家广告公司。

周明的专业是会计电算化，这个专业最初是父亲帮他选的，他自己并不是非常喜欢。

上学期间，周明做过很多兼职，最多的时候同时做4份兼职。在做兼职的过程中，他发现广告属于本小利高的行业，看准了就打算果断进行投资。于是，他创立了自己的广告公司。

创业初期，并不是很顺利。公司从开业到年底，亏损了大约5万块钱。当然，原因是多方面的。他如是说："首先，自己对业务不是很精通，直接造成了有些产品质量不过关；其次，刚开始创业时非常有激情，就想做大做强，雇了8个人，大家都穿着职业装，看起来非常正规，这样导致开支过大；再次，尽管我做过一些兼职，但不具备管理经验，自己出去跑市场和做业务时，员工就失去了约束。"

从学生转变成老板，对他来说并不是很顺利。尽管他一直是那种社会活动积极而且成绩不错的学生，但是身兼两重身份，还是有点力不从心。作为一个小型的广告公司，麻雀虽小，五脏俱全。因此刚开始创业的时候，他自己可以说是身兼数职：老板、会计、公关、营销。现在好了，经过一年多的摸爬滚打，公司基本上步入正轨，并且从第二年就开始盈利了，周明也不像原来那么辛苦。

在经营模式上，周明有他自己的一套。他的广告公司有三个店，分别负责设计、制作和市场。设计需要客户，办公地点设在青岛经济技术开发区的一个非常大的写字楼中；制作可能会产生一些噪音和污染，办公地点设在青岛的郊区；市场部设在青岛某学院附近。他自己主要负责市场，在做业务的过程中认识了两位朋友，他们负责设计和制作，三个人一方面各自都有自己的客户，另一方面又可以实现优势互补。公司业务主要包括广告设计与制作、喷绘、写真等。

周明对于想创业的师弟、师妹们的建议是：首先要有足够的承担风险和压力的意识。只要创业就会有风险，自己最初创业的时候，压力是很大的。其次，创业初期的资金来源都是些辛苦钱，又加上是小本经营，因此，在创业初期一定要选择一些信誉度较高的客户，这样不至于干完活钱收不回来。这一点非常重要。

案例中，周明并非广告专业毕业，但是因为看到了广告行业发展的良好势头，毅然果断地选择了这个行业并进行投资。虽然开始由于经营不善导致亏损，但他及时总结经验，把握机会，不但使公司的营业额得以增长，而且还创建了自己的管理模式：三个店进行流水作业，互帮互补，可谓独具慧眼，创意新颖。

由此可见，能够发现机遇、把握机遇、利用机遇、创造机遇，是成功创业者的主要能力。创业难，知晓创业机遇更难。虽然大量的创业机遇可以经由系统研究来发现，不过，最好的点子还是创业者在长期观察与生活体验中对创业机遇的捕捉。

## 五、细致开展调查，确认创业领域

在做好市场调研后，找到适合自己的创业项目。创业者可选择 2～3 个项目，再进行深入细致的调查，主要从法规政策、市场环境、项目执行条件等方面进行。并对调查资料进行正确的研究和分析，得出符合客观实际的调查结论，确认创业的具体领域。在确认创业领域时，主要应瞄准空白点，即有发展潜力的行业。在这里，创业者关注的焦点问题，并不是总投资金额的高低，而是成功获利的概率有多高。

## 六、把握好关键一环，设计好方案

创业方案实质上是创业选项的调研、论证报告。通过调研和论证，创业者在创业之前，能够对整个创业过程进行有效把握，对市场的变化有所预警，从而降低进入新领域所面临的各种风险，提高创业成功的可能性。

若大学生有创业的想法，可以参照创业大赛的创业案例设计，试着制定自己的创业方案。创业大赛中设计方案的内容：

- 确切说明你利用服务或产品来具体解决什么问题？
- 你的此项创业项目能够给顾客带来什么样的明显好处？
- 你的此项解决方案是在改进还是在取代现有的此类供给？
- 你所着眼的目标市场现在规模如何，预期的成长速度多快？
- 该市场的经济高效原理何在？
- 你准备以何种模式经营此项创业，你的业务可能类似哪些企业的业务？
- 要夺取该市场，你需要首先做好哪些事情？
- 你把握何种特殊知识或技术，你准备如何保护知识产权？
- 你的服务或产品的潜在销售水平有多高？
- 你对服务或产品定出的价格相对于整个行业的情况如何？
- 你预计将能获得多高的利润？
- 你如何创造销售额？
- 你的首批顾客是谁？
- 你能提供什么样的证据来证明你所着眼的顾客们会看懂你的产品或服务？

创业方案主要包括以下几方面的内容：

- 创业指导思想。即用什么样的理念去办企业，这一点不能停留在空洞的口号中，要有实质的内容。
- 市场定位及经营项目的确定。包括市场定位是否有创意，所选的经营项目是否现实，市场调查的根据是什么，对创业所选择的项目进行可行性评价。
- 市场策略制定。包括进入市场的基本设想，用什么产品和服务策略去满足消费者需求，采用什么样的价位，通过什么样的渠道，怎样促销及有关问题设想。

● 创业组织。包括资金的来源及如何管理和利用，内部组织结构及生产如何组织，雇用或与什么人合作，其中资金问题最为关键。

● 经营计划编制。主要包括中短期计划和财务计划。

总之，只有全面、细致、有效地设计好创业方案，才能大大提高创业成功的概率。

如何为创业准备，可参考表 5 - 5。

表 5 - 5　　　　　　　　　　　　　如何为创业准备

| 措施 | 具体做法 |
| --- | --- |
| 了解创业世界 | 重新审视创业行为，改变陈旧观念；了解创业政策和法规；利用各种媒体收集创业信息；走访创业人士 |
| 进行创业分析 | 认真分析创业所需要的各种客观条件；认真分析创业政策，选择最有利于自己的领域；结合测试，深入了解自己是否适合创业；明确欠缺之处，采取弥补措施 |
| 培养心理品质和技能 | 参加一些创业培训班，理清自己的创业观念；利用学校的鼓励政策，尝试模拟创业或小型创业；有意识地参加一些失败训练或是简单的极限训练，以增强自己的心理承受能力 |
| 知晓创业机遇 | 广泛收集创业项目的创业政策、市场前景、赢利状况、投入资金、竞争激烈程度等信息；对收集来的资料进行冷静分析，判断眼前的创业机遇 |
| 确认创业领域 | 在大致判断创业机遇的基础上，深入细致地开展法规政策环境调查、市场环境调查、行业调查和项目条件调查等；结合自身和外部因素，确定一些创业领域 |
| 做好方案设计 | 参考创业设计大赛中的方案内容，细致地做好自己的创业方案设计 |

故　事

## 鼠标垫玩出百万资产

正当不少大学生感叹就业难、赚钱难时，一个仅读过两年技校的西北女孩，却从市场中发现商机，在短短 4 年内赚了 170 万！她设计的个性鼠标垫不仅卖遍北京、上海等地，而且漂洋过海卖到了国外，连世界上最大的零售采购商沃尔玛都打电话向她订货……

1. 命运多舛，蓄势待发

刘玉芬出生在甘肃和青海交界处一个闭塞的小县城，父亲在一家小工厂上班，母亲没有工作。要改变自己的命运，唯一的途径就是考大学。

可命运偏偏和刘玉芬开了个玩笑，高考时，成绩一向优异的她却不幸以几分之差落榜。更意想不到的是，就在这一年，她父亲也下了岗。刘玉芬决定放弃复读，到兰州一家成人技校接受培训。

从技校毕业后，经推荐，刘玉芬进到上海一家台商办的手袋厂。她在技校学的是美术设计专业，没想到，最后在工厂做了一名胶水工。在闷热的车间里，沾满胶水和皮屑的工作服常常紧贴在她身上，让她透不过气来，但她从不叫苦。

第五章　创业教育

很快，刘玉芬被推荐到销售部当上了业务员，她非常珍惜这个机会，一边大量阅读有关书籍，一边迅速了解手袋的市场销售情况。刘玉芬在销售部打拼了半年，脸晒黑了，人瘦了一圈，积累了很多行业内的相关经验，并开始筹划自己创业。

### 2. 鼠标垫里找商机

有一天，刘玉芬陪一位朋友买电脑，回来时发现对方少给了一个鼠标垫。待到返回索要时，却听到几位顾客正在抱怨鼠标垫做工粗糙，花样单一："为什么不进一些样式好看点的呢？"

言者无意，听者有心。刘玉芬马上把整个电脑城的各种鼠标垫各买了一个。她反复对比后发现，这些鼠标垫大同小异，都是深灰的色系；材质也很一般，都是在胶皮上加了一层布纹。

刘玉芬在工厂做过胶水工，知道做这种鼠标垫不仅工艺简单，而且成本只有2元钱左右。此时，一个想法在她脑海里蹦了出来：何不自己设计个性鼠标垫卖？现在人们买电脑花上万元都不含糊，谁还会在乎花几十块钱买一个美丽时尚的鼠标垫？再说这也代表着一个人的生活品位啊！

随即，学过平面设计的刘玉芬先在电脑上绘制了两副个性鼠标垫的效果图。当她把这两个图案拿到电脑城时，一个业务员连声叫好：这种鼠标垫太时尚了，你联系厂家生产吧，我先订1000个！

### 3. 第一桶金

虽然有人对刘玉芬的创意鼠标垫感兴趣，但1000个毕竟太少了，因为批量生产要制作专用磨具，厂家绝不会轻易接这种小单。总不能自己动手一块一块的粘贴吧？小刘正愁眉不展时，一位朋友说：你为什么不在网站上试试？真是一语惊醒梦中人。刘玉芬马上在网上发布了自己要生产、销售个性鼠标垫的帖子。没想到，不到两天就有30多人打电话来咨询。第四天，上海浦东一家公司，要求刘玉芬为他们生产1万个这种设计独特、新颖的个性鼠标垫，但强调要先看样品，才能正式签协议。为接下这个订单，刘玉芬连续找了几家加工厂，最后花高价生产了一些样品。当她带着鼠标垫样品给客户看时，对方非常满意，当场就和她签订了协议，并约定10天后交货。

但一些大厂都不愿意接这种活，一位老板更是坦言："就你这点数量，赚的钱还不够买模具。"刘玉芬只好去了一家小橡胶厂，可老板提出必须由刘玉芬出8000元钱买模具，他们才能代为加工。无奈之下，刘玉芬还是咬牙答应了。

那些日子，无论是出模具、粘贴还是印刷和压膜等一系列工序，刘玉芬每天都守在现场，生怕产品质量不过关，6个通宵下来，刘玉芬的双眼熬红了，嘴上也起了泡。但第一批构思巧妙而又精美绝伦的个性鼠标垫终于提前交了货！"哇，太棒了！"客户验货时竟忍不住连声惊叹。

刘玉芬算了一下，扣除成本，自己在短短 10 天内净赚了 2 万多元！抚摸着两沓厚厚的百元大钞，女孩喜极而泣。老父亲上班三年的工资也不及这个数啊！当晚刘玉芬打电话把喜讯告诉父母时，妈妈一遍又一遍地问："这是真的吗？怎么能一下子挣这么多钱！"

### 4. 小鼠标垫，大商机

不久后，电脑城的那位业务员打来电话惊喜地告诉她："你供的那批货太'俏'了，几天就被抢购一空。快过来，咱们谈谈下批货的事！"这次对方的订货量是上次的 15 倍，再加上其他用户，总共订了 33000 个鼠标垫！

那时，由于人们对鼠标垫的生产不看好，认为它利润少，国内只有几十家企业生产鼠标垫的工厂，而且多是"大路货"，做工粗糙，样式呆板陈旧。"个性"和"时尚"给刘玉芬提供了一个难得的发展机会，仅仅一年半时间，她就赚了 37 万。很快，她在上海闵行区注册成立了一家属于自己的小公司。有意思的是，在她招聘的 6 名员工中有 4 人是大学生，还有一位是学营销的硕士呢！

小有成就后，刘玉芬的眼光没有仅仅盯在国内，上次网上发帖成功开启自己创业征程的经历让她对网络尤其重视。不久，刘玉芬的公司就制作了中、英文的公司网页，以便客户在世界的任何一个角落都能看到她的产品并能直接在网上订货。很快，驻上海的美国苹果电脑公司找上门来，商务代表约翰先生的夫人拿着自己爱犬的照片，问能否把它制作到鼠标垫上去，刘玉芬说："绝对没问题！"她把照片用压膜机压在了鼠标垫上。见到这个"全世界仅此一件"的个性鼠标垫，约翰先生的夫人高兴极了。约翰先生对刘玉芬说，下个月是公司的周年庆典，他们要为长期使用"苹果"电脑的高端用户派送 15 万个鼠标垫作为礼品，要求高档、时尚，图案有美国特色。

第一次接到这么大的订单，而且又是美国知名的电脑公司送来的，刘玉芬真有点受宠若惊。她搜集有关资料，专门设计了以"米老鼠与唐老鸭"为经典形象的卡通系列，以"向日葵"等为代表的世界名画系列，此外还有反映美国著名旅游胜地的风景系列，共 60 多种精美图案，客户对此十分满意。

正当刘玉芬沉浸在成功的喜悦时，不料第二天对方通知她：为确保产品质量，生产鼠标垫时，必须使用美国的 3M 胶水！刘玉芬听后吓了一跳，她知道这种胶水虽然很"绿色"、黏合力强，但价格却比国产优质胶水贵 20 多倍！本来她的报价就很低，如果按照对方的要求去做，几乎没什么利润。刘玉芬也可以拒绝，因为供货合同上根本就没有用什么胶水这一条，但为了争取国外用户，她还是按要求做了。

这一次，刘玉芬带着 6 名员工没日没夜地忙了半个多月却没赚到什么钱。但是，她在客户中却"赚"到了信誉。

5. 海外大发展

此后，在约翰先生的热情介绍和推荐下，戴尔、IBM、西门子等著名公司，也纷纷垂青刘玉芬的个性鼠标垫，有的还特意要求刘玉芬做他们的礼品供货商。紧接着，腾讯、TCL 电脑、明基电脑等国内知名企业，也先后找到刘玉芬，要求她为公司生产鼠标垫礼品。

后来刘玉芬逐渐积累了 170 多万元的个人资产，公司有员工 28 人。为适应日益激烈的竞争，她参加了中国人民大学举办的成人函授班，主修经济管理专业。

**阅读思考**

1. 想一想她的创业之路

技校毕业、年纪轻轻的刘玉芬通过自己的努力已经取得了创业的初步成功，读完这个故事你有什么样的感触呢？一定有一些想法要和大家分享吧！

那么，请你认真地想一想，你从刘玉芬的创业故事中发现了什么？感受到了什么？想和大家一起分享什么呢？

你可以参照下面的创业故事分享提示单，先尝试补充完善分享点，再填写相关分享内容。

### 创业故事分享提示单

| |
|---|
| 这个创业故事给我留下最深刻印象的一点： |
| 我眼中创业故事主人公在创业过程中最成功的一点： |
| 我眼中创业主人公身上所具有的创业素质： |
| 更多分享点： |

2. 理一理你的创业故事分享单

请你根据创业故事分享提示单的填写结果，取长补短，优化整合你的创业故事分享提纲，然后结合自己所知道的创业故事或人物的经历进行填写，最终形成你的创业故事分享单。

3. 讲一讲你所知道的创业故事

请你根据你的创业故事分享单向大家讲述一个你所知道的创业故事，以及自己对于这个创业故事的一些想法、感触和思考。

**课后尝试**

尝试为你发现的创业机会做一个好的创业设计。

第五章　创业教育

# 第三节　创业者必备的素质

在创业过程中，创业者始终是最核心的因素。创业者善于识别和抓住机会，并将这些机会转化成有市场价值的理念。创业素质是创业者必须具备的重要素质之一，它是指创业者创业所必需的各种能力、品性、习惯等各方面的综合性素质。创业素质是个综合性很强的概念，其内涵深刻丰富而且具有广泛的外延。但概括起来，创业素质可分为创业意识、创业心理素质、创业能力和道德素质四大要素。

 案例

## 他为什么能成功

王述，男，上海人。毕业于上海某高职学院外贸运输专业，现任上海某报关代理公司总经理。

座右铭：不要做对不起别人的事，不要做对不起自己的事。

1. 个性、学习与交友

公司员工从刚开始的一人到现在已有六人，公司主要从事的业务是报关代理。王述中学毕业后就读于上海某职业院校，专业是外贸运输。在校时候学习成绩不是很好，属于调皮捣蛋型。学习不是很认真，最大的收获是结交了一帮好朋友。因为是住宿生，大家接触交流很多，碰到困难一起解决，锻炼了交际能力，学会了如何做人，为人慷慨大方。朋友之间时常发生矛盾，但不开心非原则的事情都是当日解决，一起吃顿饭就好了。自认为脾气不好，比较暴躁。所交朋友各种类型的都有，成绩好的、差的，都能走到一起，主要讲究的是朋友间以诚相待，讲义气，人品不好的就直接断交。朋友间做错了事情全部指出，有则改之，无则加勉。毕业时考取了报关员证，当时能把这个证书考出来很难，而且限制名额。虽然不喜欢学习，但是自认为学习能力很强，报关员考试要看两本厚厚的书，他只复习了两个月，便一举高分考过了。

2. 创业灵感缘起

毕业后从事与外贸报关业务相关的工作两年，工作稳定，业绩非常好，最高月工资达到了一万元，工作得到了老板赏识。老板给了他足够锻炼自己的机会，什么重要的事情都交给他办理，如与客户交往、洽谈，因而积累了大量的客户资源。发展朋友关系是靠交友圈子，一人带多人，为将来的创业奠定了基础。创业想法从小学时就有了，工作期间一直在为自己的想法而努力。

刚开始工作的时候，好多知识都不懂。但是他的工作目的性一直很强，就是为了将来的创业。师傅给别人说三四遍的知识自己一遍就懂了。他认为师傅教的东西都一样，看自己如何学，自己需要动脑筋。恰逢此时公司老板"出了事情"，公司濒临倒闭，自己失业，所以灵感一下子爆发出来，决定自己另起炉灶。家里没有任何人在海关工作，因此创建这个海关报关业务代理公司所需要的一切事宜都要靠自己的人际关系网。所以自己觉得做任何事情都要有"路子"，要自己想办法。

3. 创业之初

创业之前，他研读了政府对该行业的相关政策，考取了报关员证以及积累了大量的客户。也没有什么大的想法，就想自己给自己做老板。2002年虹桥机场关闭，国际货物全部集中到了浦东国际机场。由于本公司的报关业务只针对国外货物，对于他来说这个机遇千载难逢：本来要分开建立公司的资金全部集中起来，加快了公司成立的进程。此时，国家也鼓励学生自主创业。为此，凭借自己的工作经验和积累的人际关系网，再加上这么好的良机，公司正式成立。他自认为自己的创业是运气和努力相辅相成的结果，他遇到了肯真心帮助自己的人，第一个"贵人"是第一个老板，无论是在经济上和精神上都给予了自己很大的锻炼空间。他觉得人生中有很多时候"偶然约等于必然"。

4. 创业途中的障碍

他在创业初期的合作伙伴是师傅，年龄比自己大，经验丰富，本以为是自己的靠山与得力助手。怎知创业初期半年内公司业务少，为了拉业务耗费了大量费用。公司办公室只是一间与别人合拼的桌子，师傅迫于生活压力从公司撤走另谋高就了。师傅的离弃使得他备受打击，这时工作仅有的一点盈利也给员工发了工资。为了补偿师傅当初的支持，他把师傅的股份如数奉还。为此公司还负了债，亏损近十万元。虽然此时公司已经摇摇欲坠，但是一颗不服输的心指引着他继续前进。他想：第一，自己不可能再到其他公司给别人打工；第二，自己完全有能力经营，这半年的时间里几乎都是自己一个人在做。靠着父母的支持与朋友的鼓励，他坚持下来，渡过了难关，第二年公司盈利颇丰，自己买了车和房子。这是创业中最难忘的事，再加上当时自己年轻，关于这个行业的经验少，所以才会觉得打击很大，相信自己以后再碰到任何困难都会应付自如。

5. 创业感受

觉得最得意的事情是待朋友非常好，特别忠诚，为此结交了不少好友，大家具有共同的利益，也能够成为哥们儿，利用个人魅力为公司的发展奠定了稳固的基石。

在父母眼里，他是个积极独立但是生活不独立的孩子。经济上从上班时候起自己就完全养活了自己，每月还要交2000元给父母，车子和房子的贷款都要自己还；但生活上自己什么都不会做，衣服都要父母给洗。家庭成员和女朋友对自己的鼓励支持，使得自己能够全身投入公司运营中，促使自己创业成功。正所谓"家和万事兴"。

6. 管理经验

第一，对员工要求不高，给每个员工自我展示的机会，不让公司员工与自己有任何的距离感，抓住工作核心，其余放手让员工完成；第二，给员工信心，待遇好；第三，设身处地为员工着想，几乎每天晚上员工加班都要送员工回家，早晨接员工上班；第四，经常有些临时奖励，带员工出去玩，经常与员工聚餐，畅谈想法，相互交流，以便促进感情，充分了解每个员工的个性与喜好，实行个性化奖励，对特别优秀员工还奖励其一定股份。为此，手下员工均努力拼命地工作，为公司创收。公司员工做错了事情，都是直言相告，大家相处就像兄弟。

7. 成功的"圣经"

诚信第一。公司的客户，无论大小，均以诚相待，态度没有任何区别，从未失信于人。如果做不到，则直接说明，但是答应别人的事情一定做到。

8. 未来展望

公司能够脱离自己独立稳定运营，自己另外再开一家餐饮娱乐方面的公司。

对于创业学生的期望：第一，胆大、心细、有脑子，善于洞察时事，善于利用环境和人力资源，做个有心人，对于说过的事情要考虑一下是否正确；第二，学会给员工打气，让他们看到未来的希望；第三，好老板要学会将员工进行好的排列组合，发挥员工各自的优势。

9. 自我评价

是个敢作敢当的人，学习能力很强，但是只学自己感兴趣或者说有用的课程。小时候经常做一些出人意料的事，让大人哭笑不得。

**思考：** 1. 单就创业来说，王述可贵之处有哪些？

2. 从王述案例中，你能到什么启示？

学习了上节有关创业准备的内容，阅读了本节的案例，或许，你现在已经想跃跃欲试？

别急，动手前还请再想想，除了要做好创业前的准备工作，创业者还需具备怎样的品质与素质？创业当中还须注意哪些要素？如何能够在机遇来到你面前时不让它溜走？

## 一、创业意识

创业意识包括创业需要、创业动机、创业兴趣、创业理想、创业信息和创业世界观。影响创业意识的因素包括自身的创业素质情况和社会创业环境的影响。创业意识是准备和实施创业的基础和前提，也是形成创业目标的重要因素。良好的创业意识有助于正确分析、制定出正确的创业目标，评估创业风险，学习和掌握创业知识和理念。没有创业意识或者缺乏创业意识，就不可能较好地准备和进行创业。

创业意识的培养是促进学生创业素质形成的基本前提。创业意识的培养应该包括自主创业意识、风险和冒险意识、创新意识、竞争意识、成功意识、时效意识、市场意识、法律意识等的培养；另外还应注意培养自我管理、自主决策和独立生活的能力，培养克服自卑心理和能够吃苦耐劳的精神。在创业意识的教育中，还要注意帮助学生克服传统观念的影响，树立正确的就业观和人才观，勇于创业，敢于创业。

## 二、创业者应具备的关键心理特质

创业特质论以奥尔波特的特质理论为依据。该理论认为，创业者特质是稳定的、习惯化的反应方式和行为风格，它贯穿于创业者的整个心理发展过程，是创业者独特性的整体写照。

特质论者认为，创业者拥有与他人不同的特质，这些不同主要表现在成就需求、控制点、风险倾向和自我效能感方面。甚至有学者认为，如果某人具有创业者特质，他总能够找到自己的方法去创业，不管环境情况如何。

1. 较高的成就需求

成就需求是指个人想要尽快、尽可能地把事情做好的一种欲望或倾向。与非创业者相比较，创业者具有较高的成就需求。成就需求由想要获得专家肯定、想要赚钱、想要靠自己成功、想要受人尊重、想要争胜、想要优秀六个要素组成。

一般来说，成就需求包括：个体完成困难工作的欲望；操控或组织事物、人物或思想的欲望；尽快且独立地做好的欲望；克服障碍且达到高标准的欲望；超越自己的欲望；超越且胜过别人的欲望；通过学习增进自我尊重的欲望。

2. 内控型人格

很多学者的研究表明，创业者比非创业者倾向于有更高的内部控制力。具备内控型人格的人是只相信自己对结果有重大影响的人。内控型的人认为许多事情是因为自己而促成结果，自己的付出和努力可以改变许多事情，即便是在无法改变的情况下也可以通过其他方式来达到目的。

相反，外控型的人常常将许多事情归结为外部的原因，认为人的快乐和痛苦是无法自主的，一切都在他人或是命运的主宰下。外控型的人认为决定性的力量不在自身，而在外部，所以他们对自身价值的判断和自己行动的选择很大程度上依赖于别人的看法。

形成内、外控型人格的原因主要有：文化差异、社会经济水平差异以及父母养育方式的差异。

3. 较高的风险承担倾向

创业过程中存在的风险是非常高的，创业者抱着对未来的美好预期展开行动，必须面对来自市场、消费者、供应商、融资渠道、环境等方面的各种不可知和不确定性。只有那些愿意承担风险的个体和企业才有可能生存和成功。因此，创业者比一般非创业者具有更高的风险承担倾向。

所谓风险承担倾向，是指个体接受或规避风险的倾向性，是最早被识别出来的创业者的个性特征。但需要说明的是，将风险承担倾向当成创业者个人特质的观点受到了一些批评。因为尽管有很多研究证实创业者具有高风险行为倾向，但也有另一些研究表明，创业者在承担风险倾向方面与其他群体并没有什么区别。这些分歧可能是不同研究对风险倾向的定义和使用的测量工具不同造成的，也可能是不同研究对象在风险承担能力方面的差异造成的。

综合而言，创业是一种高风险行为。创业者往往在资源高度约束的情况下开展创业活动，不管是否愿意，他们毫无疑问要承担一定的甚至很大的风险。

4. 高自我效能感

自我效能感表示一个人对自己的自信程度。具有较高自我效能感的人在面对压力时对自己更加自信，能以积极的方式应对压力。自我效能感对个体潜能的发挥具有决定作用，它是人的主体因素的核心，并渗透、弥漫于人类机能活动的各个方面，其强度高低决定着个体人生事业的成败乃至在日常生活中的幸福与否。因此，很多研究者将此概念引入创业领域，并提出了创业自我效能感的概念。

创业自我效能感是指一个人能够成功地扮演创业者角色和完成创业任务的信念强度。影响自我效能感形成的因素主要有：个人自身行为的成败经验、替代经验、言语劝导、情绪反应和环境条件。如图 5-1 所示。

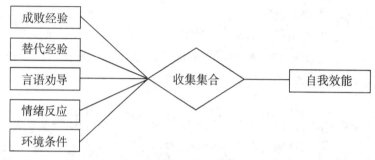

**图 5-1　影响自我效能感形成的因素**

成败经验对自我效能感的影响最大。一般来说，成功经验会提高效能期望，反复的失败会降低效能期望。第二，个体的许多效能期望来源于观察他人的替代经验，尤其在被观察者的情况与观察者具有一致性时更为明显。第三，旁人的言语劝导也是自我效能感形成的影响因素，其价值大小取决于它是否符合实际，缺乏事实基础的言语劝说对自我效能感的影响不大，在直接经验或替代性经验基础上进行劝说效果会更好。第四，高水平的情绪反应使成绩降低而影响自我效能。当个体在面临某项活动任务时，强烈的身心反应、情绪激动通常会妨碍行为的表现而降低自我效能感。第五，不同的环境 条件给人们提供的信息是大不一样的。当一个人进入陌生而又易引起焦虑的情境中时，其自我效能感水平与强度就会降低。

### 三、创业者应具备的关键能力

成功的创业者不仅需要具备优良的人格品质，还必须掌握应对和处理创业现实问题的基本技能。由于机会的模糊、市场的不确定性、资本市场的风险以及外在环境的变迁等因素经常影响到创业活动，整个创业过程充满了风险。因此创业必须依靠创业者的领导能力、创新能力、决策能力、学习能力、沟通能力来发掘问题，掌握关键要素，弹性调整机会、资源、团队三个层面的搭配组合，使得新事业能够顺利进行。

#### （一）领导能力

领导能力，是指在管辖的范围内充分地利用人力和客观条件，以最小的成本办成所需的事情，提高整个团体的办事效率。领导能力是一种较高层次的综合能力，包括团队组建与管理能力、市场定位与开拓能力、企业文化设计与培育能力、应付突发事件的能力等等，其中团队组建能力最为重要。

#### （二）创新能力

创新能力是创业能力素质的重要组成部分，是企业化解外界风险和取得竞争优势的有效途径。它包括两方面的含义：一是大脑活动的能力，即创造性思维、创造性想象、独立性思维和捕捉灵感的能力；二是创新实践的能力，即人在创新活动中完成创新任务的能力。创新能力是一种综合能力，与人们的知识、技能、经验、心态等有着密切的关系。具有广博、扎实的基础知识，熟练的专业技能，丰富的实践经验，以及良好心态的人容易形成创新能力。

#### （三）决策能力

决策能力是创业者根据主客观条件，因地制宜，正确地确定创业的发展方向、目标、战略以及具体选择实施方案的能力。决策是一种综合能力的表现。一个创业者首先要成为一个决策者，正确决策是保证创业活动顺利进行的前提。尤其是有关创业机会的识别和选择、创业团队的组建、创业资金的融通、企业发展战略以及商业模式的设计等重大决策，直接关系着对创业全局的驾驭以及创业的成败。创业团队成员选择的一种平衡方法是，在知识、技能和经验方面主要关注互补性，而在个人特征和动机方面则考虑相似性。

#### （四）学习能力

学习能力是一个人、一个企业以及一个组织学习的毅力、动力和能力的综合体现，是企业竞争的最终决定力。作为创业者，许多专业知识和专业技巧要在实践中不断摸索，逐步提高、发展、完善。创业者要重视创业过程中的知识积累和职业技能的训练，对于书本上介绍过的知识和经验，要在加深理解的基础上予以提高、拓宽；对于书本上没有介绍过的知识和经验，要在探索的过程中详细记录、认真分析，进行总结、归纳，上升为理论，形成自己的经验特色，积累起来。

#### （五）沟通能力

沟通能力，是指能够妥善处理与公众（政府部门、新闻媒体、客户等）之间的关系，以及能够协调下属各部门成员之间关系的能力。创业者应该做到妥当地处理与外界的关系，尤其要争取政府部门、工商税务部门的支持与理解，同时要善于团结一切可以团结的人，团结一切可以团结的力量，求同存异，协调发展，做到不失原则、灵活有度，善于巧妙地将原则性和灵活性结合起来。

俗话说，"没有金刚钻，就不揽瓷器活"。作为一名创业者，自身的基本素质是非常重要的。很多大学生在创业初期没有规划好自己的创业之路，加上自身各方面的创业能力素质不够突出、不够全面，所以出现了现在大学生创业成功的不是很多，失败的却是数不胜数的局面。因此，我们要在各个方面提升自己的能力，注重培养自己的创业素质，而且要重视其整体结构的优化，在创业实践过程中不断提高自我的创业素质。

### 四、创业者应具备的道德素质

1. 诚信

诚信，就是以诚待人，诚实经营，守信用。

诚信道德素质的培养需要做到以下几点：

（1）认识诚信的重要性。诚信是各行各业生存的根本，坑蒙拐骗、以假乱真、以次充好不能够长久经营。消费者可能上当受骗一次两次，但不可能永久受骗。（2）要以诚待人。努力做到言行一致，表里如一，做老实人，说老实话，办老实事；在职业活动中，先信人一步，不怕先吃亏。（3）以信立业。在行为做事上要"言必行、行必果"，当履行承诺的条件发生变化时，不管有多大的困难，都要想方设法地按质按量地履行合同。

2. 责任心

责任心是具有责任感的心态，指个人对自己和他人、对家庭和集体、对国家和社会所负责任的认识、情感和信念，以及与之相应的遵守规范、承担责任和履行义务的自觉态度。它是一个人应该具备的基本素养，是健全人格的基础，是家庭和睦，社会安定的保障。

责任心的培养需要我们从身边的小事做起。例如，对青年学生来说，立志创业，发奋学习科学知识，学习各种技能，增强创业本领，就是对自己负责任的表现。节省开销，尽力为父母、为家庭减轻负担，增强对家庭的责任感，也是对家庭尽义务的表现。力所能及地帮助有困难的同学和朋友，不乱扔脏物，遵守公共秩序、保持环境卫生，建设优美的校园和社会环境，就是对社会负责任、尽义务的表现。总之，在日常生活、学习及工作中，不懒惰，不怕艰难困苦，敢于承担各种责任和义务，才算是有责任心和义务感的人。

3. 守法意识

守法，就是要求我们必须无条件地遵守国家法律法规，绝不能逾越法律底线。守法意识可通过学习法律知识来培养。学习的途径有很多，可从书本上学习，可从社会实践中学习，也可从现实生活中的一切新闻媒体中学习，广泛吸收各种法律知识，转化为自己的知识体系。

🔍 发现之旅 - - - - - - - - - - - - - - - - - - - - - - - -

## 你是否适合创业

你是否羡慕那些创业成功的人？梦想自己做老板常常是创业成功的第一步。假如你已经考虑过自营企业，那么你需要知道自己是否适合干这一行，并有条件成功。下面的创业测试就可以帮助你了解这一点。

1. 你希望克服受雇于人的烦恼？是（    ）否（    ）

2. 你是否能够筹到足够资金来支付开业前 1～3 年的支出呢？是（    ）否（    ）

3. 在开业阶段，你非常需要一笔稳定的收入吗？是（    ）否（    ）

4. 假如没有一笔稳定的收入，你能生活吗？是（    ）否（    ）

5. 你现在能否利用业余时间开启一项事业，以便检验自己的兴趣与特长？是（    ）否（    ）

6. 在你的专业或业务领域里，你有专业精神吗？是（ ）否（ ）

7. 你能否写下书面的营业计划，并对第一年的盈亏做预算？是（ ）否（ ）

8. 你能延迟满足自己的需要，以致推迟 3~5 年等待成功吗？是（ ）否（ ）

9. 在你所在的学校、社区，你为大家所熟悉吗？是（ ）否（ ）

10. 当你疲劳或烦恼的时候，你能够耐着性子听从同事或下属的批评与建议吗？是（ ）否（ ）

11. 你的计算机能力足以处理你的营业额、税务和工作记录吗？是（ ）否（ ）

12. 你有兴趣并有实力投资于技术革新与业务改进吗？是（ ）否（ ）

13. 社会上有会计、中介机构或个人等专业资源可用来经营你的事业吗？是（ ）否（ ）

14. 你有一个专业人才网络可用来做你事业经营的参谋吗？是（ ）否（ ）

15. 你倾向于自我激励，并对自己有着极强的洞察力和自信心来追求成功吗？是（ ）否（ ）

16. 你喜欢变革并乐于做决策吗？是（ ）否（ ）

计分方法：答"是"计 1 分，答"否"计 0 分；但第 3 题反向计分。然后把各题分数加起来，即总分。

不同总分的含义如下：

9 分以下：你可能不适合创业，而最好干稳定的、常规的工作，即使你仍想做老板，也最好做一些自由的、风险小、没有太大经济压力的创业项目。

10~12 分：很明显，你已经对创业有了比较多的考虑，但开业前仍需有较多的准备，对于测验里那些答案为"否"的项目，更要进行一些补救。

13 分以上：恭喜你！你适合创业。在你的人生中，这可能是一个重大的挑战，但其中的回报也很可观。现在你可以做一份详细的创业计划书，对市场进行一番调查，做一些业务联络，逐步开始你的事业。同时也要考虑你将来的健康保险、财产保险、纳税策略等与创业有关的问题。

同学们，答案令你满意吗？你觉得自己适合创业吗？

总之，了解自己并不是一件容易的事情，但只有认真做好创业分析，充分了解自己的优势和弱势，扬长避短，我们才能更好地抓住适合自己的商机，成功创业。

### 活动体验

## 活动一：请你为王睿把脉

王睿，男，市场营销专业。毕业后在某县级市一家小型的私人公司打工，公司的主营业务是销售整体厨房设备。随着打工的时间越来越长，王睿也摸索出了经营整体厨房的一些门道，自己做了老板，也开了一家整体厨房店。没有足够的启动资金，便从信用社贷了 5 万块钱。为了节省资金，店里没再雇人。平时由妻子看店，算是一家夫妻店。

第五章 创业教育

刚开始，效益时好时坏，还可以勉强维持。但到了第二年，整体厨房店越来越多。加上妻子性格比较内向，不太会招揽客人，业务越来越难做。但由于王睿的售后服务搞得比较好，有一定的回头客，生意勉强维持了一段时间。

然而，王睿选择的抽油烟机和打火灶等产品大多不是名牌名厂出品。因此，产品质量比较差，返修率很高。王睿大部分精力让售后维修占去了，根本没有时间去搞加工制作安装的业务，夫妻店便失去了利润来源。加上夫妻双方均不精通会计业务，不会理账，不会定期核算，财务搞得很混乱。有时表面上看赚钱，便花钱很大方，不计成本，经常请合作伙伴去中高档酒店吃饭。另外，夫妻俩把用于个人消费的钱和店里的钱混在一起，搞得一塌糊涂，消费严重超支。小店在一天天亏损，王睿不得不忍痛关闭了自己的整体厨房店，凭着专业技能，去一家大型公司做了一名电工，由一名老板再度沦落为一般工人，日子又回到了从前。

讨论：

1. 王睿适合创业吗？为什么？

2. 有人说王睿的失败是必然的，你赞成吗？为什么？

3. 如果你是王睿，创业过程中，你将如何操作？请说明理由。

4. 如果你是王睿，并且打算二度创业，你打算怎么做？

## 活动二：制作创业计划书

下面是一份完整创业计划书应有的主体内容，请根据你的情况填写。

（一）拟创办项目概况

主要业务范围

企业类型 □生产制造 □零售 □批发 □服务 □农业

□新型产业 □其他

（二）创业者个人简历

学习经历

工作经历

个性优势

（三）市场评估

产品或服务描述

目标客户描述

竞争对手优、劣势分析，以及相对应的对策

现有创业团队情况描述

（四）市场营销计划

（五）资金需求预测

（六）项目实施进程安排

（七）财务及赢利状况预测

心理健康教育篇

# 第六章

# 关爱自己　健康成长

人如果没有健康，智慧就难以表现，文化无从施展，力量不能战斗，财富会变成废物，知识无法利用。

——赫拉克利特

身体的健康在很大程度上取决于心理的健康。

——约翰·格雷

案例共享

案例一

## 我为什么适应不了大学生活

小 A 是家中的独生女，为了让她全心应对高考，高中阶段母亲将所有的家务全包了。考上大学之后，由于生活环境与原来截然不同，她发现每天晚上都无法入睡，即使邻床的同学在床上翻身的声音在她听来也觉得十分刺耳。因为无法适应集体生活，母亲专门辞职在校外租房伴她同住，但这样又令小 A 感到不自由，最后发展成了严重的抑郁，不得不退学回家。一位学习优秀的大学生就这样因为心理问题而毁了前程。

小 B，男，省重点高中毕业生，考入外地某工学院。报到后感到大学校舍等环境还不如原来所在的中学，老师也不像心目中大学老师的样子。"这哪像个大学？"他极度失望，情绪失落，军训中途擅自回到家中。父母亲友反复劝说，他越发烦躁，坚决不肯再上这所大学。

**点评：**

大学生离开熟悉的家乡和学校，到一个陌生的环境求学，地域文化和生活环境的差异，使他们极易处于心理应激状态，存在的适应问题比较多，反映出来的心理和情绪问题就比较突出。适应问题几乎是每一个同学都必须面对的。对生活环境的不适应，对学习方式的不适应，对集体生活的不适应，对人际关系的不适应等，都可能会影响到大学生的情绪及正常的学习和生活。大学虽然使个体获得了更广阔的发展空间，为个体走向成熟提供了条件，但个体在大学生活中遇到困扰也是不可避免的。大学生要认识到自己出现这些心理困扰是正常的，要以良好的心态面对这些问题，用科学的方法解决问题，顺利地度过大学时光。

# 第一节　健康与心理健康

## 一、什么是健康

在远古时代，由于环境的恶劣和人类文明的落后，人类面临的主要问题是生存问题，健康问题并没有得到足够的重视，传统的观念认为，"没有疾病就是健康"。但随着社会的进步，经济的发展，人类科学的进步，人们逐渐认识到，健康不仅仅是身体的健康，还需要精神的完满。随着第二次世界大战的结束，人类的病因构成与死因构成发生了较大的变化，许多身心疾病成为人类健康的主要"杀手"。不良的生活方式、行为，心理、社会和环境因素成为影响健康的重要的不可忽视的因素。因此，世界卫生组织（WHO）向全世界呼吁："健康，不仅仅是没有疾病和身体的虚弱现象，而是一种在身体上、心理上和社会上的完满状态。"世界卫生组织提出的健康定义，对健康概念做了全面而深刻的阐释，产生了巨大的影响。世界卫生组织据此制定了衡量一个人健康的10个标志：

①充沛的精力，能从容不迫地担负日常生活和繁重的工作而不感到过分紧张和疲劳；②处世乐观，态度积极，乐于承担责任，事无大小，不挑剔；③善于休息，睡眠好；④应变能力强，适应外界环境中的各种变化；⑤能抵御一般感冒和传染病；⑥体重适当，身材匀称，站立时头、肩位置协调；⑦眼睛明亮，反应敏捷，眼睑不发炎；⑧牙齿清洁，无龋齿，牙龈颜色正常，无出血现象；⑨头发有光泽，无头痛；⑩肌肉丰满，皮肤有弹性。

1989年世界卫生组织提出了健康新概念：健康不仅是没有疾病，而且包括躯体健康、心理健康、社会适应良好和道德健康。21世纪人类的健康是生理的、心理的、社会适应与道德健康的完美整合。道德健康是指不能损害他人利益来满足自己的需要，能按照社会认可的道德行为规范准则约束自己及支配自己的思维和行为，具有辨别真伪、善恶、荣辱的是非观念和能力。

健康新概念的提出关系到健康的观念、健康的行为和生活方式、健康的社会适应能力、健康的躯体、健康的心理等。它早已超出了人们的传统认识，随着社会的发展，健康的内涵丰富了，外延也拓展了，特别是心理健康，已经普遍受到了人们的关注。

## 二、什么是心理健康

### （一）心理健康的定义

说起"心理健康"，人们或许会联想到"心理不健康"甚至"心理疾病""精神病"，以为有关心理健康方面的书籍、文章是给不健康的人看的。这种看法是不正确的。

长期以来，人们只注重生理上存在的健康问题，而忽略了心理的健康，以为心理不健康不是疾病，而是"精神不正常"等。实际上，人体是生理与心理的统一体，二者相互关联，不可分割。简单地讲，心理健康是心理功能良好、心理活动协调一致的状态。

关于心理健康的含义，国内外专家有过不少的研究和论述。心理学家英格利士（H. B. English）指出：心理健康是指一种持续的心理情况，当事者在某种情况下，能做良好的适应，具有生命活力，而且能充分发挥其身心的潜能。这乃是一种积极的、丰富的状况，而不仅是免于心理疾病。精神病学家卡尔·门宁格（Karl Menninger）认为，心理健康是指人们对于环境及相互间具有最高效率及快乐的适应情况。心理健康者应当保持稳定的情绪、敏锐的智力、适于社会环境的行为和愉快的气质。社会工作者波姆指出："心理健康是合乎某一水准的社会行为，一方面能为社会所接受，另一方面能为本身带来快乐。"《简明不列颠百科全书》中对心理健康的描述为：心理健康指个体心理在本身及环境条件许可范围内所达到的最佳功能状态，不是绝对的十全十美状态。

综合以上观点，心理健康是指个体心理功能良好、心理活动协调一致，在身体上、心理上以及社会行为上都能保持良好的状态。

心理健康强调的是和谐、适应；心理健康是一种状态，而不是结果。美国心理学家罗杰斯说："美好的人生是一个过程，而非一种存在状态；它是一个方向，而非一个目的地。"

### （二）心理健康的特点

1. 相对性

心理健康要考虑文化、年龄、性别、社会身份、情景等各种因素。某些行为发生在孩子身上是正常的，但发生在成人身上则是不正常的；某些行为在特定的社会背景和条件下是正常的反应，而在另一些社会背景或一般情况下出现是不正常的。例如，一个三四岁的孩子当众哭闹撒娇，人们不足为怪；若一个二十岁的小伙子如此，人们则认为其不正常。

2. 动态性

心理健康并非固定不变，心理健康水平随着个体的成长、环境的改变、经验的积累及自我的变化而发展变化。人的心理世界是复杂多样的，任何一个心理健康的人，也可能有突发的、暂时的心理异常，就像感冒一样，心理健康的人有时也会得"心理感冒"。当一个人出现了心理困扰、心理矛盾，如果能及时调整情绪、改变认知、纠正不良行为，则很快会消除烦恼，恢复心理平衡。反之，如果不注意心理保健，则心理健康水平就会下降，甚至产生心理疾病。

3. 连续性

心理健康与不健康之间并没有一条明确的界限，而是呈一种连续甚至交叉的状态。从健康的心理到严重的心理疾病，是一个两头小、中间大的渐进的连续体。如图 6-1 所示：健康与疾病，在健康序列分布中，人群总体健康程度呈常态分布，中等健康水平者居多。真正完满的健康（康宁）状态是一种理想，只有少数人或在个别情况下才能达到。大多数人在通常情况下都能比较"健康"地生活。

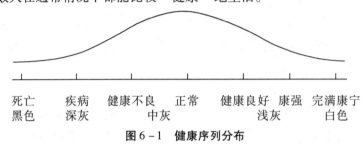

| 死亡 | 疾病 | 健康不良 | 正常 | 健康良好 | 康强 | 完满康宁 |
|---|---|---|---|---|---|---|
| 黑色 | 深灰 | 中灰 | | | 浅灰 | 白色 |

图 6-1　健康序列分布

**（三）心理健康的标准**

如何判定一个人的心理是否健康呢？一个人玩扑克游戏正玩得开心，同伴走过来拿走了他的扑克牌，他立刻大哭大叫。你认为他正常吗？也许你认为他不正常，但是，如果他是一个四五岁的孩子，你还这样认为吗？有一位同学，精力旺盛，易于与人相处，成天无忧无虑。可是近两个星期来，他变得极为抑郁，不能集中精力学习，晚上失眠，还时常发出阵阵失去控制的哭喊。他是精神不正常了吗？但是假如你知道，他两个星期前收到家里的来信，得知自己心爱的弟弟得了白血病，两天前又得知弟弟已离开了人世，你还会认为他的精神出了问题吗？

1. 心理健康的判断原则

（1）统一性原则。心理健康的心理活动与客观现实是统一的，无明显的偏离，内隐的心理与外显的行为应当统一、协调。一个人倘若失去这种统一性，言行离奇出格，为常人所不能理解，则违背了此原则，出现了心理异常。

（2）整体性原则。心理过程中的认知、情感、意志应该是协调一致的，这种整体性是个体保持正常社会功能的心理学基础。如果这种整体性受到破坏，知、情、意、行不统一，说明其心理、行为偏离了正常轨道。

（3）稳定性原则。个性一旦形成就具有相对稳定性，如果一个安静、沉稳内向的人突然变得狂躁不安、喋喋不休，就要考虑他是否出现了心理异常。

2. 心理健康的标准

心理健康是指一种持续的心理状态，在这种状态下，个人具有生命的活力、积极的内心体验、良好的社会适应性，能够有效地发挥个人的身心潜力与积极的社会功能。对心理健康问题的探讨具有如下特点：无法像医学一样通过各种仪器进行诊断；不能用伦理道德去衡量；不同文化对人的心理行为的理解不一样；人的心理状态是不断变化发展的。基于以上特点，目前运用的心理健康的标准是描述性的方式。

（1）中国传统文化中的心理健康标准。中国的传统文化中并没有直接提出"心理健康"这一名词，也没有直接制定心理健康的标准，但中国传统文化中有许多论述涉及这个问题。以孔子为代表的儒家文化所提出的"君子"理想人格，几乎体现和代表着心理健康的人的主要特征。而道家文化提出的"至人""真人"，墨家提出的"博大完人"等，也是具有所谓健全人格的人。

佐斌在《中国传统文化中的心理健康观》一文中指出中国传统文化的心理健康观主要有六个方面：

第一，具有良好的人际关系。如儒家倡导"爱人者人恒爱之，敬人者人恒敬之""滴水之恩，必当涌泉相报""来而不往非礼也"等。

第二，适当约束自己的言行。如孔子教导弟子"非礼勿视，非礼勿听，非礼勿言，非礼勿动""言必信，行必果"。

第三，保持情绪的稳定与平衡。如中国古代医书药典之中有许多关于人的健康疾病与情绪之间关系的论述，尤其是中国阴阳人格学说和以情胜情的中医心理治疗论。如"人之一身，不外阴阳"，"阴阳者，天地之道也，万物之纲纪，变化之父母，生杀之本始"。阴阳二气最不宜偏。不偏则气和生物，偏则气乖杀物。阴阳平衡，则心理健康。

第四，正确认识周围环境。如孔子鼓励弟子了解自己和认识世界，主张"入太庙，每事问""三人行，必有吾师"。

第五，抱有积极的生活态度。如《中庸》中说："君子……在上位不凌下，在下位不援上，正己而不求于人则无怨；上不怨天，下不尤人。"

第六，完善的自我发展目标。如孟子最为赞赏的人是"大丈夫"，"富贵不能淫，贫贱不能移，威武不能屈，此之谓大丈夫"。

（2）美国心理学家马斯洛（Maslow）和密特尔曼（Mittelman）认为，健康的心理应有以下 10 项标准，被称为心理健康的最经典的标准。

第一，充分的适应力；

第二，充分了解自己并对自己的能力做适当的评价；

第三，生活目标能切合实际；

第四，与现实环境保持接触；

第五，能保持人格的完整与和谐；

第六，具有从经验中学习的能力；

第七，能保持良好的人际关系；

第八，适当的情绪发泄与控制；

第九，在不违背集体利益的情况下，能做有限度的个人发挥；

第十，在不违背社会规范的情况下，对个人基本需求做恰当的满足。

### 三、大学生心理健康的标准

参照心理健康的一般标准，我们认为我国大学生的心理健康标准有以下 7 条：

**（一）能正确认识自我，悦纳自我**

心理健康的大学生能体会到自己存在的价值，能了解自我，接受自我，对自己的能

第六章 关爱自己 健康成长

力、性格及优缺点都能做出恰当的、客观的评价；自信乐观，生活目标和理想都能切合实际，能扬长避短。有一个人永远跟我们生活在一起，这个人就是我们自己——自我。古人说："知己者明，知人者智。"我们只有了解自己，接受自己，才有可能是幸福、健康的。了解自己的长处，我们会清楚自己的发展方向；了解自己的缺陷，我们才会少犯错误，避免去做一些自己力所不能及的事情。

### （二）能保持对学习较浓厚的兴趣和求知欲望

一般来说，心理比较健康的个体，学习兴趣和效率较高，求知的欲望也比较强烈；相反，心理状态不佳，注意力不集中，很难产生学习兴趣和求知欲。因此，心理健康的大学生应具有较强的求知欲、学习欲和学习能力。

### （三）能保持和谐的人际关系，乐于交往

人生活在由他人构成的社会中，离开了他人，离开了他人的帮助，人将无法生存。有心理学家统计，人生 80% 左右的烦恼都与自己的人际环境有关。对别人吹毛求疵，动辄向他人发火，侵犯他人的利益，不注意人际交往的分寸，都将给自己带来无尽的烦恼。心理健康的大学生乐于与人交往，能接受他人，悦纳他人；能用尊重、信任、友爱、宽容的态度与人相处；能分享、接受和给予爱和友谊；能与他人同心协力，正确处理个体与群体的关系，有独立的人格和积极助人的精神，人际关系协调和睦。

### （四）能保持良好的环境适应能力

心理健康的人能与现实环境保持良好的接触，有很强的适应能力。无论置身何种环境中，他们都能适应这一环境，应对来自生活中的困难。心理健康的大学生能够面对现实，接受现实，并能主动地适应或改变现实；既有高于现实的理想，又不会沉湎于不切实际的幻想和奢望中，对自己的能力有充分的信心；能在环境改变时正确面对现实，对环境做出客观正确的判断，不怨天尤人；能与社会保持良好的接触，使自己的思想、行为与社会协调一致。

### （五）能控制情绪，心境良好

情绪在心理健康中起着重要的作用。心理健康者经常能保持愉快、开朗、自信和满意的心情，善于从生活中寻求乐趣，对生活充满希望。反之，经常性的抑郁、愤怒、焦躁、嫉妒等则是心理不健康的标志。当一个人心理十分健康时，他的情绪表达恰如其分，仪态大方，既不拘谨也不放肆。心理健康的大学生能够经常保持愉快、乐观、开朗、满意的心境，对生活充满希望；能适度地表达和控制自己的情绪，喜不狂，忧不绝，胜不骄，败不馁，谦而不卑，自尊自重。

### （六）人格完整统一

人格是人所有稳定的心理特征的总和。心理健康的最终目标就是保持人格的完整性，培养出健全的人格。有一则印度谚语说："态度决定行为，行为决定习惯，习惯决定人格，人格决定命运。"我们的性格和命运正是由我们自己每时每刻的行动自我雕塑而成的。

心理健康的大学生，其人格特征包括气质、性格、能力和理想等各方面平衡发展，

所思、所做、所言协调一致，具有积极进取的人生观。

**（七）心理行为符合年龄特征**

人的心理年龄随着生理年龄的增长而不断发展提高，人的心理行为表现是与人的不同阶段的生理发展相对应的，不同的年龄阶段往往具有不同的心理行为特征。如果一个人的心理行为，经常严重偏离自己的年龄和性别特征，这就意味着心理不健康。例如，成年人如果还像小孩子那样得不到自己喜欢吃的食物就又哭又闹，可能他的心理就不健康了。

**四、大学生如何理解心理健康的标准**

大学生心理健康的基本标准是能够有效地进行学习、生活和工作。大学生面临如下心理困扰，可以说是正常的，最重要的是怎么去面对和解决。

**（一）在生活中会遇到各种成长中的困扰**

大学生活丰富多彩，但同时也有很多的烦恼紧紧跟随着我们。比如说刚上大学后现实与理想的差距，本来想象中的大学是个天堂，可现实中的大学与之相差太远；不适应大学的生活，饮食不习惯，集体宿舍生活不习惯，新的上课方式不习惯，老师讲课的速度不习惯，对专业的学习摸不着头脑，人际关系太敏感，不知道怎样调节自己的情绪等，都给自己带来了无尽的烦恼。

**（二）特殊时期的发展任务带来的困扰**

刚进入大学的学生常难以确定自己的位置，中学时期的优势和优越感在强手如云的大学里荡然无存，不少大学生有着较为强烈的平庸感。如果不及时调整，他们就会陷入迷茫。

每一位大学生都会经历心理困扰，可能是适应性问题，也可能是发展性困惑。心理健康的人不是没有心理困扰，而是勇于面对自己的烦恼，积极调整，使自己走向和谐与适应。

# 第二节　大学生心理发展的特点

大学生随着自我意识的深入发展，自尊心越来越强。由于受学业、择业、恋爱、人际交往等问题的困扰，有心理问题的人数比例不小。如果这些心理问题得不到有效的处理，会严重影响大学生的学习和正常的生活。由此了解大学生的心理发展特点，并以此为切入点解决大学生的心理健康问题就显得十分重要。

**一、大学生心理发展的年龄特征**

我国普通高校大学生的年龄大多在 18～23 岁之间，处于从青春期过渡到成年早期阶段。此年龄阶段的心理发展具有以下特点：

**（一）大学生的认知发展，均已达到比较成熟的水平**

在中学阶段，学校主要培养学生的一般能力（主要指学习能力）。进入大学后，专业知识成了学习的主要内容，大学生对所学专业的认识水平达到了一定高度。具体来说，大学生在认知心理方面的优点如下：形成了抽象的逻辑思维方式；思维的独立性大有提高，对事物有自己的独特见解；开始用批评的眼光看待周围事物；喜欢怀疑、争论和辩论，不盲从；能初步使用辩证唯物主义和历史唯物主义观点分析一些问题；思想活跃，敢于提出问题；初步掌握本专业完整的知识结构。

然而，在认知心理方面，大学生也有弱点，主要表现如下：对较复杂的事物常常难辨真伪；有时只注意表面现象，忽略了本质；有时注意了局部，忘掉了整体；有时只考察事物本身，忘却了研究此事物与其他事物的相互关系。观察问题易掺杂感情色彩。缺少深思熟虑。

**（二）大学生的情感和意志的发展，也已达到较高水平而接近成熟**

大学生朝气蓬勃，勇往直前，珍视友谊，向往美好的爱情，道德感、理智感和美感等高级的社会性情感趋于成熟，并在情感生活中占主导地位。然而，大学生的情感发展并没有真正成熟，仍然存在一些明显的弱点或缺陷，如情绪的波动性与情境性、情绪表现的外显性与内隐性的矛盾冲突，爱情方面的烦恼等。

**（三）大学生的个性品质进入定型关键期**

自我意识和自我教育能力显著增强，大学生的理想明确而富有社会意义，性格的发展已进入塑造定型的关键时期。主要表现如下：懂得如何发挥自己气质的长处，避开其短处；能力发展到相当高度；有良好的性格；情趣广泛，志趣高尚。

## 二、大学生心理发展的阶段特点

### （一）心理适应阶段

这个阶段多是在大学一年级。在这一阶段，大学生心理的主要特征是对环境的不适应和思想的不稳定。进入大学后，大学生们发现学习的任务、内容和方法发生了很大的变化，大学里则需要有较强的自学能力和独立思考的能力。面对一张张陌生的面孔，许多大学生产生了莫名其妙的孤独感。在高手云集的班级里，中学时学习优秀的自豪感与自尊心却变成了失落和自卑心理。

### （二）全面发展阶段

这一阶段多是从大学二年级到三年级。在这一阶段，大学生心理的其主要特征是积极追求精神上的丰富，渴望多方面地发展自己的能力。二、三年级是大学生活全面展开和深化的关键时期，其心理特点主要表现在以下三个方面：

1. 思想活跃，兴趣广泛

这一阶段的大学生既克服了一年级的心理不适应状态，也还未面临毕业班学生的各种压力，因此，他们思想活跃，兴趣广泛，积极组织和参加各种社团活动，开展丰富多彩的课外活动，渴望从各个方面来充实和发展自己。

2. 求知欲增强，注重能力的培养

通过一年的学习与实践，学生对自己的专业有了更多的了解，开始按照本专业的特点掌握专门的知识与技能，塑造自己的个性，具有了大学生的学习风格。他们不仅刻苦学习专业知识，而且博览群书，积极参加社会调查、科学研究活动，有意识地培养自己的各种能力。但是，也有少数同学胸无大志，得过且过，旷课缺席，沉醉于谈情说爱之中，虚度了美好的大学时光。

3. 人生观、世界观逐步形成，并趋于稳定

随着学校马列主义理论课教学的深入开展，大学生的思想素质进一步提高。他们能把自己的成长与社会的发展需要结合起来，关心国家大事，社会责任感增强。有些同学政治上要求进步，主动向党组织靠拢。他们向往民主，向往科学，向往现代化，在学习的道路上勤于思考，善于探索，富有进取和开拓精神。但是，由于在政治上还不够成熟，他们容易受社会上错误思潮的影响，从而出现偏激言论甚至做出过激行为。

**（三）职业定向阶段**

这一阶段多是在大学生活的最后一年。在这一阶段，大学生心理的主要特征是为职业选择和定向做最后的准备，对未来产生了美好的憧憬。毕业班的大学生，心理发展已基本成熟。他们的思维、情感、意识等心理因素已接近于成人。在职业选择与定向过程中，他们开始按照即将到来的职业生活模式来要求自己，在毕业设计和实习的过程中，他们发现了自身知识与能力的不足，开始冷静地分析自身素质和能力，希望通过大学生活的最后一年来丰富和完善自己。因此，不少学生会更加勤奋地学习，把以前没学好的知识补上，把没做好的事情做好，力求按照未来的角色来完善自己。但是也有少数同学，得过且过，不思进取。在这一阶段，大学生应做好以下三点：发奋学习，保证圆满完成学业；做好走向社会的心理准备，适应新的社会角色；正确地处理好恋爱问题。

综上所述，大学生的心理发展是有阶段性的，每个阶段有着不同的心理特征。但发展阶段的划分是相对的，各个阶段之间互相渗透，互相影响。阶段性和连续性共同构成了大学生心理发展的过程，大学生既应注意到不同阶段的主要矛盾，又要注意各阶段之间的衔接，做好过渡准备。

# 第三节　影响大学生心理健康的因素

## 一、影响大学生心理健康的主要因素

由于大学生的心理发展尚未完全成熟，自我调节和自我控制能力还不强，加上难以适应环境变化，因此在处理学习、工作、社会、友谊、爱情以及个人与集体的关系，个人与社会的关系等复杂问题时，常会出现内心矛盾和冲突，造成心理发展失衡。大学生自我关注和人生目标的定位也较高，因此，面临的心理压力自然要比一般的社会成员大得多，其压力源也广得多。归纳起来，主要有以下几个方面。

**（一）社会因素**

1. 早期经验的影响

社会文化因素往往是通过个体所处的团体而发生作用的。在个体的早期发展中，家庭的影响是起主要作用的。因此，早期教育与家庭环境对心理健康也是很重要的影响因

素之一。

对个体早期发展的研究表明，那些在单调、贫乏环境中成长的婴儿，其心理发展将受到阻碍，并且会抑制他们潜能的发展。儿童早期与父母的关系以及父母对儿童的态度也是影响个体心理健康的重要因素。研究结果表明，在个体的早期发展中，父母的爱、支持和鼓励容易使个体建立起对初始接触者的信任感和安全感。而这种信任感和安全感的建立保证了子女成年后与他人的顺利交往。而儿童早期的这种信任感和安全感的缺乏会随着儿童的发展逐渐产生一种孤独、无助的性格，难以与人相处，因而容易产生心理异常，特别是人际交往方面的障碍。

2. 生活事件与环境变迁

生活事件指的是人们在日常生活中遇到的各种各样的社会生活的变动，如结婚、升学、亲人亡故等。由于生活事件的增加而产生的应激体验与生理和心理障碍有着明显的关系。例如高血压病、冠心病、糖尿病、类风湿性关节炎、胃肠溃疡、癌症、神经症以及学习成绩的下降等，都与生活事件的明显增加有着密切的关系。在对生活事件与心理健康之间的关系进行解释时，一般都认为由于生活事件的产生增加了个体适应环境的压力。换句话说，个体每经历一次生活事件，他都要付出精力去调整由于这一事件所带来的生活变化。例如结婚就意味着结束单身生活，开始新的家庭生活，而升学、就业、谈恋爱等也会不同程度地致使个体生活的改变。如果生活事件增加，那么个体的生活变化也会增加，个体要适应这变化了的生活所付出的努力也需要相应地增加。因此，如果在一段时间内发生太多的生活事件，个体的躯体和心理健康状况就很容易受到影响。

**（二）教育因素**

1. 父母期望值的压力

古往今来，家长望子成龙的心态普遍存在。当今社会，为了子女的升学，诸如考大学、考研究生或出国留学等，许多家长都是煞费苦心，不惜一切代价。这样一种来自父母的强烈期望，一方面可以成为大学生们勤奋学习的动力，但另一方面也可能适得其反，成为大学生难以承受的心理负担。

2. 经济困难的压力

就高校的贫困生而言，尽管谁也不愿戴上"贫困生"的标签，但他们无法逃避的现实是：在生活条件方面，从吃穿乃至言行举止都与大城市来的学生有很大的反差，他们除了参与学业竞争外，还得承受因高额的学费和生活开支而带来的经济方面的压力，不少贫困学生在学习之余不得不靠勤工俭学来维持学习和生活。因此，他们所承受的心理负担明显地超过了其他同学，极易导致心理上的不平衡。

3. 升入大学后的心理落差

许多同学考入大学后，会突然失去信心，感到自己一无是处。这种心理失落，首先是因为竞争对手的变化。在"高手如林"的大学里，多数过去的"尖子"不再拔尖。此外，在大学里，竞争的内容不仅仅局限于学习成绩，眼界学识、文体特长、社交能力、组织才干等都成了比较的内容。在这种情况下，大学生们很容易产生巨大的心理落差，而对自己进行整体否定。其次，是因为学习方式、方法的变化。中学时，大部分学生习惯于老师的详细讲解和具体辅导，自学能力较差，依赖性强。而在大学，同学们获取知识的手段，除了听课，从老师的讲授中获取知识外，自学占了很重要的位置，这需要学生不仅有较强的自学能力和自制能力，而且还要学会研究性学习，善于发现和提出问题，加之大学的考试方法比较灵活等，这些变化往往使那些死记硬背、墨守成规、缺乏灵活运用知识能力的大学生因遇到较多的挫折而感到自卑。

### （三）个体因素

**1. 自我认识的危机**

大学生在认识自我的过程中总会遇到一系列矛盾和冲突，矛盾和冲突难以解决时，就可能诱发心理问题。

**2. 情绪冲突**

情绪冲突是大学生心理冲突的主要表现形式。大学生正处于情绪发展最丰富、最敏感也是最动荡的时期。大学生情绪表现的两极性、矛盾性的特点，使他们在遭受挫折时，往往会产生种种不良的情绪反应，容易冲动、情绪失控，导致不良后果。

**3. 个性缺陷**

同样的环境，同样的挫折，不同的个体有着不同的反应模式，这与人的个性直接相关。有些大学生存在个性缺陷，如自卑、怯懦、孤僻、冷漠、固执、急躁、鲁莽、虚荣、任性、忧郁、自私等，还有的大学生存在人格障碍，如偏执型人格、强迫型人格等。这些个性缺陷都是有碍心理健康的，而其中有些缺陷本身就是心理障碍的典型表现。

**4. 价值观模糊**

大学时代既是人生观逐渐形成、确定的时期，也是面临多元化价值体系选择的时期。面对不同于以往的文化背景和多种价值选择时，大学生时常感到茫然，容易导致人生价值观的动荡不定或偏差。

**5. 心理承受能力较差**

现如今，父母的过度保护和溺爱，使青少年错失许多锻炼心理承受力的机会。为了在激烈的高考竞争中取胜，书本学习几乎成了他们唯一的生活方式，缺乏必要的生活经验的积累。当这些心理脆弱、缺乏挫折承受力的青少年进入大学，独立地面对生活时，在学习、生活、交友、恋爱、择业等方面的小小挫折也足以使他们内心难以承受，以致出现心理疾病。

需要指出的是，大学生处于人生发展的特殊时期，出现一些心理问题是正常的、不可避免的，其心理问题的产生具有必然性。大学生的心理问题大多数是在成长过程中遇到困难而产生的，多数为发展性问题。因此，培养大学生良好的心理素质，帮助大学生塑造健全的人格，促进他们不断发展、成熟是心理健康教育的重要任务。

## 二、大学生培养心理健康的途径

### （一）找到与把握自己

自我的问题是一切问题之根。大学生应找到自己的位置和出发点，理清自己的长处和资源，接纳自己的不完美，明确自己的生活目标，提升自己的自我形象，成为一个高素质、有方向感的人。

**（二）做学习的主人**

可以说，我们自身的发展状态和水平，就是自己和环境关系的一种反映。大学里，读书和上课不仅是为了考试与成绩，更是为了开发自己的潜能，为未来渴望要达到的目的铺路、充电。

**（三）接纳与关爱他人**

克服以自我为中心的心理，保持开放和接纳的态度对待他人。处理好独处和合群的关系，建立起高质量的社交关系。

**（四）直面性与爱情**

性和爱情不是达成人生目标的工具，是我们生命的一部分。要从科学的角度了解性的知识，更要从文化、人生的角度关注性和爱情的问题。

**（五）善待自己的情绪**

情绪是连接心理和生理的桥梁，与情绪为敌本身就是一个负面的情绪，有害于健康。保持和管理好自己的情绪，让情绪成为自己行为的动力而不是阻力。

**（六）职业生涯早规划**

职业不仅是为谋生而从事一种工作，它是人生态度和生活质量的一种表达方式。职业生涯规划以促进自身的持续、健康、协调的全面发展进步为根本目标，在人职匹配的基础之上，将人的发展与职业的发展有机结合，使职业成为实现自我人生价值、自我人生幸福的工具和内容，让个人的发展成为推动促进职业发展和进步的主力，达到自我与职业的双赢，实现人与职业的和谐发展。

**（七）丰富自己的生活**

丰富自己的大学生活，让大学时光充满意义，能够给人带来一生的财富。在相对宽裕的时间和自由下，大学生除了应珍惜时间、提高专业知识，也应拓展自己的兴趣和爱好，使大学生活更加丰富多彩。比如，可以多去图书馆看书，涉猎更广泛的知识；可以积极参加社团活动或社会实践活动，培养自己的兴趣与爱好，同时在活动中扩大人际交往范围，丰富自己的生活与思想。

**（八）战胜可能的困扰**

生命是充满危机和风险的，是一种冒险的事业，心理健康的人会准备好，必要时再冒一个险，或者随时准备迎接危机的挑战。因此，我们应积极应对挑战和压力，在困难和挑战中适时调整自己的心态，努力克服各种困扰。

**（九）端正对生命的态度**

对生命持什么样的态度，就有什么样的生活方法和体验。

这十二种积极的生活态度可以协助你保持健康：

（1）将转变视为机会，把恐惧转化为能量，以非常在乎的态度去把握良机；

（2）许下承诺，了解清楚自己人生中要追寻的事物，然后订立目标，全力以赴；

（3）坚守承诺，要有恒心，谨记自己的使命感；

（4）知道进退，人生有时要勇往直前，有时要放开怀抱；

（5）面对逆境保持信心，尝试不同方法去克服困难；

（6）乐观进取，凡事往好处想；

（7）保持幽默的生活态度；

（8）从错误中学习；

（9）保持客观；

（10）常做运动，身体健康，态度积极；

（11）建立自信，做好准备，掌握基础；

（12）主动沟通，乐于助人。

**发现之旅**

## 自我和谐量表（SCCS）

下面是一些个人对自己看法的陈述，填答时，请你看清每句话的意思，然后圈选一个数字（1代表该句话完全不符合你的情况，2代表比较不符合你的情况，3代表不确定，4代表比较符合你的情况，5代表完全符合你的情况）以代表该句话与你现在对自己的看法相符合的程度，每个人对自己的看法都有其独特性，因此答案是没有对错的，你只要如实回答就行了。

完全不符合1　　比较不符合2　　不确定3　　比较符合4　　完全符合5

1. 我周围的人往往觉得我对自己的看法有些矛盾

2. 有时我会对自己在某方面的表现不满意

3. 每当遇到困难，我总是首先分析造成困难的原因

4. 我很难恰当表达我对别人的情感反应

5. 我对很多事情都有自己的观点，但我并不要求别人也与我一样

6. 我一旦形成对事物的看法，就不会再改变

7. 我经常对自己的行为不满意

8. 尽管有时得做一些不愿意的事，但我基本上是按自己意愿办事的

9. 一件事好就是好，不好就是不好，没有什么可含糊的

10. 如果我在某件事上不顺利，我往往会怀疑自己的能力

11. 我至少有几个知心朋友

12. 我觉得我所做的很多事情都是不该做的

13. 不论别人怎么说，我的观点绝不改变

14. 别人常常会误解我对他们的好意

15. 很多情况下我不得不对自己的能力表示怀疑

16. 我朋友中有些是与我截然不同的人，但这并不影响我们的关系

17. 与朋友交往过多容易暴露自己的隐私

18. 我很了解自己对周围人的情感

19. 我觉得自己目前的处境与我的要求相距太远

20. 我很少去想自己所做的事是否应该

21. 我所遇到的很多问题都无法自己解决

22. 我很清楚自己是什么样的人

23. 我能很自如地表达我所要表达的意思

24. 如果有足够的证据，我也可以改变自己的观点

25. 我很少考虑自己是一个什么样的人

26. 把心里话告诉别人不仅得不到帮助，还可能招致麻烦

27. 在遇到问题时，我总觉得别人都离我很远

28. 我觉得很难发挥出自己应有的水平

29. 我很担心自己的所作所为会引起别人的误解

30. 如果我发现自己某些方面表现不佳，总希望尽快弥补

31. 每个人都在忙自己的事，很难与他们沟通

32. 我认为能力再强的人也可能遇上难题

33. 我经常感到自己是孤独无援的

34. 一旦遇到麻烦，无论怎样做都无济于事

35. 我总能清楚地了解自己的感受

评分说明：

各分量表的得分为其包含的项目分直接相加，三个分量表包含的项目为：

1. 自我与经验的不和谐：

1、4、7、10、12、14、15、17、19、21、23、27、28、29、31、33

2. 自我的灵活性：

2、3、5、8、11、16、18、22、24、30、32、35

3. 自我的刻板性：

6、9、13、20、25、26、34

将自我的灵活性反向计分，再与其他两个分数相加。得分越高，自我和谐度越低。

在大学生中，低于74分为低分组，75～102为中间组，103以上为高分组。

 **活动体验**

## 自我暗示训练

心理暗示现象在我们的日常生活中非常普遍，暗示每天都在不同程度地影响着人们的生活。暗示是一把双刃剑，它的作用可以是积极的，也可以是消极的。

积极的心理暗示对我们的生活有着有益的帮助。比如，一名运动员的成绩已经非常接近世界纪录了，这时候，他的教练在旁边轻轻地对他说："你能行，你一定能得第一！"正是这一暗示，激发了他全部的潜能，使他在比赛中真的得了第一。暗示在运动员的成功中起到了积极的作用。但是，消极的心理暗示却会给人带来极大的危害。比如，有一天，身边的人突然对你说："你的脸色不太好，是不是病了？"这句不经意的话你起初还不太注意，但是，不知不觉地，你真的会觉得自己头重脚轻，浑身隐隐作痛，似乎自己真的病了似的。最后，因为太担心，你到医院做了一番检查，当权威的医生向你宣布"没病"之后，你顿时觉得浑身轻松、充满活力，病态一扫而光。

因此，在生活中，大家应该多给自己一些积极的暗示，少给自己一些消极的暗示。最简单的办法就是每天对着镜子微笑，发自内心地肯定自己的优点。

自我训练方法：

第一件事：早上对着镜子大声鼓励自己。起床后，对着镜子微笑，然后大声地告诉自己：我能行！

第二件事：选一个时间想象一下美好的未来，描绘一下美好的图卷，你可以写下来，也可以画下来，放在自己能够经常看到的地方。

第三件事：回想一下近期面对的最让你感觉难以解决的问题或困难，对困难进行客观分析，淡化对困难的神圣感和不可克服感，找到让你感觉困难的原因并进行改变，用积极的心态战胜消极暗示。

思考：通过自我暗示，你自己的心境有什么变化？你对未来是否充满了信心？困扰你的难题，是不是感到可以迎刃而解了？

心理微视频
《蜕变》

第七章

# 自我意识与心理健康

　　"认识自我"这句镌刻在古希腊戴尔菲城那座神庙里唯一的碑铭，犹如一把千年不熄的火炬，表达了人类与生俱来的内在要求和至高无上的思考命题。古希腊大哲学家苏格拉底创办了一所学校，在这个学校的门口立着这样一块牌子："认识你自己"。仅仅五个字就道出了一个千百年来困扰着一代又一代人的命题。

　　"人是什么？"这是一个古老而又永恒的命题，也是我们每个人毕生都在探讨和不断获得不同答案的问题。从某种意义上说，人认为自己是怎样一个人，比他真正是怎样一个人更重要，因为每个人都是按照自己认为是怎样一个人而行动的。一个人只有对自己各方面都有比较明确的了解，才能在环境适应、个体发展方面获得较为满意的结果。所以说，正确的自我意识是心理健康的首要条件。

案例共享

## "丑小鸭"的自述

　　你不觉得我长得很丑吗？我的皮肤不白，还长粉刺，我是单眼皮，最不该的是我还这么胖。我每顿都吃得很少，可还是这么胖，我看人家吃得那么多也没我胖，跟周围那些身材苗条的同学站在一起，我太自卑了，我真讨厌我自己！我早就发现自己内心有一种深深的自卑感。我总觉得自己不如人，体形不如人苗条，脑瓜不如人聪明，说话做事不如人周到。我特别害怕别人的取笑。取笑对我来说，就是嘲笑、挖苦、贬低、伤害。我内心很软弱，总怕别人看到自己的缺点，从小就封闭自己，不与人交往。最近班上有个男同学有事没事总愿跟我搭讪，自习课愿意坐在我旁边。说实话，我对他挺有好感的，内心也想靠近他，但同时我又很自卑，和他说话从来不敢看他，总是低着头。我很矛盾，很苦恼，不知该如何是好。

　　**点评：**

　　由于大学生的自我意识发展并不平衡，因此往往会出现对自我评价和认识过高或过低的现象。这对学生的个性健全发展和心理健康都会产生不良的影响。这就要求高校对

学生进行自我意识发展心理指导，使学生能正确认识自我、评价自我，建立符合自己实际条件的、积极的自我意识和自我观念；帮助学生认可自我，悦纳自我，学会调节、控制自我，发展自我，进行自我教育，使个性健全发展。

# 第一节　自我意识概述

自我意识（Self-consciousness）是意识的核心部分，是个体意识发展的高级阶段。健全的自我意识是一个人心理成熟和心理健康的重要标志，也是个体发展的重要前提。一个人如果能够客观地认识自我，悦纳自我，生活目标清晰，不断地完善自我，那么他将拥有快乐充实的人生。相反，自我意识不清晰甚至形成错误的自我意识，则极易产生自卑、孤独、焦虑等负面情感，从而导致人生不如意，处处碰壁，心灰意冷。

## 一、自我意识的概念与结构

### （一）自我意识的概念

自我意识是一个人在社会化过程中逐步形成和发展起来的，对自我以及自己与周围环境关系的多方面、多层次的认识、体验和评价，是个体关于自我全部的思想、情感和态度的总和。自我意识具有目的性、社会性、能动性等特点，对个性的形成、发展起着调节、监督的作用。自我意识的表现形式是丰富多样的。正因为如此，我们可以通过多种途径来认识自己和认识他人。比如，你喜欢自己的外表、能力、性格、家庭背景吗？你满意自己的成绩和努力吗？你认为别人对你评价如何？他们是喜欢你还是讨厌你？这些问题都属于自我意识的范畴。

### （二）自我意识的结构

由于自我是一个多因素、多层次的整体结构，它既包含生物的、生理的因素，又包含社会的、精神的因素，因此，自我意识的内容和形式也必然是多种多样的。

1. 从内容上看

自我意识大致包括如下四个方面：生理自我、社会自我、心理自我和道德自我。

（1）生理自我。它是最原始的形态，是个人对自己身躯（身高、体重、容貌、身材、性别等）的认识及温饱饥饿、劳累乏之的感受等，包括占有感、支配感和爱护感。例如：高还是矮？胖还是瘦？

（2）社会自我。它是个体对自己在社会关系、人际关系中的角色的意识，即自己在集体中的地位及自己与他人相互关系的评价和体验。它是对自己在社会生活中所处的经济状况、声誉、威信等方面的自我评价和自我体验。例如：是否受人尊重和信任？在集体生活中举足轻重还是无足轻重？

（3）心理自我。它是个体对自己的心理活动的意识，即对自己心理品质的自我认识和评价。它主要是对自己个性心理特征的意识，包括对自己性格、智力、态度、爱好等的认识和体验。它的发展是同个体的生理、情绪、思维（包括性成熟、想象力、逻辑思维能力）的发展相联系的，主要表现在自我体验、成人感、性意识、自我反省和自我意识的矛盾性等方面。例如：自己的理解力、记忆力强还是弱？思维敏捷还是迟钝？做事果断不果断？

（4）道德自我。是指对自己遵守道德行为规范、遵守法纪、思想政治品质、生活和思想作风等方面的自我认识和自我评价。

2. 从形式上看

自我意识是由自我认知、自我体验、自我控制三种心理成分构成的，这三种心理成分相互联系、相互制约。

（1）自我认知。自我认知是主观自我对客观自我的认知与评价，包括自我感觉、自我观察、自我印象、自我分析、自我评价等。自我认知回答的问题是"我是谁？""我是个怎样的人？"在日常生活中我们稍微留心就会发现，周围不少人对自我的认知不清晰、不准确，形成错误的自我认知、自负或是自卑，从而导致诸多心理问题及人格障碍。正确的自我认知对人的心理健康作用重大。

（2）自我体验。自我体验是主观自我对客观自我产生的情绪体验，是在自我认知基础上产生的。自我认知决定自我体验，而自我体验又强化着自我认知。自我体验回答的问题是"我是否喜欢自己？""我对自己是否满意？"自我体验的内容十分丰富，包括自尊心、自信心、义务感、责任感、优越感、荣誉感、羞耻感等。尤其是自尊心、自信心对人的影响巨大。有自尊心的人，做事动力十足，不甘落后，力争上游。自信心是人们成长和成才必不可少的重要心理品质。如果一个人凡事对自己充满信心，坚信自己能够成功，那么他就会积极努力，不懈追求，直至最终取得成功。自我体验对个体成长具有不可替代的重要作用。

（3）自我控制。自我控制是自我意识的意志成分，是对自己行为、思想及语言的控制，以达到自我期望的目标。自我控制对个体的学习、工作具有推动作用，促使个体为了获得优秀成绩、社会赞誉、达到自己的目标而做出不懈的努力。它包括自我激励、自我暗示、自律自强等。其核心内容是"我将如何规划自己的人生？""我应该做什么？""我应该成为什么样的人？""我选择如何做？"自我控制是自我意识的关键环节，"知"与"行"之间有很长的路，大学生常常"心动而不行动"，事实上心动是一件很容易的事，而真正行动起来则需要更多的自我控制。成功的人都有较高的自我控制能力。

自我认知是自我意识中最为基础的部分，决定着自我体验的主导心境以及自我控制的主要内容；自我体验又强化着自我认知，决定了自我控制的行动力度；自我控制则是完善自我的实际途径，对自我认知、自我体验都有着调节作用。三方面互相联系、有机组合、完整统一，成为一个人个性的核心内容，形成了一个人完整的自我意识。

## 二、自我意识的心理意义

人的心理发展历程一般都要经历从幼稚到成熟的过程。形成正确的自我意识是心理成熟的标志，对心理健康起着重要作用。

### （一）促进社会适应，和谐人际关系

大量的心理学实践证明，许多人社会适应不良及人际关系不协调是由于自我意识不健全或不正确造成的。如果一个人对生理的自我、心理的自我和社会的自我认识、体验不正确，尤其是在自我评价及自我概念上与客观的现实差距太大时，就会造成社会适应不良和人际关系不协调，进而影响人的心理健康。正确的自我意识通过正确的自我评价产生合理的理想自我，并且通过正确认识自己与他人、个体与群体不同的地位和需要，采取不同的策略，主动调节人际关系。对己、对人能够知己知彼，从而保持良好的社会适应和人际关系，维护心理健康。

### （二）促进自我实现，创造最佳心理质量

健全的自我意识通过合理的自我认识、良好的自我体验、自觉的自我调节和控制，从而促进自我实现，最大限度地挖掘自身心理潜力。按照心理学家马斯洛的观点：自我实现是心理健康和心理素质好的标志。

### （三）有助于自我教育和自我完善

当现实自我和理想自我不能统一，或在理想的自我实现过程中受到挫折时，有健全自我意识的人能够自省、自觉地寻找原因。他们一方面通过自我调节、控制，纠正心理偏差，努力缩小理想自我与现实自我的差距；另一方面重新调整认识，形成新的"理想自我"的内容，使自己的个体化与社会化协调、平衡、完善发展。

### （四）自我意识对心理健康的积极影响

人类意识最本质的特征、人和动物在心理上的分界线是自我意识。每个人的自我意识形成了每个人人格的核心。自我意识把人的愿望、爱好、欲念、习惯、利益结合成统一的体系，在日常生活中构成个人的内心世界，对人格的发展起着极为重要的作用。因此，我们完全可以用自我意识的发展程度来衡量一个人的心理成熟程度和心理水平。

**知识链接**

## 个体心理学之父——阿德勒超越自卑的一生

阿德勒出生于维也纳一个犹太富商家庭，自幼生活优越，不幸的是他因患软骨病而身材矮小并且行动不便。他的哥哥不仅体格健壮而且成绩优秀，一直是公认的模范儿童，哥哥的优秀给他造成了很大的压力。此外，上小学时，他的成绩尤其是数学很差，老师甚至建议他父母训练他做鞋匠，这一切都使他感到自卑。为了克服自卑，阿德勒一面努力学习，一面强迫自己参加体育运动，后来不仅他的成绩终于赶了上来并且名列前茅，而且他的身体也有了明显好转。渐渐地，他为自己赢得了自尊和伙伴们的接纳。

1895年，阿德勒在维也纳大学获医学博士学位后开业行医。他在工作之余还研究心理学并崭露头角，但不久又遭到同行的压制与排斥，但他不畏权威，勇敢走上自己渴望的道路。他自己的事业开始不久，就赶上第一次世界大战爆发，他不得不中断研究，到军中服役，救死扶伤。1932年，由他撰写的《超越自卑》一书出版。他认为，人在生活中时刻都可能产生自卑感，比如先天的生理上的缺陷、出生后在家庭中的地位、走上社会后人与人之间的利害冲突等都可以让个人产生不完满、不得志、比别人差的情绪。在阿德勒看来，自卑感并非病态，也不可耻。相反，它可以激励人的创造力，成为人奋发向上、拼搏进取的巨大动力。

　　国外有人这样评价，《超越自卑》起到了《圣经》起不到的作用——因为它能唤起人超越自卑、追求卓越的勇气，让人重新确立对生活的自信，找到坚定的信仰和健康、乐观的人生哲学，世界上已有无数读者从阿德勒的《超越自卑》中看到自己生活的意义和生命价值。

# 第二节　大学生自我意识的特征

　　大学生的自我意识是一个多维度、多层次的心理系统。大学生自我意识的发展状况，是大学生心理健康的基础，在大学生人格形成结构中占有极其重要的地位。大学生只有比较客观准确地认识自我和了解自我，并对自己持一种接受和开放的态度才有可能发掘出自己的潜能，才有可能保持心理健康，顺利成长。

　　大学生正处于青年期的中前期，经历由高中生向大学生的转变，由大学生向社会工作者的转变，自我意识受到成长环境、成长任务、成长阶段的影响和制约，从内容上、结构上、发展上都具有鲜明的特点。

## 一、大学生自我意识内容的特点

　　大学生活为大学生的自我发展创造了良好的环境，大学生一方面受到学校教育的正面引导，另一方面通过博览群书、人际互动、社会实践和自由发展，视野更开阔了，自我意识也更加深刻了，从内容上主要表现为三个特征。

### （一）与同龄人相比，大学生对身体成熟状态、外貌形态等特点有了更为深刻的认识

　　大学生对生理自我的认识更为深刻，不仅注重外表，而且更加注重内涵。绝大多数大学生通常都能够正视自己的先天容貌，积极通过后天的努力改变"现实我"的形象，进行"理想我"的形象设计和塑造。多数大学生能够通过各种渠道掌握男女两性的特征，懂得性的常识，有意识地进行性的自我管理和保护。当然，也有个别大学生由于对生理状态的认知和掌控能力不足而出现外貌自卑、未婚先孕等问题。

**（二）大学生社会责任意识增强，自我意识带有鲜明的时代特征**

大学生的社会自我受到社会经济、文化、家庭、角色、他人评价等各方面影响，形成和发展也不尽相同。总的来看，大学生知识积累越广博，社会活动内容越宽泛，知觉经验越丰富，社会自我意识越显示出不同的特征。大学生接受着系统的思想政治教育，从整体上看，其社会责任意识明显增强。他们关心国家振兴，关注社会发展，崇尚民主、自由、信任和尊重个性，愿意回报社会、回报家庭。

**（三）大学阶段学生的智商、情商等方面的表现整体上好于高中时代，价值观、人生观、世界观更加符合社会主流**

经过高考的竞争和高等教育的培养，大学阶段的学生渐渐地学习到更为深奥的专业知识和技能，与不同层次的人进行有效的社会交往，在校园文化生活和社会实践活动中进行合作与竞争，因此，他们的智商和情商得到了更好的发展。他们的价值观、人生观、世界观虽然受到一定的社会环境的影响，但更主要的还是受到家庭环境和教育环境的熏陶，因而，在经历了理想自我、投射自我与现实自我的分化后，他们能够按照社会主流取向进行整合。

## 二、大学生自我意识结构的特点

随着年龄的增长和教育的熏陶，大学生的自我意识水平得到了长足发展，自尊心、自信心、独立感等趋于成熟，自我认知、自我体验、自我控制三方面趋于协调，世界观、人生观基本确立。

**（一）大学生自我认知的特征**

**1. 大学生自我认知的广度和深度有了很大提高**

大学生的自我形象逐渐趋于丰富与完善，他们能够从更多维度、更多层次对自己进行观察和评价；大学生的自我形象更具完整性。他们不仅对自己的外表相当重视，而且对自己的意志、智力水平、人际交往能力等也同样重视起来。

大学生的视野更为开阔，关心的社会问题更多了，社会对他们的期望也更高了。此时他们的自我意识不仅仅局限于自我形象之类的一般问题，而且涉及自己的社会地位、社会责任、自我价值等问题。通过对这些问题的分析和思考，大学生的自我意识达到了新的高度和深度。

**2. 自我认知更具主动性和自觉性**

大学阶段，大学生经常围绕个人发展、个人和社会的关系，主动积极地探索自我。大学生经常会思考一些涉及自我的问题，他们总是对"我为什么是这样一个人？""我应该成为怎样的人？""我的前途究竟如何？"这些问题十分感兴趣，而且期待获得较为满意的答案，有时会将这种思考和期待体现到现实行动中去。大学生的自我认知更具主动性和自觉性，并上升到更高的水平。他们经常参照周围老师和同学进行自我评价，设想自己的发展或进行自我设计，能自觉地将自我的命运和集体、国家的命运结合起来，经常考虑如何发展自我，如何为社会服务。

3. 自我评价日趋完善但不平衡

随着大学生活的继续，大学生的知识增加了，社会经验丰富了，他们善于根据社会、学校、集体和同学对自己的要求，不断地评价自己的思想和行为，且这时的评价逐渐变得全面、客观，对自己的优缺点有了较为准确的认识和评价。自我评价与他人评价差异不大，自我评价逐渐从片面性向全面性发展，自我评价从身体特点和具体行为向个性品质方面转化，多数大学生对自我的认知和评价基本与外界一致，并且能自觉按照社会要求评价自己。当然，大学生的自我评价能力存在着明显的个体差异和一定的片面性。他们的自我评价存在两极性，要么"高估自我"，产生强烈的优越感；要么"低估自我"，存在一定程度的挫折感。

**（二）大学生自我体验的特征**

自我体验是个体在自我评价的基础上对自己产生的情感体验。大学阶段可以说是一生中或各种社会群体中"最善感"的年龄阶段，大多数学生喜欢自己，对自己满意，自尊、自信、好胜。其发展特点的主要表现有：

1. 自我体验的内容日益丰富

大学生在生理上已完全具备成年人的特点，明确意识到自己是社会主体，是社会的主人，迫切要求自立，渴望成才。他们喜欢独立思考和行动，不喜欢别人过多地干涉自己。大学生的参与意识突出，什么都想自己亲自尝试。大学生具有很强的独立感。由于认识到自身的角色和存在的社会价值，大学生渴望肯定自己和保护自己，对触及自尊心的刺激十分敏感。他们尽可能使自己的言行得到他人的尊重，以维护自己的社会地位。其本质上是渴望一种与自己、家庭、朋友、周围环境以及其他事物之间更深层的联系。大学生好胜、上进心强、自信心足、满怀激情、不甘落后的心理十分突出，表现出强烈的自尊需要。多数大学生的自信心十分强烈，不仅对自己的学历充满了自信，而且对自己的能力也充满了信心。相信自己只要拼搏苦干，便能够应付困难，完成任务，改善环境。大学生的自我体验深刻而丰富，有喜欢、满意自己或讨厌、不满意自己的肯定和否定的情绪，有喜悦或忧愁的积极和消极的情绪，也有紧张和放松、敏感和迟钝的情感体验。在这些丰富多彩的情绪体验中，大学生自我体验的情绪和情感的总体基调是积极的、健康的。

2. 自我体验的形式日益丰富

丰富多彩的大学生活为大学生的自我体验提供了有利条件，大学生的自我体验丰富而复杂。随着自我认识的发展，大学生意识到自身的成长而产生成人感，意识到自己的能力和品德状况而产生自豪或自卑等体验。同时，大学生的自我体验还会随情绪的波动表现出波动性，如情绪好的时候自我肯定多些，充满了自信；而当情绪低落时，自我否定就多些，容易产生自卑、内疚等情绪。大学生的自我体验具有内隐性。此时他们有了自己的秘密，愿意有属于自己的空间，在无人的时候将自己的内心世界写入日记。大学生的独立欲望和自尊心比较强，他们不愿把自己的内心世界轻易向人敞开，十分注重自己的面子，会有意无意地掩盖自己的缺点和短处。同时，大学生的自我体验还表现出不稳定性，时而信心百倍、情绪激昂，时而情绪低落、灰心丧气。随着自我认识的发展，大学生对外部世界和自己的内心世界的许多方面都比较敏感，尤其是与他们相关的事物，很容易迅速引起情感、情绪上的反应。他们开始重视自己在集体中的地位和威信，对他人的言行和态度十分敏感，对涉及自己名誉、地位、前途、理想及异性交往等方面的问题，更易引起强烈的自我情绪体验。

**（三）大学生自我控制的特征**

在大学的学习环境中，大学生需要安排自己的学习、照料自己的生活、组织自己的活动、解决自己的问题，同时，由于自我认知、自我体验的发展，进一步促使大学生的自我控制能力达到较高水平。大学生有着强烈的自我设计和自我规划的愿望，大部分同学都奋发向上、力争成才，并且根据自我设计目标自觉调节行为，力图摆脱社会传统的束缚，按照自己的意愿行事；他们也能够自觉地根据社会的要求来调节自己不合实际的目标和动机。大学生在生理发育上已完全具备成人的特点，他们通过对自我的认识、体验、控制和调节，他们心中已逐渐确立了成人式的自我，成人感的独立意识特别强烈。大学生精力充沛、体力旺盛、学识丰富，为他们的自信心奠定了生理基础、心理基础和社会基础。同时，我们也应该看到，大学生自我控制的水平还不是太高，缺乏一定的稳定性，不善于及时、迅速地操纵自我追求的目标和行为，也不善于用理智控制自己的行动，还需要进一步发展和完善。

### 三、大学生自我意识发展的特征

大学生自我意识发展阶段的特点主要表现在两个方面：

**（一）大学生的自我意识发展处于更深层次的塑造和发展阶段**

大学是人的职业生涯发展的特殊阶段，只有部分人会经历。在其他的同龄人已经开始社会生产劳动的时候，大学生仍然在进行更深层次的自我塑造和发展，因而，他们介于孩子和成人两个群体之间，处于一种特殊的矛盾和发展状态。

一方面，大学生在思想上、心理上日渐成熟、独立，摆脱了孩子的身份，但在社会活动上从事的是比较单一的学习活动，日常生活处于集体被动的规范、约束和适应状态，在经济上常常依赖于父母或其他人资助，较少履行成人的社会责任和义务，因而，生理我、心理我和社会我之间存在着一定的矛盾和冲突。一些经济困难的学生往往会产生对父母的愧疚感、对命运不同的无助感等心理压力和问题。

另一方面，大学生在学校实习、实验等实践教育以及学习之余进行的勤工助学等社会认识探索中，能够更加全面深刻地认识自我、体验自我和控制自我，因而自我发展也趋于更加科学和完善。很多高校在大学教育期间组织学生进行职业生涯规划、大学生涯规划、社会认识实践，帮助学生更好地认识自我，发展自我，成就自我，取得了明显的效果。

**（二）大学生自我意识发展不平衡，分化和整合更加复杂**

大学生的自我意识发展一直处于分化和整合之中，而且十分复杂，有时候很不平衡。这一点表现最为突出的是大一和大四的学生。

大一学生在经历了由高中到大学的环境转变后，其"主体我"和"客体我"发生了一定的分化和整合变化。如有的学生由重点高中阶段的中等水平的自尊自信跃升为普通大学阶段的高水平的自尊自信，有的学生由重点高中阶段的高水平的自尊自信转变为重点大学阶段的一般水平的自尊自信，甚至有的出现自卑和自暴自弃等心理。在这期间，"主体我"和"客体我"存在着一些激烈的矛盾和冲突。大学生的自我意识发展具有不平衡性。如有的同学更多地关注"主观的我"，有的更多地关注"客观的我"，有的更加关注"生理上的我"，有的更加关注"心理上的我"，有的倾向于印证"外显的我"，有的倾向于探索"潜在的我"等。

大四学生要经历由大学到社会的环境转变，其"主体我"和"客体我"也将发生一定的分化和整合的变化。学校评价学生的标准，与社会用人标准存在一定的差别。如学业成绩较好、踌躇满志的文科大四学生在学校处于高水平的自尊自信状态，而在文科专业就业状况整体上不如理工科专业的大背景下，他们在人才市场竞争中常会受到较大的挫折，在与理工科同学的就业状况比较中，他们的社会自我与心理自我之间出现了很大的落差，"主观自我"与"客观自我"之间出现了一定的冲突。当然，经历复杂的自我分化和整合后，绝大多数大学生能够正视环境和客观现实，达到自我内在和谐统一。

总体看来，大学阶段是人的一生发展的重要阶段，成长任务相当艰巨，并且充满潜在危机。大学生应形成正确的自我意识，提高自我发展的动机和水平是非常重要的。

### 四、大学生自我意识发展中的矛盾与困扰

由于大学生心理发育尚未完全成熟，同时受文化水平、生活阅历和社会交往的限制，他们的观察视野不够开阔、接受的信息量不足，不能从多个角度、多方面、多层次认识自我，在自我意识方面存在着一些矛盾和困扰。

#### （一）现实自我与理想自我的矛盾

进入大学以后，随着学习、生活方式的改变和心理意识的发展，大学生的自我意识有了明显的变化，出现了"主体我"和"客体我"，"理想自我"和"现实自我"的分化。大学生对自己的生活充满信心，对未来抱有幻想，而现实不是他们所想象的，于是出现了"理想自我"和"现实自我"的矛盾。"客体我"与"主体我"的矛盾斗争，对"理想自我"的渴望与对"现实自我"的不满是这一时期大学生自我意识发展的矛盾之一。当"主体我"与"客体我"的矛盾激化时，大学生将难以确立自我形象，无法形成自我概念，从而引起情感急剧波动，导致他们一时难以自我接纳，形成自卑、自怜或虚荣、自我陶醉等不良心理状态。但当"现实自我"距离"理想自我"太过遥远时，大学生会产生各种各样的心理不适，甚至自暴自弃，变得平庸无为和无所事事，失去了前进的动力。

#### （二）自主与依附的矛盾

大学生在生理发育方面已经具备成人的特点，心理成熟和社会成熟也已达到较高的

水平。通过对自我的认知、体验、控制和调节，他们的心目中已经逐渐确立了一个新的成人式的自我。他们非常自信、自主，独立意识特别强，有着摆脱监督和管教的意向。他们渴望独立，以独立的个体面对生活、学习与工作中遇到的各种问题。但长期的校园生活使他们的社会阅历与经验相对匮乏，当应激事件出现时，却又盼望亲人、老师和同学能够替自己分忧。大学生心理上的独立与经济上的不独立也形成了明显的反差。在他们迫切希望摆脱约束、追求自立的同时，却又不可能真正摆脱家长、老师的支持和帮助。对于长期受到父母溺爱的大学生来说，这种独立与依赖的矛盾表现得尤为突出。

**（三）自卑与自负的矛盾**

进入青春期后，青少年开始以旁观者的身份对自己进行自我观察和评价。当过高地评价自己的优点和长处时，就会妄自尊大、自以为是，极易遭受失败和内心冲突，产生严重的情感挫折，导致苦闷、自卑，甚至引发过激行为和反社会行为；当经常自我否定、自我拒绝时就会产生孤僻、不愿与人交往、疏远集体等问题。

**（四）渴望关爱与缺乏知音的矛盾**

人都有获得别人关怀、理解与爱的需要。处于青年期的大学生，这种获得爱与理解的需要更为强烈。大学生有强烈的交往需要，希望和朋友探讨人生，分享苦与乐，然而，他们同时又有自我闭锁的趋向，往往把自己的心灵深藏起来，与人交往常存戒备之心，总是有意无意地与他人保持一定距离，感到没人理解自己，缺乏知音。这种矛盾的困扰使不少大学生常常处于孤独感的煎熬中。

**（五）主观需要与客观现实的矛盾**

有的大学生在入学前把大学想象得过于完美，入学后发现学校环境、设备、师资水平等多方面都不尽如人意。原来对所学专业寄予厚望，后来却发现前景一般；原来希望毕业后能够找到一份理想的好工作，后来却发现毕业后的出路面临诸多困难。这些理想与现实的矛盾往往使大学生感到烦恼、焦虑，甚至产生对现实不满的心理。

# 第三节　培育健全的自我意识

自我意识对人的心理健康起着重要的作用，它制约着人格的形成和发展，在人格的优化中发挥着强大的动力功能。良好的自我意识是心理健康的重要标准，是人类自身内在的一种成功机制，在人才发展中发挥着重要作用。

## 一、健全的自我意识的标准

健全的自我意识，具有以下几条标准：

（1）有自知之明，既知道自己的优势，也知道自己的劣势，能正确评价自我和发展自我。

（2）自我认知、自我体验和自我控制协调一致。

（3）积极自我肯定，独立并与外界保持一致。

（4）理想我与现实我相统一，有积极的目标意识和内省意识，积极进取，永无止境。

## 二、健全的自我意识的具体内容

健全的自我意识的具体内容：

（1）接受自己的生理状况，不自怨自艾。

（2）对自己的心理素质有较清晰的认知，知道自己的长处与短处。

（3）对自己所处的环境有较清晰的认识，包括家庭、工作和学校环境。

（4）对自己的经历有正确的评价。

（5）对未来自我发展有较明确的目标。

（6）对自己的需求有清楚的认识。

（7）知道生活中什么是应该珍惜的，什么是应该抛弃的。

（8）对妨碍自己达到目标的因素有较清楚的认识。

（9）对自己能够做到的事情有较清楚的认识。

（10）对自己的希望和能力之间的差距比较清楚。

（11）对自己的社会角色有正确的认识。

（12）对自己的感受和情绪有较清楚的认识。

（13）明白自己能力的极限。

## 三、大学生完善自我意识的途径与方法

美国心理学家乔（Jone）和韩瑞（Hary）提出了关于自我认知的窗口理论，被称为"乔韩窗口理论"。他们认为人对自己的认识是一个不断探索的过程。每个人的自我都有四部分：公开的自我、盲目的自我、秘密的自我和未知的自我。通过与他人分享秘密的自我，通过他人的反馈减少盲目的自我，人对自己的了解就会更多、更客观。乔韩窗口理论对大学生正确认识自我有很大的启发作用。积极的自我概念是建立在现实自我全面客观认知基础上的一种积极态度。这种积极态度不仅意味着一个人对自我的认同和积极接纳，而且意味着一个人对自我的不断完善和发展。

**（一）全面认识自我，客观评价自我**

影响自我意识形成与发展的社会因素有社会经济地位、社会文化环境、家庭、他人的评价、参照群体等。青年时期自我意识的转变包括：从依靠别人的评价转向独立评价；从评价别人转向自我评价；从具体行动的评价转向个性品质的评价；从单纯依靠表面现象与行为效果的评价转向动机与效果统一的评价。

1. 大学生完成自我认知的四条途径

（1）自我评价。美国心理学家贝姆的自我知觉理论认为：人们是通过观察自我的行为以及当时的情景来推断自己的态度和动机，在内部线索微弱或模糊的情况下，人们常常依据外在行为来推断自己的特征，如性格、态度、品质、爱好等。如果某个人的行

为没有明显的外在动机，那么，人们往往把自我行为的原因归因于个人的特性，常常依据内部线索，如想法、情绪等来了解自己，而且比外显行为更准确，因为行为易受外在压力的影响，更易伪装。个体的行为既具有外显性，更有内倾性，因而依据自己行为的判断为自我的确立提供了可靠的依据。

（2）他人评价。他人通常会对我们的品质、能力、性格等给予清晰的反馈，从而增强我们对自己的了解。当老师告诫我们要更加大胆、主动、勤奋一些时，我们便会从反馈中得知：自己有些腼腆，不够主动，学习不够勤奋。特别是当许多人的看法一致时，我们就会相信这种看法是正确的，从而确信自己是这样的人。

（3）反射性评价。生活中那些与我们无关紧要的人通常并不会给予我们清晰明确的反馈，但我们可以从他们的态度与反应中了解自己。社会心理学家库利认为，我们感知自己就像别人感知我们一样，常常依据别人如何对待我们来了解自己，这一过程即反射性评价。大学生在与同学、老师的交往中可以得到一些反射性评价。

（4）社会比较。社会心理学家利昂·费斯廷格提出了著名的社会比较理论，他认为：人们非常想准确地认识自我、评估自我，为此，在缺乏明确目标时，人们常常和自己相似的人做比较。大学生正处于人生重要的发展时期，其人生目标、职业理想、生活态度等都在形成之中，社会比较为他们提供了认识自我、了解自我和发展自我的重要标尺。社会比较也是每个个体认识自我不可或缺的一个方面。没有社会比较就没有自我的进一步优化。

2. 大学生正确认识自我、全面评价自我常用的方法

（1）积极参加社会交往。一个人要想全面客观地认识自我，首先必须积极进行社会交往，只有在社会交往的过程中，才能充分表现自我，发现自我的优点与不足，才能使自我的各个方面得以显现。任何人关于自我的认识都不是与生俱来的，也不是凭空产生的，而是在社会交往中逐步获得的。离开了社会交往，一个人很难获得有关自我的全面认识。社会心理学家米德强调，自我概念来源于社会交往，自我概念也只有在社会交往中才能形成，因此，社会交往对于人全面客观认识自我具有极其重要的作用。

（2）运用社会比较策略。每个人在认识自我的过程中，免不了要与别人进行比较。进行社会比较是个体全面客观认识自我的重要方式。合理的社会比较策略对于积极的自我概念的形成具有重要意义。但不少大学生在社会比较时常出现一些错误。例如有些学生总是拿自己的弱点与别人的优点相比较，这样势必会夸大自己的不足，忽略自己的优点，久而久之就会形成消极的自我概念。相反，有些人则只看到自己的优点，对自己的缺点视而不见，这自然会形成虚假的自我概念，导致盲目自大。合理的社会比较应该是综合客观的比较，切不可用片面的、静止的、孤立的眼光看问题，而要用全面的、发展的、联系的、历史的观点看问题，这样自然而然就会形成全面的、客观的自我概念。

（3）留意他人对自己的态度和评价。库利特别强调别人的态度、评价对自我概念形成的重要作用。他认为，个体的自我概念就是他人的态度或评价在自我头脑中的反映。当然，不同的人对同一个体的评价往往不同，同一个人对同一个体的评价在不同时

期也在发生变化。每一种评价都不可能是对"自我"的全面客观的评价，只有综合起来，才能得到比较全面、客观的自我概念。因此，大学生要留意父母、老师、同学、朋友等多方面的信息，逐步形成对自我的全面、客观的认识，敢于正视自我的缺点和不足，从而不断调整自我、战胜自我、完善自我。

（4）以自己活动的结果为镜认识自己。人对外界的反映、改造活动展示了人自身的体力、智力、品德、动机、兴趣等自身力量，使自己的内部世界趋于完整。因此，对自己活动结果的分析是大学生客观认识自己的途径之一。例如，通过自己记忆的速度、准确性、持久性可以了解自己记忆的品质；通过分析自己在某些方面获得的成绩可以得到对自己能力水平的认识。许多实验表明，个体有一种将失败的原因排除于自我之外，而将成功的原因归因于自我的倾向。因此，要比较客观地认识自我，应该把别人对自己活动的认识和评价，特别是自己活动的各项结果同自己的认识评价结合起来。

（5）通过对自己内部世界的分析、内省认识自己。这是一种自己直接认识自己的形式，是人与自我的内心对话。自己既是观察的主体，又是自我观察的对象。这时自己的内心活动不仅仅被意识到，而且成为自己注意的中心。自我观察需要有良好的心境和积极的态度。平静、沉着的态度最有利于进行客观地自我观察，过分紧张、激动或对某事物有极强的爱憎，都会影响自我观察的全面性和客观性。通过这一途径认识自我，可以促使大学生心理发展日趋成熟。

**（二）勇于面对，正视自我**

如何使自我认识接近事实呢？至少应该注意以下两点：

1. 在知道了别人对你的行为的评价之后，仍然有勇气直视自己的内心，分析行为后面的心理活动

人们根据什么去评价他人行动后面的心理状态呢？这方面，科学家提供的帮助很有限，通常只能根据外在表现来做判断，如考察分析一个人的表情、语言、行为等。从理论上说，不管怎样有意识地加以掩饰，心理活动总会显露出来。但在实际生活中，准确的判断需要许多条件，诸如一定长度的时间、特定的场合和情景、特定的观察角度和身份等，因此常有很大的局限性。行为和行为后面的心理活动并非一一对应。别人根据你的行为做出的判断也并不总是完全正确的，现实中，不同的人对同一个人有着截然相反的评价是很常见的。因此，科学测试和他人的评价可以作为自我认识的参数，但决不能拘泥于此。在你了解它们之后，仍不要放弃对自己的心理进行探索。人的内心与外在表现有着十分复杂的关系，认识自我，不能满足于他人对自己表面现象做出的评价，必须深入自己的内心，探索那些潜在的意识，可以尽可能全面、详尽地分析自己的全部心理活动。这是认识自我心理必不可少的环节，也是其他人无法替代的工作。

2. 要勇于正视自己，不要轻易相信自己做出的对自我行为的解释，它们也许只是自欺欺人

一个不成熟的自我，在自我与非我之间往往倾向于选择自我。他强烈地意识到非我

的陌生与强大，忽视和不愿意承认自我的弱小。当他感到自己无能为力的时候，他会找出种种理由让自己相信自我的强大，或者把失败的原因归结于身外的种种事物。这种自欺欺人的现象我们常常可以见到，只是程度有所不同而已。它会妨碍人的自我认识，使人不能正确地、客观地评价自己。

### （三）积极展示，悦纳自我

悦纳自我就是要无条件地接受自己的一切，无论是好的还是坏的、成功的还是失败的、有价值的还是无价值的，凡自身现实的一切都应该积极接纳，平静而理智地对待自己的长短优劣、得失成败，乐观开朗，以发展的眼光看待自己。既不以虚幻的自我表现来补偿内心的空虚，自欺欺人，也不消极回避自身的现状，更不以哀怨、自责甚至是厌恶来否定自己。一个人只有首先自我接纳，才能为他人所接纳。在悦纳自我的基础上，培养自信、自立、自强、自主的心理品质，从而发展自我，更新自我表现。

大学生在悦纳自我的同时，要不失时机地展示自我。自我展示是指个人善于把自己的思想与他人交流，并同他人一道投入到集体活动中去，展示自己的才华，并得到集体认同的过程。积极的自我形象是在社会实践中产生的。大学生的潜能很大，通过参加勤工助学、志愿服务、社会调查、参观考察、教学实习等各种形式的社会实践活动，发掘自己的潜能，开发自我，展示自我，激励自我，超越自我，从而摆正自己在社会中的位置，端正生活态度，建立适度的理想目标，避免好高骛远、眼高手低，最终达到理想自我和现实自我的统一，逐步提高自我认识能力和自我教育能力。

### （四）逐步完善，超越自我

大学生在生活和学习过程中，免不了遇到困难和挫折。在困难和挫折面前，不灰心、不丧气，保持自信和乐观的态度是积极的自我意识的集中体现。这就要求每一个大学生应具有强烈的实践和锻炼意识，积极参加各种社会实践活动，努力提高自己的挫折耐受力和各方面素质，逐步完善和发展自我。

#### 1. 确立正确的理想自我

确立理想自我就是在自我认识、自我悦纳的基础上，按照社会的需要和个人的特点来确立自我教育的发展目标。树立正确的理想自我，最为重要的是要熟悉和了解社会，认识社会发展的规律，积极探索人生，理解人生，树立正确的人生观，为理想自我的确立寻找合适的社会坐标。要完成这一任务，就必须认真学习理论知识，积极开展社会实践和人生实践，在理性和感性的结合上真正认识社会，在个人与社会的联系中认识有限人生的价值和意义。

#### 2. 努力提高现实自我

提高现实自我是大学生不断修正现实自我的行为和相应的心理活动，使之朝着正确理想自我的目标发展。为了不断战胜旧的自我、塑造新的自我，首先应该注意从"小我"走向"大我"，既努力发展自己，又不固守自我，而是积极主动地为社会服务，勇担历史重任；既注重自我价值的实现，又不仅仅追求个人价值，而是在为他人和社会服务、为国家和民族做贡献的过程中实现自我价值。提高现实自我是一个长期的过程，必须坚持不懈，持之以恒，才能使现实自我不断向理想自我靠拢，并最终实现理想自我。

3. 培养健全的意志品质

意志健全的人，在行动的自觉性、果断性、自制力和顽强性等方面都表现出较高的水平。而对自我的有效监督和控制，离不开意志的力量。只有意志健全的个体才会做到对自我的有效控制，从而最终实现理想自我。因此，每个人都应从培养健全的意志品质做起，增强对挫折的承受力，提高自控能力。现实生活告诉我们，完善自我绝非一朝一夕之功，它是一个持续的过程，只有意志力坚强的人才能坚持下来。

### 四、大学生常见的心理困扰及调试

#### （一）过度自卑

自卑感是对自己不满、否定的情感，往往是自尊心屡屡受挫的结果。这类人自我认识不客观，只看到自己的缺点而忽略了自我的长处，不喜欢自己，不能容忍自己的缺点和弱点，否定、抱怨、指责自己，看不到自己的价值，或夸大自己的不足，感到自己凡事都不如他人，丧失信心，严重的还可能由自我否定发展为自我厌恶甚至走向自我毁灭。众所周知，大学校园里群英荟萃、人才济济，在某些方面技不如人是很正常的现象，但如果因此斤斤计较，过度自卑而心虚胆怯，面对挑战逃避退缩，或是对自己的所作所为过分夸张、补偿，则捍卫的只是虚假脆弱、不健康的自我。为了克服过度自卑心理，大学生可以尝试从这样几个方面做出调试：

1. 正确对待竞争

竞争是通向胜利的台阶，但对自卑的大学生来说，他们参加竞争的唯一目的就是获胜，一旦失败，就会认为自己被人瞧不起。如果过度自卑的大学生能够正确对待竞争，怀有一颗"胜败乃兵家常事"之心，就能够勇敢地投入到竞争中去，用现代竞争意识去充实自我、完善自我，不断迈向成功的新台阶。

2. 主动承认自卑

性格懦弱的大学生往往由于畏惧他人的讥讽而产生自卑心理，也会由于其极力隐瞒自卑心理而日趋严重。一旦自卑者主动承认自己的自卑，就会放下沉重的思想包袱，从而变得乐于聆听他人的说教，接受他人的关心和帮助，并且不再感到自卑是一种耻辱。

3. 通过补偿的方式战胜自卑

首先可以以勤补拙。大学生在了解到自己某方面能力相对不足或存在缺陷时，要加倍努力，拿出最大的决心和毅力去克服它。其次可以扬长避短。自卑的大学生应尝试着客观、正确、自觉地认识自己，无条件地接受自己，欣赏自己的长处，接纳自我的短处，扬己之长，避己之短，多挖掘和发挥自己的长处，充分利用自身的优势。

4. 适度降低目标

过度自卑的大学生不妨根据经验，调整对自己的期望，确立恰当的抱负水平，区分好长期目标与近期目标、潜能与现在的表现，首先做一些力所能及、把握较大的事情，使自己体验到成功的快乐，在成功中不断增强自信。

第七章 自我意识与心理健康

### 5. 学会自我调节

首先学会用表情进行自我调节。满面春风、昂首挺胸是一个人充满自信和力量的外在体现，而垂头丧气、无精打采、愁眉苦脸则是挫折自卑的体现。因此，要想克服自卑，就要学会用微笑来调节自我的情绪状态，增强战胜困难与挫折的勇气和信心。其次，学会用"纸笔法"进行自我调节。拿出纸和笔，列出自己以往的成功体验、个性中的优点、业余爱好、个人能力以及其他方面的长处，每天坚持下去，将凡是认为自己有进步的、成功的事项都列出来，日积月累，渐渐地，你就会感到自己没有自卑的必要。

### 6. 培养自信心

自信心是一种自我肯定的信念，在自我意识中往往以"我行""我能行""我是不错的""我比很多人都强"等观念得以存在与表现，并会有意无意地体现在行为之中。所以，自信心对每个个体来说举足轻重。对于自卑的人，应当时时进行有效的自我调控，时常进行积极的自我暗示，当面临某事感到自己信心不足时，不妨在心中鼓励自己"你没问题的""你一定能成功""你很棒"。

#### （二）过度自我接受

过度自我接受表现为一个人高估自我，对自己的肯定评价往往有过之而无不及。放大自己的长处，甚至将自己的缺点也视为长处，同时无限放大他人的短处，与人的交往模式是"我好，你不好"。过于自负的人容易盲目乐观，自以为是，难以处理好人际关系。同时，由于高估自己而产生骄傲心理，对自己要求标准过高，常常会因为承担力所不能及的任务而导致失败。

要克服过度自我接受心理，首先要看到自己的不足，承认自己也需要不断完善；其次，要看到他人的长处，欣赏他人的独特性；再者，尝试多与他人交往，以开放的心态尊重并认真对待他人的反馈意见。

#### （三）以自我为中心

以自我为中心的人凡事从自我出发，不能设身处地进行客观思考。他们只关心自己，替自己打算、计划，根本不顾及他人的感受和需要。他们颐指气使，盛气凌人，好把自己的意志强加于人，从而引起他人的反感，导致人际关系不和谐，且易遭挫折。要克服以自我为中心的心理，首先要摆正自己的位置，既重视自己又不贬低他人，自觉地把自己与他人、集体结合起来，走出自己的小天地；其次要实事求是、恰如其分地评估自己，既不高抬自大，也不低踩菲薄；再者，要学会移情，多设身处地地从他人的角度思考问题，尊重他人的感受，关心他人。

#### （四）过度追求完美

过度追求完美的人对自己持过高的要求，期望自己完美无缺，却不顾及自己的实际状况。此外，他们不能容忍自己"不完美"的表现，对自己十分苛刻，只接受自己理想中的"完美"自我，不肯接受现实中平凡的、有缺点的自我。其结果往往适得其反，使其对自我的认识和适应更加困难。

要想改善过度追求完美的心理，首先，要树立正确的认知观念。俗话说"金无足赤，人无完人"，世上根本不存在十全十美的人，每个人都有自己的优点，同时也存在缺点。既然如此，那么我们每个人都应该学会接纳不完美的自己，肯定自己的价值，既不自以为是，也不妄自菲薄。其次，要确立合理的评价参照体系和立足点。以自己为标准，按照自己的条件评定自己的价值，立足自己的优点，洞察、接受并尽力改正自己的缺点。再次，就是目标要合理恰当。在充分了解自己的基础上对自己有恰当的目标和要求，目标应该符合自己的实际能力，不苛求自己，不被他人的要求左右。最后，要尝试接纳自己的不完美。人无完人，每个人都有自己的缺点和优点，每个人都是独特的、与众不同的。石油大王洛克菲勒，有学习障碍，但他是社交能手；亚里士多德的沟通能力有障碍，但他是一位内省力很高的哲学家；凡·高受情绪困扰，但他在视觉上的成就是超凡的；孙膑腿上有残疾，但他是中国古代杰出的军事家；罗斯福的下肢残疾，但他带领美国人赢得了在第二次世界大战中的胜利；海伦·凯勒失聪，但她的内省力不凡；爱因斯坦曾遇上学习障碍，但是他在科学上的成就有目共睹；丘吉尔有沟通障碍，但是他在国际政坛上号令群雄，叱咤风云；贝多芬失聪，但他是乐坛上的巨人……所以说，大学生应该学会欣赏自己的独特性，不断自我激励，坚信我虽然不是最棒的，但我是独一无二的！

**发现之旅**

## 自信心自我测试

指导语：自信是一个人成功路上的动力和源泉。一个人在事业上是否能取得成功，很大程度上在于这个人是否有很强的自信心。请对下面的问题做出是或否的选择。

1. 你觉得自己经常会遇到麻烦事。
2. 你觉得在众人面前讲话是件很困难的事。
3. 如果可能，你将会改变你自己的许多做法。
4. 遇事时你很难做出决定。
5. 你没有许多开心的事可做。
6. 你在家里常常感到心烦。
7. 你对新事物的适应很慢。
8. 你与你的同龄人相处得不好。
9. 你常常会对别人做出让步。
10. 你的父母对你期望太高。
11. 你是个爱惹麻烦的人。
12. 你的生活一团糟。
13. 别人通常不听从你的话。
14. 你对自己评价不高。

15. 你多次有离家出走的念头。

16. 你常常觉得学习很烦，没有意思。

17. 你认为自己不如大部分人漂亮。

18. 你常常欲言又止。

19. 你觉得家里人不理解你。

20. 你觉得自己不像大部分人那样讨人喜欢。

21. 你常常觉得家里人好像在监督你。

22. 你常常对你所做的事情感到失望。

23. 你常常希望你是另外一个人。

24. 你觉得自己是不能被依靠的。

计分与解释：回答"是"记 0 分，回答"否"记 1 分，各题得分相加再乘以 4 得出总分。80 分以上说明你的自信程度较高；70～80 分，你的自信程度正常；60～70 分，你的自信程度偏低；50～60 分，你的自信程度较低；50 分以下，说明你很自卑，做事总是畏首畏尾，缺乏自信。

## 性格类型心理测量

指导语：本测试共 60 个问题，请你根据自己的实际情况选择符合自己的选项。其中"是"用 A 表示，"似是而非"用 B 表示，"否"用 C 表示。

1. 在大庭广众之中不好意思。

2. 对人一见如故。

3. 愿意一个人独处。

4. 好表现自己。

5. 与陌生人难打交道。

6. 开会时喜欢坐在被人注意的地方。

7. 遇到不愉快的事情，能抑制感情，不露声色。

8. 在众人面前能爽快地回答问题。

9. 不喜欢社交活动。

10. 愿意经常和朋友在一起。

11. 自己的想法不轻易告诉别人。

12. 只要认为是好东西立即就买。

13. 爱刨根问底。

14. 容易接受别人的意见。

15. 凡事很有主见。

16. 喜欢高谈阔论。

17. 会议休息时宁肯一个人独坐，也不愿同别人聊天。

18. 决定问题爽快。

19. 遇到难题非弄懂不可。

20. 常常不等别人把话讲完，就觉得自己已经懂了。

21. 不善和别人辩论。

22. 遇到挫折不易丧气。

23. 时常因为自己的无能而丧气。

24. 碰到高兴事极易喜形于色。

25. 常常对自己面临的选择犹豫不决。

26. 不太注意别人的事情。

27. 好把自己同别人比较。

28. 好憧憬未来。

29. 容易羡慕别人的成绩。

30. 相信自己不比别人差。

31. 在意别人对自己的看法。

32. 不大注意外表。

33. 发现异常现象容易想入非非。

34. 即使有亏心事也会很快遗忘。

35. 总是把家里收拾得干干净净。

36. 自己放的东西常常不知道在哪里。

37. 做事很细心。

38. 对于别人的请求乐于帮助。

39. 十分注意自己的信用。

40. 热情来得快，消退得也快。

41. 信奉"不干则已，干则必成"。

42. 做事情注重速度而不是质量。

43. 一本书可以反反复复地看几遍。

44. 不习惯长时间读书。

45. 办事大多有计划。

46. 兴趣广泛而多变。

47. 学习时不易受外界干扰。

48. 开会时喜欢跟别人交头接耳。

49. 工作笔记大多整洁、干净。

50. 答应别人的事情经常会忘记。

51. 一旦对别人有看法不易改变。

52. 容易和别人交朋友。

53. 不喜欢体育运动。

54. 对电视节目中的球赛尤有兴趣。

55. 买东西时总要比较估量一番。

56. 不惧怕从来没有做过的事情。

57. 遇到不愉快的事情可以生气很长时间。

58. 自己做错了事勇于承认和改正。

59. 常常担心自己会遇到失败。

60. 容易原谅别人。

评分标准：

奇数题：A 为 0 分，B 为 1 分，C 为 2 分。偶数题：A 为 2 分，B 为 1 分，C 为 0 分。

结果解释：

90 分以上：典型外倾型性格。71～90 分：稍外倾型性格。51～70 分：外倾、内倾混合型性格。31～50 分：稍内倾型性格。30 分以下：典型内倾型性格。

 活动体验

## 活动一：小小动物园

目的：促进自我了解，并了解别人，学习接纳每个人的独特性。

准备：每人一支笔、一张卡片，大约 6～8 人一组。

操作步骤：要求学生仔细思考，用一种动物代表自己，并在卡片上写下这种动物的名字。等所有人都写完后，同时亮出卡片，请组内成员看看在这个小小动物园中有哪些动物，哪些与自己相似，哪些与自己不同。然后大家讨论，轮流介绍自己为什么会选这种动物代表自己，该种动物的优点和缺点是什么。

## 活动二：如果我是……

活动目的：通过投射的方法认识自己的人生观、价值观，帮助了解自己，并为自己今后的发展进行深入的探索。

活动时间：15～20 分钟。

活动方式：

（1）让学生真实地填写下表中的内容；

（2）将学生分成小组进行相互交流和讨论；

（3）在班上邀请 3～5 位学生进行分享。

如果我是一种动物，那我会是_____，因为我_____，这让我觉得_____。

如果我是一种植物，那我会是_____，因为我_____，这让我觉得_____。

如果我是一种颜色，那我会是_____，因为我_____，这让我觉得_____。

　　如果我是一种形状，那我会是_____，因为我_____，

这让我觉得_____。

　　如果我是一种天气，那我会是_____，因为我_____，

这让我觉得_____。

　　如果我是一首歌曲，那我会是_____，因为我_____，

这让我觉得_____。

## 活动三：接纳自我团体活动

　　请同学们完成下面的填空，在小组中讲出自己的答案，每位同学说出同一项的答案后，再开始下一项。请大家抱着欣赏自我、欣赏别人的态度，每个人念完一句，请大家鼓掌鼓励。

　　我最欣赏自己的外表是_____

　　我最欣赏自己对朋友的态度是_____

　　我最欣赏自己对学习的态度是_____

　　我最欣赏自己的一次成功是_____

　　我最欣赏自己的性格是_____

　　我最欣赏自己对家人的态度是_____

　　我最欣赏自己做事的态度是_____

## 第八章

# 学习与心理健康

在学习型社会，终身学习是个体成长的必由之路。联合国教科文组织在诸多报告中反复强调："终身学习是 21 世纪的生存概念。"每个人都需要学习，只有通过学习才能获得自我完善与自我发展的目标，正所谓"玉不琢，不成器；人不学，不知义"。对于大学生来说，学习的意义更加明显，莫要等到"书到用时方恨少"。

### 害怕考试的学生——小宁的焦虑

小宁的倾诉："我从小就是一个听话的孩子，学习认真，从不拖拉。我的优势学科是文科，父母却让我学理科，结果考入大学后学习成绩一直不好。面对新学的课程和以后的就业压力，我感到学习越来越吃力，压力反倒比高中时更大了。我不知道该怎么给自己减压，曾在网上找过一些放松身心的音乐，也十分尽力地尝试去做，可是就是不能使自己放松。因为自己很难放松，每当考试来临，我都会十分害怕，而且越是希望自己考好，结果越是不好，所以我特别害怕考试。每次考试，不论大小，我都会担惊受怕，吃不下饭也睡不着觉。现在我对学习也厌倦了，我不想再过这种日子，太痛苦了。"

**点评：**

该案例中的小宁患的是学习、考试焦虑症。对于大多数人来说，面临重要的考试总会有适度的焦虑和心理压力，这是正常的，但是严重的考试焦虑会给个体带来身心危害，影响正常生活。

# 第一节　探究学习规律

## 一、学习的内涵

学习有广义和狭义之分。广义的学习指人和动物在生活过程中，通过获得经验而产生的行为或行为潜能的相对持久的适应性变化，即"学习是人和动物在特别情境下，由于练习或反复经验而产生的行为、能力或倾向上的比较持久的变化及其过程"。狭义的学习，专指学生的学习，即在各类学校环境中，在教师的指导下，有目的、有计划、有组织地掌握各种知识、技能，发展智力和能力，培养个性，最终形成符合社会期望的道德品质的过程。《中国大百科全书（简明）》中认为，学习是获取知识和掌握技能的过程，既包括通过正规的教育和训练获得知识技能的过程，也包括在日常生活和实践活动中积累知识经验的过程。

## 二、学习的意义

### （一）促进个体成熟

瑞士著名儿童心理学家吉恩·皮亚杰认为，必须通过技能的练习来促进儿童的成熟。他认为"儿童年龄渐长，自然及社会环境影响的重要性将随之增加"。美国心理学家克雷奇曾做过一个实验：将幼鼠分成三组，对第一组幼鼠给予丰富刺激，使它们的反应越来越复杂；让第二组幼鼠在笼中过着平常的生活；让第三组幼鼠与环境刺激完全隔离。80天之后对三组幼鼠进行解剖比较分析，结果发现，在大脑皮层的重量和密度方面，第一组最优，第三组最差；在与神经冲动的传递密切相关的乙酰胆碱酯酶方面，三个组也呈现重大差异，第一组含量最丰富，第二组次之，第三组含量最少。心理学家罗森茨韦格也发现，接受丰富多变的环境刺激和适当学习训练的一组幼鼠与另一组在环境单调贫乏而又缺乏学习训练的幼鼠相比，在4～10周中，前者大脑皮层的重量与厚度增加，神经胶质细胞数量增多，神经突触增大或增多，乙酰胆碱酯酶含量更丰富且活动增强，核糖核酸和脱氧核糖核酸的比率也有所改善。这些实验表明了学习和训练对神经系统的完善与成熟有重要意义。怀特在关于对初生婴儿眼手协调的动作训练的实验中发现，经过训练的婴儿，平均在三个半月时便能举手抓取到面前的物体，其手眼协调的程度相当于未经训练的五个月婴儿的水平。这说明人类的学习和训练对个体成熟的促进、潜能的挖掘以及能力的提高有重要影响。

### （二）提高个体文化修养

学习可以提高人的文化修养。文化修养的提升需要在不断地学习实践中得到锤炼，特别是对精神文化，如文学、艺术、教育、科学等方面的成果，尤其需要通过学习获得。文化修养不是生来就有的，也不是一两个月可以实现的，而是在个体认识、改造自然和社会的过程中通过学习逐步形成的。例如，有的学生大学期间放假回家，很多长时间没见他的人都会说他变了一个样，这就是大学里的学习和熏陶的结果。个体通过有意识的学习和储备知识，能够提高自身的文化修养，而现代社会所需的新型人才必须首先是具有较高文化素养的人。

### （三）提升个体心理素质

当今社会所需的人才应具备多方面的良好心理素质，如高尚的品德、卓越的气质、敬业负责的工作态度、坚忍不拔的毅力等。对于大学生来说，良好心理素质的养成离不开大学学习。个体通过学习，能够取长补短，完善自我，提升心理素质。正如英国作家萨克雷所言："读书能够开导灵魂，提高和强化人格，激发人们的美好志向。读书能够增长才智和陶冶心灵。"

## 故 事

### 学会真正读书——杨振宁的故事

一次，父亲外出，临走前嘱咐杨振宁在家好好读书。杨振宁把一本叫《龙文鞭影》的书读了一遍，觉得内容都知道了，便出去玩了。父亲回来后，得知他读了《龙文鞭影》很高兴，就问："读完这本书，你有收获吗？"杨振宁摇摇头。父亲说："读书不在于多少，关键要读透读懂，否则不如去玩。"杨振宁惭愧地低下了头。半个月后，杨振宁主动找到父亲，滔滔不绝地讲述《龙文鞭影》里的故事，父亲摆摆手，说："只会叙述是假读书，真读书要把书消化在头脑中，为思想服务。"杨振宁点点头："我要做真读书的人。"此后，杨振宁长期坚持真读书，在科研上获益匪浅。

### （四）促进文明的延续和发展

美国社会历史学家摩尔根认为，人类社会的历史过程是不断学习的过程。蒙昧时代，人类世代相延地生活在热带或亚热带的森林中，以野生果实、植物根茎为食，还有少部分栖居在树上，他们必须学习适应所在的环境方能生存；随着地壳的变化、气候的改变，人类不得不从树上移居到地面，环境的改变促使人类学会了食用鱼类、使用火、打制石器、使用弓箭、磨制石器等生存的本领并世代相袭。到了野蛮时代，人类又根据实际情况发明了制陶术、动物的驯养繁殖和植物的种植等技术，后期还学会了铁矿的冶炼，并发明了文字，从而使人类历史过渡到文明时代。由此可见，人类的学习促成了整个社会的前进和人类文明的发展，没有学习就没有当今的文明社会。

## 三、大学生学习的主要特点

大学时期的学习与以往阶段的学习有着质的区别，了解大学生的学习特点有助于大学生在学习中扬长避短，提高学习效率。

### （一）学习的自主性

自主学习是指学习者在确定学习目标、选择学习方法、监控学习过程、评价学习结果等方面进行自我设计、自我管理、自我调节、自我监控、自我判断、自我评价和自我转化的主动学习过程。对于大学生来说，他们有更多自由支配学习的时间，自主性在很大程度上与个体的学习兴趣相联系。他们的学习情绪化较强，对感兴趣的学习内容、学习方式等有较高积极性，而对于自己不感兴趣的则效率较低，因此增强大学生对学习课程的兴趣，是提高他们学习效率的重要方法。

### （二）学习的多元化

大学学习的课程纷繁复杂，既有基础课、专业课等主干课程，也有丰富多彩的选修课；既有自然科学方向的课程，也有人文科学方向的课程；既有课堂学习，也有课外学习和实践。对于大学生来说，课堂学习和书本学习仅仅是学习的一部分，更重要的在于实践能力的培养。因此，实习和实训成为大学生学习的重要内容，是大学生学习的一大特色。它具有较高层次的职业定向性，重在操作能力、创新能力的培养，旨在帮助学生围绕自己未来的工作岗位进行学习，掌握适合未来工作岗位要求的操作技能。大学生学习的多元化特征带动了学习方式的多元化，比如网络成为大学生学习的新途径。除学校正常教学途径外，大学生更多地借助于网络进行学习资源的共享、传播和接受。但网络途径毕竟非正规教育途径，对于其教育资源性质的科学性和合理性要有明确认识。

### （三）学习的合作性

俗话说："独学而无友，则孤陋而寡闻。"斯坦福大学一位校长说过：同学之间的相互学习往往比老师的教导更珍贵。许多同学也认为：大学就是大家一起自学。相较于以往阶段的学习，大学的学习除竞争外，更多的是一种合作性学习。大学生通过彼此分享学习心得和收获，共享学习资源，能够取长补短，把对方好的学习方法运用到自己的学习中来。此外，大学的很多学习任务需要团队共同协作完成，尤其是一些复杂的多学科性质的学习任务，更需要具有不同学习专长的学生分工合作才能完成。对于大学生来说，实习和实训学习本就是其学习的一大特色，而实习实训更需要个体与其他同学的相互合作来实现。比如一些复杂的精细化操作管理项目，仅靠一个人的力量很难圆满完成，但借助团队合作的形式，在项目中集思广益、扬长避短，能取得意想不到的成绩，正所谓"三个臭皮匠，赛过诸葛亮"。

### （四）学习的探索性

大学生的学习具有一定的探索性，即注重对课本之外的新观点、新理论进行深入的钻研与探索，因此，大学学习尤其重视对学生探索未知领域能力的培养。大学生的学习，不能仅满足于接受现有知识的灌输，要养成探究的意识，不仅仅重视知识的掌握，更要重视探究知识的形成过程与科学的研究方法，搞清楚所学知识的来龙去脉，了解学科发展前沿、存在的问题及解决的办法，明白相关理论产生的背景、过程、适用范围和局限性等。目前，各高校都普遍重视对大学生探索创新能力的培养，加大了课堂外实践课程的比例，注重对学生实践环节的培养，并且在课程设置、安排等方面强调学生的主体地位，挖掘学生在实践中的潜力，旨在提高学生的探索和创新能力。

📎 **知识链接**

## 梦想从学习开始，事业靠本领成就
## 学习习近平总书记关于青年学生勤学苦练重要论述

当代中国青年是与新时代同向同行、共同前进的一代，生逢盛世，肩负重任。广大青年要爱国爱民，从党史学习中激发信仰、获得启发、汲取力量，不断坚定"四个自信"，不断增强做中国人的志气、骨气、底气，树立为祖国为人民永久奋斗、赤诚奉献的坚定理想。要锤炼品德，自觉树立和践行社会主义核心价值观，自觉用中华优秀传统文化、革命文化、社会主义先进文化培根铸魂、启智润心，加强道德修养，明辨是非曲直，增强自我定力，矢志追求更有高度、更有境界、更有品位的人生。要勇于创新，深刻理解把握时代潮流和国家需要，敢为人先、敢于突破，以聪明才智贡献国家，以开拓进取服务社会。要实学实干，脚踏实地、埋头苦干、孜孜不倦、如饥似渴，在攀登知识高峰中追求卓越，在肩负时代重任时行胜于言，在真刀真枪的实干中成就一番事业。

——2021 年 4 月 19 日，习近平在清华大学考察时指出

"玉不琢，不成器；人不学，不知道。"知识是每个人成才的基石，在学习阶段一定要把基石打深、打牢。学习就必须求真学问，求真理、悟道理、明事理，不能满足于碎片化的信息、快餐化的知识。

——2018 年 5 月 2 日，习近平在北京大学师生座谈会上的讲话

青年处于人生积累阶段，需要像海绵汲水一样汲取知识。广大青年抓学习，既要惜时如金、孜孜不倦，下一番心无旁骛、静谧自怡的功夫，又要突出主干、择其精要，努力做到又博又专、愈博愈专。特别是要克服浮躁之气，静下来多读经典，多知其所以然。

——2017 年 5 月 3 日，习近平在中国政法大学考察时强调

幸福不是从天降，中国人民取得的成就是很了不起的，不要妄自菲薄，同时要自强不息。年青人在学校要心无旁骛，学成文武艺，报效祖国和人民，报效中华民族。同学们，好好学吧！

——2016 年 4 月 26 日，习近平在中国科技大学考察时指出

"人才有高下，知物由学。"梦想从学习开始，事业靠本领成就。广大青年要自觉加强学习，不断增强本领。人生的黄金时期在青年。青年时期学识基础厚实不厚实，影响甚至决定自己的一生。广大青年要如饥似渴、孜孜不倦学习，既多读有字之书，也多读无字之书，注重学习人生经验和社会知识。"纸上得来终觉浅，绝

知此事要躬行。"所有知识要转化为能力，都必须躬身实践。要坚持知行合一，注重在实践中学真知、悟真谛，加强磨炼、增长本领。

　　　　　　　　　　——2016 年 4 月 26 日，习近平总书记在知识分子、劳动模范、
　　　　　　　　　　　　　　　　　　　　青年代表座谈会上的讲话

　　前进要奋力，干事要努力。当代中国青年要在感悟时代、紧跟时代中珍惜韶华，自觉按照党和人民的要求锤炼自己、提高自己，做到志存高远、德才并重、情理兼修、勇于开拓，在火热的青春中放飞人生梦想，在拼搏的青春中成就事业华章。

　　　　　　　　　　——2015 年 7 月 24 日，习近平总书记致全国青联十二届全委会
　　　　　　　　　　　　　　　　　　　　和全国学联二十六大的贺信

　　学生时代是人一生最美好的时光，长身体、长知识、长才干，每天都有新收获，每天都有新期待。我希望在座的同学们，也希望全国 2.6 亿在校学生，珍惜学习时光，多学知识，多学道理，多学本领，热爱劳动，身心健康，茁壮成长。

　　　　　　　　　　——2014 年 9 月 9 日，习近平总书记同北京师范大学
　　　　　　　　　　　　　　　　　　　　师生代表座谈时的讲话

　　广大青年要牢记"空谈误国、实干兴邦"，立足本职、埋头苦干，从自身做起，从点滴做起，用勤劳的双手、一流的业绩成就属于自己的人生精彩。要不怕困难、攻坚克难，勇于到条件艰苦的基层、国家建设的一线、项目攻关的前沿，经受锻炼，增长才干。要勇于创业、敢闯敢干，努力在改革开放中闯新路、创新业，不断开辟事业发展新天地。

　　　　　　　　　　——2013 年 5 月 4 日，习近平总书记在同各界优秀青年代表座谈时的讲话

　　我们处于一个伟大的时代，有着伟大的目标，可谓生逢其时、责任重大。希望同学们珍惜宝贵的青春年华，坚持理想，脚踏实地，既勤于学习、善于学习，打牢知识功底、积蓄前进能量，又勇于探索、勇于突破，不断认识科技世界新领地，立志报效祖国、服务人民。

　　　　　　　　　　——2013 年 7 月 17 日，习近平总书记到中国科学院
　　　　　　　　　　　　　　　　　　　　考察工作时与在读研究生的谈话

# 第二节　大学生常见的学习心理困扰与调适

## 一、学习动机不当

### （一）学习动机的内涵

　　学习动机，又称为"学习的动力"，是推动学生进行学习活动的内在原因，是激励、指引学生学习的强大动力。它并不是某种单一的结构，学生的学习活动是由各种不

同的动力因素组成的整个系统所引起的。其心理因素包括：学习的需要，对学习的必要性的认识及信念，学习兴趣、爱好或习惯等。从事学习活动，除要有学习的需要外，还要有满足这种需要的学习目标。学习目标指引着学习的方向，因此它被称为学习的诱因。学习目标同学习的需要一起，成为学习动机的重要构成因素。

学习动机对学习活动起着发动、推进、维持的作用，但并不意味着学习动机的强度越大，学习效果就越好。学习动机作用于学习活动，有一个最佳水平的控制问题。缺乏动机，大学生不能专注于学习，学习行为不能发生，即使发生也不能维持；而动机过强，不论是内部的抱负和期望过高，还是外部的奖惩诱因过强，都反而会使大学生专注于自己的抱负和外部的奖惩，而不会专注于学习，从而阻碍了学习。大学生常见的学习动机问题有两类：学习动机过强、学习动机缺乏。其中，高职高专学生学习动机缺乏者居多。

### （二）学习动机缺乏

1. 学习动机缺乏的表现

（1）学习无目标

一些学生在考入大学以后，就陷入了生活的迷茫状态，失去了人生的奋斗目标。如果说中学时期的目标是考大学，那么考入大学能够毕业就是大部分学生的人生目标，有的同学因为考的大学不理想，对自己失去了信心，不再树立继续深造考本科、考研究生的学习目标，所以学生衡量学习好坏的标准就是考试能否及格而已。

（2）学习无计划

大学的学习，学校和老师管得相对少，因此很多学生不知道该如何计划自己的学习时间，要学什么、怎么学、学多少、学到什么程度都不会做计划或者不想做计划。

（3）学习无兴趣

与学习比较，游戏和娱乐更能够吸引大学生，很多学生对专业不感兴趣，厌倦学习，甚至逃避学习，把大量上课时间用在手机上网、睡觉、聊天上面，把课下时间用在逛街、谈恋爱、网络游戏上面。

2. 学习动机缺乏的原因

（1）缺乏学习兴趣

一些学生在中学时就缺乏职业生涯规划，不了解自己的职业兴趣和目标，因此填报志愿时非常盲目，对自己报考的专业不了解，一味听从老师和家长的建议。还有的学生被逼无奈，必须选择父母指定的专业，不能选择自己喜欢的专业。这些学生在进入大学后发现所学专业和自己的想象相差甚远时，便提不起继续学习的兴趣。

（2）缺乏学习压力

中学时，学生学习压力很大，学校、老师和家长对学生的学习要求很高，管得很严，因此很多学生都想考入大学后可以松口气。一旦考入大学，学生远离家长，不用再受家长管束，大学注重学生综合素质的培养，老师对学生的学习要求也不高，大部分学生就出现了安于现状、"及格万岁"的心态。

（3）缺乏成就感

中学时期，学习好坏是评价一个学生最主要的标准。而大学注重综合能力的评价，学习成绩仅是对学生考核的一个方面，一个学生的人际交往能力、组织表达能力等人文素养能力的水平也是考核的重要方面，那些学生干部、有才艺的学生更受同学关注，因此，学习成绩好带给学生的成就感就降低了。

3. 学习动机缺乏的自我调适

一个人成功与否主要是靠内因的作用，仅靠老师和家长督促，是无法真正激发自己的学习动机的。下面介绍一些自我调适的办法，供大学生参考。

（1）端正认识

明确学习的重要性，是激发大学生学习动机的直接途径。当今是知识经济时代，知识就是力量，世界的竞争是知识和人才的竞争。大学生要充分认识到未来社会的发展对知识的需求会越来越强烈，知识的价值将得到越来越强烈的体现，人与人之间的竞争就是知识和技能的竞争。大学时期不努力掌握丰富的知识，那么毕业后很难在社会上找到合适的工作。

（2）树立目标

一个没有目标的人，便没有动力和压力去努力。学习动机作为促使学生达到学习目标的动因，总是以某种学习目标为出发点，只有树立明确的学习目标，才能产生强烈的学习动机，保持高度的学习自觉性。因此，大学生要学会树立短期、中期和长期的学习目标，这样就不会觉得在校无事可干、虚度时间。

（3）培养兴趣

在学习过程中，学习兴趣与学习效果之间有着密切的关系。浓厚的学习兴趣，可以使学生对学习充满热情，能主动地克服各种困难，全力以赴地实现自己的学习愿望。如果对学习不感兴趣，仅仅因为别人的强制而学习，那学生将苦不堪言。劳动是人谋生的手段，大学生将来走向社会，总要找一份工作来维持生存。如果没有办法重新选择自己喜欢的专业，那么只能培养自己对目前所学专业的兴趣。学习兴趣不是天生的，是可以通过后天培养的。比如，全方位了解自己所学专业的就业前景和目前发展趋势，搜集以往毕业生成功的案例。在不想学习时，积极地自我暗示，告诉自己："其实这门专业挺不错的，我可以学好！"当自己学习进步时，适当地奖励自己，逐渐培养起自己的学习兴趣。

**（三）学习动机过强**

1. 学习动机过强的表现

（1）容易自责。这类学生往往学习非常自觉和刻苦，自尊心极强，把学习成绩好坏看作评价自己成功与否的唯一标准，对自己要求严格，考试只许成功，不许失败。一旦在学习中处于劣势，就会产生紧张、焦虑、抑郁的情绪。

（2）学习强度过大。这类学生对未来充满期望，希望通过学习实现自己的人生价值和目标，因此把自己的绝大部分时间都用于学习，忽视学习效率，强调学习时间的投入。他们没有时间参与其他的课外活动，不注重人际交往，忽视娱乐和放松，长此以往，可能会影响到他们的人际关系和身心健康。

（3）情绪紧张。学习动机过强的学生，由于长时间超负荷学习，压力巨大，没有时间放松和调节，情绪保持高度紧张。一旦有学不会的内容，急切想解决学习困难，常伴有学习焦虑，考前伴有考试焦虑。

2. 学习动机过强的原因

（1）目标远超实际。有的大学生对自己的能力缺乏正确的认识，树立的目标远远超出自己的实际能力，要完成自己树立的目标就必须超负荷地学习。

（2）补偿心理。有的大学生在外貌、家庭、交际能力、人文素养能力方面并不出众，而且有的条件是客观的，无法通过人为来改变的，大学生只能接受现实。但学习成绩是可以通过自己的努力来改变的，因此一些大学生希望通过在学习上的出类拔萃得到别人的认可。

（3）社会文化的强化。我国社会文化所认定的"勤能补拙是良训，一分辛苦一分才""学海无涯苦作舟"这类思想，一直影响着一些大学生。他们认为只有用功学习，才能有出息，因此对自己的学习要求非常严格。

（4）个体性格原因。学习动机过强，与一个人的性格特征有一定关系，那些追求完美、好强、固执、好胜心极强的大学生容易形成过强的学习动机。

此外，个体的成长经历和家庭环境也影响着学生的学习动机，若父母对孩子期望过高，孩子的学习动机也容易过强。

3. 学习动机过强的调适

要保持适度的学习动机。耶基斯 – 多德森定律认为，动机强度与工作效率之间有一种倒"U"字形的函数关系，各种活动都存在一个最佳的动机水平，动机不足或过分强烈都会使工作效率下降。动机的最佳水平随任务性质的不同而不同。在比较容易的任务中，工作效率随动机的提高而上升；随着任务难度的增加，动机的最佳水平有逐渐下降的趋势。也就是说，在难度较大的任务中，较低的动机水平有利于任务的完成。因此，在学习的过程中，大学生要将学习动机的强度与学习任务的难度相匹配，学习效率才会提高。在学习任务难度较小时，可适当提高学习动机；学习任务难度较大时，应适当降低学习动机。要想实现自己的学习目标，需遵循此规律调整自己的学习动机。

## 二、学习疲劳

### （一）学习疲劳的含义

学习疲劳，是指长时间连续紧张学习后，由于身心过度疲劳所导致的学习效率下降的现象。它包括生理疲劳和心理疲劳，前者指肌肉与神经系统的疲劳，后者指的是情绪烦躁、注意力涣散、思维迟钝、反应缓慢等现象。

### （二）大学生学习疲劳产生的原因

学习疲劳产生的生理原因是脑神经兴奋和抑制失衡。在学习过程中，大脑皮层兴奋区域的代谢逐步加强，血流量和耗氧量增加，以保障大脑工作的需要。当紧张的学习活动持续时间过长，大脑皮层的能量消耗过大，消耗过程超过恢复过程，大脑所需能量不能得到及时恢复与补充，此时工作效率就会下降。若个人长期过度紧张疲劳，在生理上就会出现头晕、瞌睡、失眠、乏力、视力减退、食欲不佳、大脑供血不足等现象，在心理上会出现心情压抑、烦躁、记忆力减退、缺乏信心等症状。

**（三）学习疲劳的预防和自我调适**

**1. 培养恰当的学习动机，预防心理疲劳**

大学生的学习疲劳与中学生不同。中学生学习疲劳主要是学习过于勤奋、过度用脑所致。而一部分大学生学习疲劳的原因是对学习不感兴趣，缺乏学习动机，学习态度不端正，一接触学习就感觉疲劳，提不起精神，更多的是心理疲劳，而非生理疲劳。因此，要避免学习疲劳，就要求大学生认识到学习的重要性，积极地将学习的外部强制力转变为内在动力。当然，也有一部分大学生是由于学习动机过强造成的学习疲劳，这部分大学生应该调整对学习的认识，扩大自己的兴趣范围，多参加课外活动，丰富自己的生活，在有效的课业学习和丰富的业余生活中陶冶情操，全面发展自己的能力。

**2. 科学用脑，注意休息，预防生理疲劳**

大脑是人体最容易疲劳的组织，它既有巨大的学习潜力，也十分容易受到损伤。

科学用脑是大学生预防疲劳的关键，如何科学用脑主要有如下3点建议可供参考。①要善于运用学习的黄金时间。以清晨6点为0计算，早晨能力逐渐上升，上午9点前后达到最高峰，随后逐渐下降，下午2～3点钟降至白天的最低点，晚上8点钟左右又出现新的最高峰，随后又开始下降，凌晨3～4点为最低点，之后，又开始回升。因此，大学生要善于利用精神状态和学习能力的时间变化规律，把握自己的学习时间，调整自己的学习状态。②要学会将积极休息和消极休息相结合。通过睡眠或闭目养神来补偿体力和脑力的消耗属于消极休息，每个人每天必须保持充足睡眠，因此消极休息是不可少的。改换不同工作消除疲劳是积极休息，在保证充足睡眠的前提下，进行积极休息能较快消除疲劳。因此，大学生要在保证充足睡眠的基础上，多参加户外运动强身健体，消除疲劳。③注意营养。大量用脑的人群需要充足的营养来补充大脑的需要。大学生可以多吃含有脂肪、钙、维生素、蛋白质的食物。

### 三、注意力不集中

注意是心理活动对一定对象的指向，具有指向性、选择性和集中性。注意是人类学习的前提，没有注意就没有大学生的学习。注意在大学生学习中具有极其重要的意义。如果大学生学习时注意力不集中，那么就难以保障学习的效果。据调查发现，大学生在上课时能集中注意力的比例比中学生低将近17个百分点；无论是上课还是自习，女生均比男生更能集中注意力；无论中学生还是大学生，自习时比上课时能集中精力的时间都更长。

### （一）注意力不集中的表现

一是上课不能专心听讲，大脑常常开小差，盯着黑板却心猿意马，自己不能控制思维飘逸；二是易受环境的干扰，教室外的小小动静都能引起注意力的转移，而且长时间不能静心；三是参加活动如体育运动或看一场电影后，久久沉浸在情节的回忆之中。

### （二）大学生注意力不集中的原因

一是青年时期发展任务多，导致压力与心理冲突加剧，特别是由于恋爱、性幻想等更容易分散注意力；二是生活事件导致心理应激，如丧失亲人、考试失败、家庭生活发生重大变故、经济困难、评优失败、失恋、宿舍关系失和等造成的思想负担重，精力分散；三是学习动机不足，学习焦虑过低，缺少压力与紧迫感，注意力涣散。

### （三）注意力不集中的自我调节

一是学会注意力转移，遇到生活应激事件与挫折，能够尽快从中解脱出来；二是适当强化学习动机，保持适当的学习压力与学习焦虑，并进行积极的自我激励与自我暗示；三是养成良好的学习习惯与生活习惯，保持旺盛的精力；四是选择理想的学习环境，减少与学习无关的活动，并进行适当的自我监控。

## 四、考试焦虑

### （一）考试焦虑的内涵

考试焦虑，是指在应试情境刺激下，受个人的认知、评价、个性、特点等影响而产生的以对考试成败的担忧和情绪紧张为主要特征的心理反应状态。心理学认为，心理紧张水平与活动效果呈倒"U"字形曲线关系。紧张水平过低和过高，都会影响成绩。适度的心理紧张，可以使人对考试有激励作用，产生良好的活动效果。但过度的考试紧张则导致考试焦虑，影响考场表现，并波及身心健康。大学生中考试焦虑的产生往往与大学生对考试成绩的期望以及与平日学习知识准备是否充足有关：那些期待考高分的学生总担心达不到目标，心理压力过大，导致考试焦虑；而那些平日不好好学习、复习也不用功的学生，则担心考试不及格，出现考前焦虑。

### （二）考试焦虑的具体表现

一是情绪上表现出担忧、焦虑、烦躁不安；二是认知上表现为注意力不集中，记忆力下降，复习看书效率低，思维僵化；三是行为上表现为坐立不安、手足无措；四是身体上表现为头痛、食欲下降、恶心、心慌、睡眠不好等。

严重的考试焦虑的学生在考前出现明显的生理和心理反应，如过分担忧、恐惧、失眠健忘、食欲减退、腹泻等症状。

### （三）考试焦虑的自我调适

#### 1. 充分的复习准备

80%的人出现考试焦虑是由复习准备不充分引起的，因此牢固掌握知识是克服考试焦虑的根本途径。很多大学生平时不听课，考前发现自己什么也不会，复习时不懂的知识点太多，因此无法静下心来复习。想取得好的成绩，功夫要用在平时，平时认真听讲，把不懂的知识弄明白，考试复习自然就轻松，对自己充满信心，心情就不会那么紧张。

2. 正确评价自我，确立恰当的学业期望

要正确对待考试结果，不能以一次考试成绩论成败；过于担心、焦虑不仅于事无补，而且还会影响水平的正常发挥。一次考试仅是对前期学习水平的一个检验，如果考不好，反而能让自己知道哪里学得还不够扎实，有助于进一步深化学习。

3. 学会放松

放松训练就是通过一定的方法，如呼吸法、暗示法、表象法和音乐法等，使人体的肌肉一步步放松，使大脑逐渐入静，从而调节中枢神经系统的兴奋水平，缓解紧张情绪，增强大脑对全身控制支配能力的训练方法。放松训练的原理，即肌肉和大脑之间是双向传导的，大脑可以支配肌肉放松，而肌肉的放松，又可以反馈给大脑。

4. 学会寻求社会支持

当考试特别焦虑自己又无法调整时，可以找同学、朋友倾诉，或者找专业老师、心理老师谈心。大学生通过倾诉，可以正确认识自我，正确看待考试，减轻心理压力。

# 第三节　改善学习方式

## 一、学习计划的制订

### （一）计划要考虑全面

学习计划不能仅有学习，休息、娱乐、锻炼及处理日常生活事务等都要考虑到计划中。计划要兼顾多个方面，学习时不能废寝忘食。

### （二）计划要留有余地

制订计划不要太满、太紧，要留出机动时间，使计划有一定的机动性。毕竟现实不会完美地跟着计划走，要给计划留有一定的余地，这样完成计划的可能性就增加了。

### （三）计划要从实际情况出发

制订计划要根据自己的实际情况，符合自己的学习压力和水平。实际可以分成三个方面：知识能力的实际、时间的实际、教学进度的实际。

### （四）安排好常规学习时间和自由学习时间

常规学习时间指学校规定的学习时间，如课堂的时间。自由学习时间指除常规学习时间外的归自己支配的时间。学生成绩的好坏很大程度上取决于对自由学习时间的利用效率，制订一个切实可行的学习计划就是把自由学习时间充分利用起来，合理安排好每天的学习时间。

### （五）长远计划和短期安排相结合

在一段比较长的时间内，应当有个大致计划，即长远计划，该计划不需要很具体，只要对必须做的事情心中有数即可。而短期的学习计划就应该尽量具体些，把较重要而庞大的任务分配到每周、每天去完成，使长远计划中的任务逐步得到解决。

#### （六）注意效果，及时调整

计划执行结束或执行到一个阶段，就应当回顾一下效果如何。如果效果不好，就应该找找原因，进行必要的调整。

### 二、学习时间的管理

#### （一）充分利用自己的最佳工作时区

对于学习来说，就是要在最佳时间做最重要的事，把握人生和每天的黄金时间。

从生理学角度来说，人的 25～50 岁是最佳工作年龄时区。另外，根据人的生物钟学说，应掌握自己每天身体技能的周期性，何时精力最充沛，何时处于低潮，充分利用精力最佳的时间做最重要的工作，例行工作和次要工作在其他时间处理。

#### （二）消耗时间计划化、标准化、定量化

做出合理的时间安排和达到目标的计划，对自己的时间使用要有标准，按标准有效控制实际的时间支出。时间管理学家吉利斯指出，要有计划地消耗和利用时间，必须先了解每日的时间消耗情况，以 30 分钟为一个时间单位，详细记录每日的时间消耗过程。

#### （三）保持时间利用的相对连续性和弹性

心理学研究证明，当人在集中注意力从事某项活动时，最好不间断地完成该项工作。因此，要学会集中使用时间，保持时间使用的相对连续性，如可集中时间办理琐碎的事，并将其安排在效率周期的低谷阶段。

#### （四）将要做的事情根据优先程度排序

80% 的事情只需要 20% 的努力；20% 的事情是值得做的，应当享有优先权。因此，要善于区分这 20% 的有价值的事情，然后根据价值大小分配时间。

#### （五）学会授权，学会拒绝

有很多事情不可能亲力亲为，通过适当授权他人可增加自己的工作时间。另外，还要学会拒绝干扰自己正常工作的事，以保证履行好自己的工作职责。

#### （六）善用零碎时间

零碎时间有人称为"角落时间"，不容易被利用，往往被大家所忽视。2 分钟、5 分钟、10 分钟……积少成多，充分利用，就会提高你的学习效率。在等公共汽车或等地铁的时候，有一些学生选择背英语单词。相比之下，他们可能比那些交钱去补习班学一年英语的学生还要学得好，因为这些零碎时间其实就是让你比别人取得更大进步的有效途径和手段。

### 三、预习的技巧

#### （一）明确预习目的

预习是提前对于要学习的课程有一个初步认识，找出知识困惑，以便将来课堂学习时有的放矢。预习不是提前全部学会，因此，也就不需要彻底搞懂，更重要的是要把问题找出来，写在笔记本或者书上，等到上课时，与老师所讲内容进行对照，从而提高印

象水平和学习效率。

### （二）善用预习方法

学习内容与要求的不同，课型不一，教学方法各异，预习的方式方法也必然是多种多样的，如朗读识记式、准备材料式、发现问题式、小组讨论式、图解法、摘录法等。预习时要根据学习内容的情况选择合适的预习方法。

### （三）预习时间不要过长

最好将一节课内容的预习时间限制在 15 分钟之内，这样可以提高同学们的阅读和学习速度，而且对于概括能力和分析能力有一定的锻炼意义。

### （四）形成显著的预习效果

预习功夫下得好，大致可以理解上课 80% ~ 90% 的内容。复习的功用，只是把剩余 10% ~ 20% 的部分补足。相反的，如果不注意预习的功夫，可能课后得花费数倍的时间才能产生相同的效果。

## 四、识记的技巧

### （一）明确识记的目的

据统计，提出识记的明确任务后，80% 的人能记住记忆的内容；不提出明确目的，只有 3% 的人能记住内容。

### （二）识记内容意义化

心理学实验证明，以理解为基础的意义识记比机械识记全面、迅速、精确和牢固。理解记忆的效能比机械记忆高 20 倍。机械记忆是储存信号，理解记忆是储存信息。在识记时，尽量理解材料的意义或将材料意义化能增强识记的效果。

### （三）抑制和促进

前后所学的信息之间存在相互影响。这种影响有些是消极的，称为抑制；有些是积极的，称为促进。抑制又分为前摄抑制和倒摄抑制，促进又分为前摄促进和倒摄促进。在所有遗忘的原因中，倒摄抑制是最重要的。识记时，学习者要考虑抑制和促进的作用。

### （四）形象记忆

形象记忆主要包括强烈印象记忆法、发掘特征记忆法、列表记忆法、轮廓骨架记忆法、联想记忆法。

### （五）多器官协同记忆

有人做过实验，同一时间里记同一材料，甲组靠视觉记忆能记住 25%，乙组靠听觉记忆能记住 15%，而丙组靠视觉和听觉结合记忆能记住 65%。

### （六）外储的方法

知识是无穷的，人的记忆能力是有限的。为了减轻大脑的记忆负担，还可进行知识外储。外储的形式包括多种，如做笔记、积卡片、做摘录、编索引、剪辑资料、将藏书有序地排列存储等。

### 五、复习的技巧

#### （一）及时复习

根据艾宾浩斯遗忘曲线规律——先快后慢，识记后的最初阶段遗忘速度最快，以后逐渐变慢，复习应安排在大量遗忘产生之前。心理学的实验也有力地证实了这个问题：斯皮泽让两组被试者学习一段课文，甲组学生在学习后不久进行一次复习，乙组没有复习，一天后甲组保持98%，乙组保持56%；一周后甲组保持83%，乙组只保持33%。

#### （二）合理分配复习时间

复习时间分配有两种方式：一是集中复习，二是分散复习。一次复习较长的时间，叫集中复习；将较长的时间分几次复习，叫分散复习。一般说来，分散复习优于集中复习的效果，但分散复习的时间间隔不宜过长或过短，一般视材料的性质、数量、难度以及记忆已经达到的水平而定，总的来说，先密后疏为宜，即开始时间隔短一些，随着所学的知识不断巩固，以后可逐渐增加间隔的时间。

#### （三）重现和反复识记相结合

在材料还没有记住前，就积极地试图重现，重现不起来的再识记，这种复习方法比简单的一遍又一遍地阅读直至记熟为止的方法要好得多。

#### （四）复习方法多样化

单调机械地重复，使人觉得枯燥乏味，容易使大脑皮层产生抑制，不利于巩固。在复习过程中，应动员多种感官参与，使复习过程成为融合看、听、说、做多个程序的活动，如既看课文又看实物，既读又写，既讲给别人听又听别人讲等。

### 六、应试的技巧

#### （一）培养良好的考试心态

考试时保持良好的心态对于所学知识的发挥也是很重要的。良好的考试心态表现为积极自信、豁达正向。

#### （二）难度不同，考试关注点不同

俗话说"难题考能力""易题考规范"，不同难度的考试，考查的重心是不一样的。难题关注的是"懂不懂""会不会"的问题，容易题关注的是"实不实""细不细"的问题。因而，针对不同难度的考试应采取不同的答题技巧。

#### （三）把握良好的考试节奏

好的节奏有利于稳定同学们的考试心态。建立和把握良好的考试节奏，主要从以下几个方面入手。

（1）总体浏览。拿到试卷后不要急于答题，先从总体上浏览一下，大致看看试题的量与难易度，由此决定题目的时间分配。

（2）看分答题。除根据试卷总题量和总时间分配每一题所需时间外，还要根据每一题的分数来分配答题时间，分数少则花时间少，分数多则花时间多。

（3）先易后难。先做会做的题目，其次是中等难度的题目，最后做难题。所谓难题，就是你思考了好几分钟仍然无法回答的题目。这样做的好处是先用容易题目的顺利解决来平缓考试刚开始时最紧张的心情，并完成考试初始阶段的"热身"运动，将自己的身心调整到最佳状态。

（4）不要和自己较劲。题目有了思路就赶紧做，不要犹豫，遇到不会做的题目也不要在一道题目上耽误过多，该放弃的就放弃。

**（四）解决难题的技巧**

解决难题的技巧是综合性的。首先要有放松的心情，考试遇到难题是正常的，遇不到难题才是反常的。其次，难题所涉及的往往是平时学习中最主要、最重要也是教师强调最多的那部分知识、技能，所以解难题时需要从自己最熟悉的地方或类似的题目入手，找到解题思路；若还不行，就猜测一下题目可能涉及的知识点，然后进行作答。

**（五）尽快投入下一场考试**

考试结束后，对于考完的科目和内容不要再作过多的讨论和回顾，积极准备下一场考试，投入到下一场考试的准备工作中是最重要的。

**知识链接**

## 睡眠学习法

心理学家发现：人在处于半睡眠状态（又称为假寐状态）时，大脑某些点上的"小窗口"依然开着，能够接受由听觉器官发来的信息。如果这时有人不断地反复向假寐中的人讲话或播放一段录音（这叫"暗示"），那么假寐中的人就能在不知不觉中将讲话或录音内容记住，这是一种基于暗示性亢进原理的学习方法。由于假寐时的大脑不受外界干扰，因而对暗示作用非常敏感，最适宜用来记忆需死记硬背性质的内容，诸如外语单词。而潜意识学习法的基本原理也就是让潜意识接受暗示，从而达到学习的效果。可以说，睡眠学习法是潜意识学习法的一种比较方便的方式。外语单词、古典文学、故事成语、历史年号与事件、地理知识、乐谱歌曲、剧本脚本、音程音阶、符号公式、发言稿等内容都能用这种方法来记住。而使用最多、效果最为显著的是用在外语学习方面，这种学习方法可以使人不费劲、大量、迅速有效地记住大量外语单词。

睡眠学习法有如此神奇的功效，那么，怎样进行睡眠学习呢？我们使用录音机可以完成睡眠学习。可以使用手机，将我们要记忆的内容，下载至手机中，睡觉前，轻松地躺在床上，闭上双眼，戴上耳机听录音，音量不要太大，调节到窃窃私语的程度最好。听录音时，不需保持高度的注意力，在半睡眠状态下，无意识地接受录音的暗示。录音的暗示会触发记忆，能使你在不知不觉中将记忆潜能挖掘出来，

记住大量材料。利用睡眠学习法能否成功，关键在于能否使大脑和身体放松进入缓慢活动状态，所以，在睡前听录音时，必须先调整好身心，使自己入静、放松，处于最佳心理状态。如何保持入静、放松呢？请你参考如下建议：

**1. 你可以先听一段轻音乐**

柔美、舒缓、恬静、幽雅的轻音乐有利于平缓情绪、调节身心，使呼吸、心跳减缓，达到心平气和的放松状态。

**2. 做呼吸放松**

如果你劳累了一天，脑子里乱糟糟的，无法入静，你可以试着做呼吸放松。你平静地躺在床上，闭上双眼，缓缓地吸气，再缓缓地呼出。呼吸时要"数息"，即默数呼吸的次数，呼时、吸时都要数。"数息"的目的是排除杂念，解除紧张与疲劳，帮助你尽快入静，达到放松状态。

**3. 养成定时睡觉、定时起床的好习惯**

良好的睡眠习惯，有利于保证睡眠质量，而高质量的睡眠是有效睡眠学习的保证。通常我们应在晚上11点左右入睡，过了零点，大脑处于高度兴奋状态，即使你想睡也无法抑制兴奋，难以入睡。所以，在睡前听录音，由大脑放松逐渐转入半睡眠状态，直至熟睡。可能你会听着听着就睡着了，这很正常，睡眠学习有利于记忆，又能帮助你睡眠，可谓一举两得。

**4. 重复记忆**

听录音时，每天应先听前一天所学内容，如昨天学过的单词，重复记忆有利于巩固所学内容。

你可以快速重复内容，不需要花很长时间，然后再听新内容。如此循环往复、循序渐进，既增加了学习兴趣，又能及时有效地检查学习结果。

**5. 要持之以恒**

尽管睡眠学习法可以让你在不知不觉中轻松地学习，但这种学习方法是否有效很大程度上取决于能否坚持。开始学习时，你可能不习惯。也许，你对这种学习法是否有效持怀疑态度，当坚持一段时间的学习后，你会愉快地发现，这的确是一种行之有效而又神奇的学习法。

## SQ3R 法

SQ3R 为英语 Survey、Question、Read、Recite、Review 五个单词的第一个字母的集合，分别代表浏览、发问、阅读、复述、复习五个学习阶段。这种读书方法是由美国爱荷华大学的罗宾森提出的。该方法创用后，极受推崇。其要点：浏览阶段应特别关注书的序（或前言）、内容提要、目录、正文中的大小标题、图、表、照片，以及注释、参考文献和索引等，以便对全书有一个总的直觉印象。这不仅可大体了解全书框架，还可以把自己原先已掌握的有关知识与经验调动起来，为进一步

第八章　学习与心理健康

阅读提供基础。五步读书法过程如下：

浏览：这是读书的第一步。当拿到一本书后，首先应概要地读一读该书的提要、目录，以便对该书有个大体的了解。

发问：这一阶段，要读书中各章节的标题以及章节承上启下的内容，一边粗读一边提问。这样可以激发学习兴趣，促进自己的钻研。

阅读：如果说浏览、发问敲开了书本知识的大门，阅读则是登堂入室。阅读就是从头到尾细读，对重要、难解部分反复读。在阅读过程中，要做到眼到、口到、心到、手到，也就是边读、边思考、边圈点、边画杠杠。要尽可能将自己原有的知识和新知识结合起来，写眉批，写心得，做读书笔记，以保存"知识印象"。

复述："回忆印象"，如俗话说的"过电影"。离开书本，回忆书中的内容，看自己发问的题目是否获得了正确的理解。这是自我检查学习效果的方法，也是巩固记忆的手段。

复习：一般在复述后一两天内进行，隔一段时间再重复一次，可以巩固已有的知识，又能温故而知新，从中获得新的体会。

SQ3R 读书方法，使有关学习和记忆的一些心理原则得到综合性的最佳应用，特别适合于精读教科书及经典著作。

## 遗忘与遗忘规律

### 1. 遗忘曲线与遗忘规律

艾宾浩斯首先对遗忘现象进行了比较系统的研究。为了使记忆尽量避免受旧经验的影响，他用无意义音节作为记忆的材料，把识记材料学到恰能背诵的程度，经过一定时间间隔再重新学习，以重学时节省的朗读时间或次数作为记忆的指标。从实验结果得知，记忆内容的保持将随时间的延长呈减少的趋势。艾宾浩斯依据实验的数据画出遗忘曲线，该曲线被人们称为艾宾浩斯遗忘曲线。

### 2. 艾宾浩斯曲线图

艾宾浩斯遗忘曲线揭示了遗忘在数量上受时间因素制约的规律：遗忘量随时间递增；递增的速度是先快后慢，在识记后的短时间内遗忘特别迅速，然后逐渐缓慢。就是说，遗忘的进程是先快后慢。因此，大学生在学习完某项内容后应及时复习，在未等记忆的内容遗忘掉之前就再次复习，这样只需要花费很少的时间就能复习巩固一次。如果等所学的内容全忘了之后才去复习，就等于重新学习一次，此时所花费的时间就比较多，学习的效率就比较低。

### 3. 遗忘的系列位置效应

艾宾浩斯的遗忘研究证明的是时间导致的记忆减退，但学习之后所经历的时间不是唯一的决定性遗忘因素。实际上遗忘还受许多其他因素的影响，比如识记材料的性质与数量、学习的程度、材料的系列位置，以及识记者的态度、年龄、身体状况等都影响遗忘。其中对学习启发较大的就是学习材料的系列位置效应。遗忘可以由记忆内容的相互干扰引起，材料的位置不同，对遗忘的影响不同，也呈现出一定的规律。一系列学习材料在系列中的位置对记忆效果有重要影响，称为系列位置效应。实验研究表明，记忆时，先摄入大脑的内容会对后来的信息产生干扰，使大脑对后接触的信息印象不深，容易遗忘，叫前摄抑制（先摄入的抑制后摄入的）；后摄抑制（后摄入的干扰、抑制先前摄入的）正好与前摄抑制相反，由于接受了新内容而把前面看过的忘了，使新信息干扰旧信息。一般先学的和后学的容易回忆，中间的较难回忆。在回忆的正确率上，最后呈现的内容遗忘得最少，叫近因效应；最先呈现的内容较易回忆，遗忘较少，叫首因效应。进一步研究发现，前后干扰跟学习材料的相似程度有关。前后学习的材料越是相似，干扰越大，学习的效果越差；学习材料差异越大，干扰越小，学习的效果越好。

## 创新思维训练

### 1. 注意力训练

注意力训练对于创新思维的产生、运用具有重要意义，没有注意力的集中就没有清晰的思维。注意力的集中可以通过训练实现。

（1）练习注意观察周围事物。有意识地去观察静态物，比如房屋、星星、月亮等，或有意识地去观察动态物，比如飞鸟、游鱼、行人等，使观察点及思维目标聚拢，增强对事物的注意力。

（2）学会意念放松。纽曼宁丽·肖纳丽亚曾说："你要学习去聆听心里的答案。为了能听得到心里的声音，你必须先让自己的思想静下来，而不是在脑海中装满了各种你觉得需要去了解的信息。"意念放松可通过静坐的方式进行，从头部到脚底逐一放松，给大脑一个安静休息的空间。意念放松并不等于意念涣散，放松的过程中，人脑处于安静状态，可利于去除杂念，从而实现注意力的集中。意念放松可以帮助人们的思想从各自的理智思考和分析中解放出来，去聆听潜意识发出的声音。

（3）感受有节奏感的声音。聆听有规律、有节奏的声音，比如钟表滴答声、小溪潺潺声、海浪拍击声等，让人的注意力集中于声音中，反复练习，增强注意转移和集中能力。声音感应的训练也可借助专业的声音光盘、录音带等进行。

### 2. 想象力训练

想象力训练是思维创新训练必不可少的关键环节，以下介绍几种简单实用的方法。

（1）看看天花板的污渍或云朵的形状，然后在脑海中描绘出它的形象。不光只是做一次或两次，多做几次后，就会出现效果。

（2）在公共汽车车厢，看见某杂志周刊的广告，或是看了某本书的题目，便想象其中的内容故事。

第八章 学习与心理健康

（3）和人见面以前，事先预想会面对的状况，并且设想问题。

（4）对于尚未去过的地方，想象它周围的风景、建筑的样式以及室内的建设。

（5）边看推理小说边推测犯人。

（6）从设计图、地图、照片想象实际的情况、实际的地方和事物。

（7）重视联想，如果开始联想，中途绝不要打断，要一直想到极限。这种飞跃性的联想是个好办法。

**发现之旅**

## 学习方法自测问卷

指导语：下面有10个问题，请你根据自己平时的实际情况，平时怎么做的、怎么想的就怎么回答。每个问题有三个可供选择的答案：A. 是，B. 不一定，C. 否。请在每一题后选择相应的答案。

1. 学习除了书本还是书本吗？

2. 你对书本的观点、内容从来不加怀疑和批评吗？

3. 除了小说等一些有趣的书本外，你根本不看其他理论书吗？

4. 你读书时从来不做任何笔记吗？

5. 你认为课堂上的基础知识没啥好学，只有看高深的大部头著作才过瘾吗？

6. 除了学会运用公式定理外，你还知道它们是如何推导的吗？

7. 你能够经常使用各种工具书吗？

8. 你能够见缝插针，利用点滴时间学习吗？

9. 上课或自学时，你都能聚精会神吗？

10. 你常找同学争论学习上的问题吗？

答案与说明：

第1~5题，回答"A"的不计分；回答"B"的每题记5分。回答"C"的每题记10分；第6~10题，回答"A"的每题记10分，回答"B"的每题记5分，回答"C"的不计分。最后计算总分：

总分在85分以上的，说明你的学习方法很好；

总分在65~84分的，说明你的学习方法好；

总分在45~64分的，说明你的学习方法一般；

总分在44分以下的，说明你的学习方法较差。

## 学习动机测量表

指导语：本问卷用于了解学生在学习动机、学习兴趣、学习目标制定上是否存在困

第八章 学习与心理健康

扰，共由 20 个题目构成。测验时，请仔细阅读问卷中的每一个题目，并与自己的实际情况相对照。若觉得相符，请在题目后打个"√"；不相符合，则打个"×"。

1. 如果别人不督促你，你极少主动地学习。

2. 你读书时，需要很长的时间才能提起精神来。

3. 你一读书就觉得疲劳与厌倦，只想睡觉。

4. 除了老师指定的作业外，你不想再多看书。

5. 如有不懂的，你根本不想设法弄懂它。

6. 你常想自己不用花太多的时间，成绩也会超过别人。

7. 你迫切希望自己在短时间内就大幅度提高自己的学习成绩。

8. 你常为短时间内成绩没能提高而烦恼不已。

9. 为了及时完成某项作业，你宁愿废寝忘食、通宵达旦。

10. 为了把功课学好，你放弃了许多感兴趣的活动，如体育锻炼、看电影与郊游等。

11. 你觉得读书没意思，想去找个工作做。

12. 你常认为课本的基础知识没啥好学的，只有看高深的理论、读大部头作品才带劲。

13. 只在你喜欢的科目上狠下功夫，而对不喜欢的科目放任自流。

14. 你花在课外读物上的时间比花在教科书上的时间要多得多。

15. 你把自己的时间平均分配在各科上。

16. 你给自己定下的学习目标，多数因做不到而不得不放弃。

17. 你几乎毫不费劲就实现了你的学习目标。

18. 你总是同时为实现几个学习目标而忙得焦头烂额。

19. 为了对付每天的学习任务，你已经感到力不从心了。

20. 为了实现一个大目标，你不再给自己制订循序渐进的小目标。

记分规则与结果解释：

每个题目若打"√"记 1 分，若打"×"记 0 分。上述 20 个题目可分成 4 组，它们分别测查学生在学习欲望上四个方面的困扰程度：1～5 题测查学生动机是不是太弱，6～10 题测查学生动机是不是太强，11～15 题测查学习兴趣是否存在困扰，16～20 题测查学习目标是否存在困扰。假如被试者在某组（每组 5 题）中的得分在 3 分以上，则可认定他在相应的学习欲望上存在一些不够正确的认识，或存在一定程度的困扰。

 **活动体验**

## 活动一：花样翻新

活动目的：训练个体的形象思维能力、空间想象能力和动手能力。

活动时间：约 15 分钟。

具体操作：拿一根 80 厘米长的线绳，把绳子的两端连接在一起，结为环形，用手指来挑、勾、穿成几何图形，看看谁能变出更多的花样。

讨论：

1. 在这个简单的游戏中，你能编出哪些花样？

2. 你邻近的同学能编出哪些和你不一样的花样？对你的启示是什么？

## 活动二：张贴"我的成功"

活动目的：提升大学生的学习能力，帮助他们更好地适应大学生活，在学习中得以成长。

具体操作：

活动时间：约 15 分钟。

1. 将学生分成四组，每组学生分别写出自己在学习中做过的最成功的事，组内互动，了解、学习其他人的成功经验。

2. 各组学生将自己的"成功"张贴在黑板上，每组选派一个或两个同学讲述他们在学习中的成功故事。

3. 讨论：

（1）你认为你在学习上的成功最主要的原因是什么？

（2）通过了解其他人学习上的成功，你有什么体会？

## 活动三：卖梳子

活动目的：

1. 培养学生敢于挑战"不可能"的勇气和解决问题的智慧。

2. 培养学生的发散性思维，学会创新。

活动时间：约 20 分钟。

具体操作：

1. 分组，每个小组六人左右。

2. 主持人讲清楚游戏情境及规则。

有一家效益相当好的大公司，为扩大经营规模，决定高薪招聘营销主管。广告一打出来，报名者云集。面对众多应聘者，招聘工作的负责人说："相马不如赛马，为了选拔出高素质的人才，我们出一道实践性的试题，就是想办法把木梳尽量多地卖给和尚。"

绝大多数应聘者感到困惑不解，甚至愤怒：出家人要木梳何用，这不明摆着拿人开涮吗？于是纷纷拂袖而去，最后只剩下三个应聘者：甲、乙和丙。负责人交代："以十日为限，届时向我汇报销售成果。"假定你是那三个幸运的应聘者之一，请在规定的时间里，每个小组的同学讨论"如何把梳子卖给和尚"，看哪个小组提出的方案能卖给和尚的梳子最多，并在实际生活中具有一定的可操作性。

3. 推销梳子成果汇报。

4. 推销梳子的感受分享。

注意事项：

1. 要向学生说明一定是把梳子卖给和尚。

2. 梳子的形状、样式、颜色等不要事先规定。

3. 主持人可采取"头脑风暴"的做法，要引导学生大胆说出一切可能的方法，然后在这些方法的基础上再挑出一些在实际生活中可操作的比较好的方案。

心理微视频
《郁》

# 第九章

# 情绪与心理健康

每个人都离不开情绪和情感，它们就像我们"生命的指挥棒""健康的寒暑表"。在不同情绪的指挥下，我们看同样的事物会有截然不同的效果。正如一个人情绪好时，"山含情，花含笑"；一个人情绪不好时，"感时花溅泪，恨别鸟惊心"。一般人的一生平均有十分之三的时间处于情绪不佳的状态，每个人都不可避免地要与消极情绪做持久的斗争。心态是人们真正的主人，要么你去驾驭生命，要么是生命驾驭你，而你的心态将决定谁是坐骑，谁是骑师。弱者听任情绪控制行为，强者让行动控制情绪。

案例共享

案例

## 大一新生的自述

这是一位大一新生的自述："我来自一个并不富有但也比较宽裕的家庭，父亲非常爱我。在我童年中，发生过重大创伤性生活事件——父母离婚，母亲让我与父亲一起生活。自从这件事发生后，我不再相信任何人，也不再相信很多人们确信不移的比如友谊、爱情等，我想通过努力学习离开原来的生活环境，开始新的生活，摆脱童年生活的阴影。来到大学后，看到同学们都快乐无忧地生活着，长久潜藏于内心深处的愤怒悄悄地滋长着，我不知道如何化解与排解这种情绪，便经常翻同学的书柜和床位，将他们正在看的参考书藏起来，我并不是为了看书而是想看到他们焦虑、着急的样子，我内在的愤怒便找到了宣泄的出口。这样我还不解气，我将同学的存折悄悄取出，并将钱全部花掉以化解我心中的愤怒。"

**点评：**

这名大学新生因早年的创伤性体验没有及时得到必要的心理辅导支持，在内心深处形成了阴影。升入大学后，他与周围同学比照，更加剧了自身的负性情绪，压抑在内心深处的愤怒被强化，因得不到疏解便选择了错误的方法进行发泄。

# 第一节  情绪概述

## 一、情绪的含义

情绪是指人对认知内容的特殊态度，是以个体的愿望和需要为中介的一种心理活动。情绪包含情绪体验、情绪行为、情绪唤醒和对刺激物的认知等复杂成分。我国古代有喜、怒、忧、思、悲、恐、惊的七情说，美国心理学家普拉切克提出了八种基本情绪：悲痛、恐惧、惊奇、接受、狂喜、狂怒、警惕、憎恨。

## 二、情绪的分类

目前比较有代表性的分类方法有两种。

### （一）根据情绪性质分类

**1. 快乐**

快乐是个体达成期盼目标后随之产生的情绪体验。它是因需要得到满足、愿望实现后所产生的满足体验，具有正性色调的快乐情绪，使人产生超越感和接纳感。快乐的程度由低到高依次是愉快、兴奋、狂喜。

**2. 愤怒**

愤怒是个体因受干扰而不能达到预期目标时所产生的体验。愤怒伴随着紧张感的增加，当个体遇到的是不公平待遇或恶意行为时，最易发生愤怒，甚至出现攻击行为。愤怒的程度由低到高依次是不满、生气、愠怒、愤怒、暴怒。

**3. 恐惧**

恐惧是个体企图摆脱、逃避某种危险情景时所产生的情绪体验。除外在危险情境因素，恐惧的产生还与个体对危险情境的认知、排除危机的能力息息相关。例如婴儿对恐惧的认知出现较晚，则恐惧情绪表现较晚。

**4. 悲哀**

悲哀是在失去心爱的对象或愿望破灭、理想不能实现时所产生的体验。悲哀伴随着紧张感的释放和哭泣的行为表现，其程度取决于对象、愿望、理想对自己的意义和价值。悲哀的程度由低到高依次是遗憾、失望、难过、悲伤、哀痛。

在基本情绪的基础上可派生出其他的复杂情绪，如厌恶、羞耻、恼怒、嫉妒、喜欢、悔恨等。

### （二）根据情绪状态分类

**1. 心境**

心境也即平时说的心情，是一种微弱、弥漫和持久的情绪，其特点具有弥散性，它不是针对某一事物的特定体验，而是以同样的态度体验对待一切事物。"忧者见之而忧，喜者见之而喜""人逢喜事精神爽"等就是心境的表现。心情愉悦时，"风含情，水含笑"，看什么都好；心情不佳时，"见花落泪，对月伤怀"，看什么都不开心。影响心境的原因有很多种，比如生活的顺心与否、学习和工作的如意与否，人际交往和沟通的和谐与否、自身健康状况的好坏以及周围环境的变化等，进而影响个体生活的其他方面。平稳的心境可持续几个小时、几周或几个月，甚至一年以上。心境对个体的生活、学习、工作、人际交往、身心健康等有很大的影响。积极的心境能够提高个体的工作效率、学习绩效，帮助个体保持良好的身心状态，提高生活满意度；消极的心境则会桎梏个体的身心发展，影响正常的生活和学习，导致工作效率下降，人际交往出现"灰色地带"。

### 2. 激情

激情是一种爆发快、强烈而短暂的情绪体验。它的发展经历了三个阶段：意识控制力降低导致身体、表情动作趋向于失控，行为追随彼时的情感；意志失去监督，导致动作不可控，行为失去理智，事后会有羞耻感；激情爆发之后会出现疲劳的现象，甚至精力衰竭，精神不振，对一切事物都漠不关心，即所谓的激情休克。激情有诸多情绪反应表现，如勃然大怒、暴跳如雷、欣喜若狂等。处于激情状态的个体，其外部行为表现明显，生理层面有较高的唤醒度，认知范围会缩小，专注于与体验有关的事物，极易失去理智和控制力，做出不计后果的莽撞行为。个体一旦处于激情状态下，首先要有明确的认识，能注意调控自己的情绪，减少冲动行为。激情持续的时间较短，可以是积极的，也可以是消极的。积极的激情对个体活动有激励作用，消极的激情对个体活动有抑制作用。

### 3. 应激

应激是肌体在各种内外环境因素及社会、心理因素刺激时所出现的全身性非特异性适应反应。当个体面临突发事件或受到威胁时，身心会高度紧张，出现一系列的生理反应，如心跳加快、肌肉僵硬、呼吸加速、血压升高等，由此聚集能量，对抗外在危险。例如，个体在遭遇歹徒、驾车遇难、经历巨大自然灾害等时均会出现应激反应。应激状态下的个体会有两种表现：一是束手无策，陷入混乱；二是急中生智，迅速行动。不同的表现会产生不同的结果，积极的应激反应可以通过训练实现，但是应激的状态不能维持过久，否则将过度消耗身心能量，导致疾病的发生。

## 三、情绪的表达

情绪表达指的是人们用来表现情绪的各种方式，其功能就是在疏解情绪水位，使水位下降。情绪的表达主要有两种方式：一是语言表达，通过表达的语句含义、词语褒贬等揭示个体的内心情绪；二是非语言表达，通过面部表情、姿势语言、语音语调等反映个体的内心情绪。

### （一）面部表情

人的面部表情最为丰富，姿势语言是通过眼部肌肉、颜面肌肉和口部肌肉来表现人的各种情绪状态。例如，眼睛：高兴时眉开眼笑，悲伤时两眼无光，气愤时怒目而视，恐惧时目瞪口呆。眉毛：欢喜时展眉欢颜，愁闷时蹙眉愁苦，憎恨时横眉冷对，发怒时竖眉愤怒。嘴巴：微笑时嘴角上提，生气时嘴角下挂，憎恶时咬牙切齿，恐惧时张口结舌。

### （二）姿势语言

姿势语言是通过四肢与躯体的变化来表现人的各种情绪状态，可分为身体表情和手势表情。例如，快乐时会手舞足蹈，懊悔时捶胸顿足，恐惧时瑟瑟发抖。个体对由姿势语言表达的情绪往往不容易察觉，不为当事人的意识所控制。

### （三）语音语调

语音语调是通过音调、音速的变化来表现各种情绪状态。如高兴时语调激昂，节奏轻快；悲哀时语调低沉，节奏缓慢，声音断续且高低差别很少；愤怒时语言生硬，态度凶狠。据说美国一位女演员用悲调念 26 个英语字母，竟使听众落泪，而波兰一位喜剧演员用另一种语调念同样的 26 个字母，却把听众引得哄堂大笑。

## 四、情绪与情感

情绪和情感之间有紧密的关联。情感在多次情绪体验的基础上形成的，是情绪的深层核心，具体仍表现为情绪；情绪包含着情感，是情感的外在表现；情绪的变化受已有情感的制约，情感对其有巨大的影响。二者是心理活动过程的两个不同侧面，相互依存、制约和转化，但情绪和情感之间又有明显的区别。

### （一）需要的差异

情绪主要与个体的物质、生理需要相联系。例如，个体的睡眠需要得到满足时会感到舒适，其人身安全受到威胁时会感到恐惧，这些都是人的情绪。情感主要与个体的精神、社会需要相联系。例如，尊重感的产生是由于人际交往需要得到了满足，当个体获得成功时会产生荣誉感，这些都是情感。

### （二）发生时间的差异

从发展的角度来看，情绪发生早于情感。婴儿一生下来，就有哭、笑等情绪表现，而且多与食物、水、温暖、困倦等生理性需要相关，却没有道德感、成就感、美感等情感。情感是随着个体的年龄增长、心智的成熟和对社会认知的不断发展而产生的，多与求知、交往、艺术陶冶、人生追求等社会性需要相关。因此，情绪是人和动物所共有的，而情感是人所特有的。

### （三）反映特点的差异

情绪具有变动性、暂时性、浅表性与外显性。情绪常随环境、对象、场合的改变而不断变动，难以自控，维持不长久，且停留于表面。例如，个体处于危险情境中会极度恐惧，但危险过后恐惧情绪就会消失。情感则具有稳定性、持久性、深刻性、内隐性，它是在多次情绪体验的基础上形成的稳定的态度体验，因其深刻性而常被作为人的个性和道德品质评价的重要方面。例如，对某人深沉的爱和尊敬的情感甚至能维持一生。

### 五、情绪对大学生的影响

#### （一）情绪影响大学生的学习

大学生的学习不仅受认知影响，也受情绪影响。情绪可以提高大学生学习的积极性和学习效率，也可以降低其学习的积极性和学习效率。

情绪活动水平影响问题解决。根据耶克斯－多德森定律，各种学习活动有一个最佳的情绪活动水平。例如，较低的激动水平，有利于学习较难的代数问题；中等程度的激动水平，有利于训练基本的算术技能；较高的激动水平，有利于学习简单的操作。

焦虑程度影响学习效率。焦虑与学习效率之间的关系呈倒"U"形，没有焦虑或过分焦虑都不能产生较高的学习效率，而中等程度的焦虑最有利于学习效率的提高。

心境状态影响学习积极性。积极的心境能增强大学生的自信心，提高其学习积极性；消极的心境，易使大学生丧失信心，降低其学习积极性。根据"心境状态依赖性效应"的相关心理实验，个体学习时的情绪状态良好，被试回忆或再认的成绩最好，因为学习时的情绪状态在回忆或再认时可以成为信息检索的有效线索。

#### （二）情绪影响大学生的生理健康

俗话说："笑一笑，十年少；愁一愁，白了头。"良好的情绪不仅是维护心理健康的保证，也是保持生理健康的重要因素。它能使大学生精力充沛，维持神经系统活动的兴奋和协调，保持内分泌系统平衡，增强个体自身免疫力，提高对疾病的抵抗力。反之，如果大学生长期处于抑郁、焦虑、恐惧等消极情绪下，得不到及时调适或宣泄，会降低个体的免疫力，引起生理疾病。例如，紧张性头痛、神经衰弱、心律不齐、哮喘、神经性皮炎、十二指肠溃疡、月经不调、雀斑等都是大学生因情绪问题导致的常见生理疾病。《黄帝内经》中对于这一点有详细的论述，"故喜怒伤气，寒暑伤形。暴怒伤阴，暴喜伤阳"，"喜怒不节，寒暑过度，生乃不固"，又说"怒伤肝，喜伤心，思伤脾，忧伤肺，恐伤肾"。如果大学生不能适应竞争性的大学生活，对自己缺乏合理的定位，没有形成正确的奋斗目标，对自己期望和要求过高，会导致精神紧绷、情绪状态不佳，势必会影响其生理健康状态。

#### （三）情绪影响大学生的行为效果

根据埃普斯顿的研究，大学生的情绪体验对其行为有重要影响。例如，大学生体验到愉快、舒适、亲切、平静等积极的情绪时，行为目标往往是积极向上的，其社会兴趣、对新经验的开放和接受的程度、对周围人的尊重与理解、对价值和长远目标的献身精神等都有明显的增强。反之，如果大学生体验到的是痛苦、愤怒、紧张或受到威胁等消极情绪，一部分大学生的行为可能会发生消极的变化，表现为社会兴趣下降，反社会行为增加，对新经验持审慎甚至闭锁的态度；而另一部分大学生则向积极的方向转化，在行为上表现得更为坚强，表现出更大的克服困难的勇气与意志。

不论是积极情绪还是消极情绪，都会对大学生的行为目标、反应等产生一定的影响。关键在于明确情绪对个体行为的重要意义，合理利用，因势利导，积极推动。

### （四）情绪影响大学生的人际交往

心理学研究表明，在第一印象形成过程中，主体的情绪状态有十分重要的作用。在大学生人际交往中，情绪会通过个体的姿态、表情、语言等传达给对方积极或消极的信息，影响对方的情绪和态度，进而影响人际交往状况。

## 情绪的传染效应

个体情绪糟糕时会毫无根据地认为对方讨厌、无理，把内在的消极情绪无意中传达给对方，导致对方的反感，影响了正常的人际交往。这也体现了情绪在人际交往中的传染效应。美国洛杉矶大学医学院的心理学家加利·斯梅尔就此做过一个心理实验。他将一个乐观开朗的人和一个整天愁眉苦脸、抑郁难解的人放在一起，不到半个小时，这个乐观的人也变得郁郁寡欢起来。加利·斯梅尔随后又做了一系列实验证明，只要20分钟，一个人就可以受到他人低落情绪的传染。一个人的敏感性和同情心越强，越容易感染上坏情绪，这种传染过程是在不知不觉中完成的。经常在他人面前任由负性情绪决堤，不加控制、乱发脾气的人，久而久之，别人会视他为难以相处的人，甚至拒绝往来；反之，面带微笑、经常赞美他人、态度亲切的人，其人际交往顺利，人际关系和谐。

很多大学生都懂得人际交往的策略和技巧，却忽略了情绪的影响作用。他们自信满满地与人打交道时，却因为自己不能保持良好的情绪，让人际交往的效果大打折扣。紧张、烦躁、失落等消极情绪都会直接反映到人际交往的一些细节中。例如，眼神不专注、不耐烦、表情僵硬等，由此传递给对方无聊、紧张、冷漠的负性心理暗示，影响人际交往。反之，乐观积极的情绪也会带给对方积极的心理暗示，使人际交往愉快、顺利。

## 第二节　大学生常见的情绪困扰

大学生正处于青春期阶段，这是一个动荡紧张的时期，正如美国心理学家斯坦利·霍尔在《青春期》一书中所说，青春期是"狂风骤雨"时期。在这个特殊的时期里，大学生容易产生各种情绪困扰，严重者会有情绪障碍。大学生常见的情绪困扰包括以下几点：

### 一、自卑

自卑在心理学上又称"自我否定"，是一种负性的自我情绪体验，也可以说是性格上的一种缺陷。它主要表现为对自己的能力、学识、品质等自身因素评价过低，觉得自己各方面不如人，同时伴有一些特殊的情绪体现，如害羞、不安、内疚、忧郁、失望

第九章　情绪与心理健康

等。生活中自卑的人，往往不敢大声说话、不苟言笑，经常一个人在某个角落里默默注视他人，尽管渴望被别人关注，但因自卑心理问题，不能正常融于社会生活。进入大学前出类拔萃的学生由于对自我没有合理的定位，看不清自己的特点和优势，会因大学后"比较团体"的扩大而变得相对平庸无为，其背负的期望越大，"相对平庸化"的心理感受会愈加明显，部分大学生由原来的"佼佼者"变成了大学校园中默默无闻的"普通一员"，导致产生自卑、怯懦、自我迷失等问题。加之竞争压力的加剧、竞争源的扩大，大学生之间不再局限于学习成绩的比较，更多涉及研究能力、社交能力、艺术修养、个人风度等方面的竞争，竞争范围的扩大和程度的增加，容易导致自卑问题。其中高职高专的学生，自卑心理比普通高等院校的大学生更为明显，他们会因学校差异、专业限制、自身条件等因素产生自卑问题，影响了正常生活。此外，还有一些学生由于经济条件差、家庭状况不如他人等外在因素而变得消极自卑，导致出现行为畏缩、瞻前顾后、多愁善感、过于敏感等问题，严重影响各方面的正常发展。

### 二、焦虑

焦虑是一种缺乏明显客观原因的内心不安或毫无根据的恐惧，是当人们在面临威胁或预料到某种不良后果时，产生的一种由紧张、害怕、担忧、焦急混合交织的情绪体验。它可以在人遭受挫折时出现，也可能在没有明显的诱因状况下发生，通常情况下与精神打击以及即将来临的、可能造成的威胁或危险相联系，主观表现为感到紧张、不愉快，甚至痛苦、难以自制，严重时会伴有植物性神经系统功能的变化或失调。对于大学生来说，适度的焦虑可以唤起个体的警觉、集中注意力、激发斗志，对个体成长是有利的。但是过度的焦虑则使其处于一种无所适从的状态，总是担心将要发生的事情、伴有大祸临头的恐惧感、内心时刻感到紧张害怕、心烦意乱、精神紧张、坐立不安、注意力分散、办事效率低下，常伴有心悸、气急、出汗、四肢发冷、震颤等自主神经功能失调的表现和运动性坐立不安，严重的甚至产生焦虑障碍。引发大学生焦虑的主要原因包括大学适应问题、学习问题、恋爱问题、人际交往问题、求职就业问题等。

### 三、抑郁

抑郁是一种低落、消沉的情绪体验，也是一种复合性负性情绪。抑郁问题在大学生中并不少见，其诱发原因有多种：有的大学生因为不喜欢所学专业和学校，对未来感到前途渺茫，慢慢产生情绪抑郁问题；有的大学生因为人际交往不顺，人际关系问题处理不当引发了抑郁问题；有的大学生则因失恋问题导致情绪抑郁。这些诱导因素对大学生来说是人生中重要的东西，所以由此引发的负性情绪体验会更加深刻、复杂和持久。正常人短期的抑郁情绪是应对悲伤情境的温和方式，但如果长期陷于抑郁中不能自拔，则会影响正常的学习和生活，不利于身心健康。处于抑郁状态的大学生，往往情绪低落、郁郁寡欢、闷闷不乐、兴趣丧失，常常感到精力不足、注意力不集中、思维迟缓，自我评价低，对一切感到悲观失望，同时伴有食欲减退、失眠等问题。长时间过度的抑郁会引发抑郁症或灾难性的自杀后果。有关研究表明，有相当比例的抑郁症患者有自杀倾向，甚至采取过自杀行为。因此，对于有长期抑郁情绪问题的大学生应格外关注，因其是评定自杀危险性的重要指标。

### 四、嫉妒

莎士比亚曾说："要留心嫉妒，那是一个绿眼的妖魔!"《心理学大辞典》中指出，嫉妒是与他人比较，发现自己在才能、名誉、地位或境遇等方面不如别人而产生的一种由羞愧、愤怒、怨恨等组成的复杂的情绪状态。它是一种复杂的情绪体验，包含了焦虑、恐惧、悲哀、猜疑、羞耻、消沉、憎恶、敌意、怨恨、报复等不愉快的心理状态。嫉妒是个体对相应的幸运者或潜在的幸运者怀有的一种冷漠、贬低、排斥甚至是敌视的负性情绪体验，他人的容貌、财富、成就、地位、荣誉、家庭、聪明才智等均可以成为嫉妒的对象。

嫉妒问题在大学生中普遍存在，表现为：不能容忍其他同学的快乐和幸福，会借用一些手段去破坏；看到其他同学在才艺、能力、人品、容貌、衣着等方面比自己好时，感到恼怒、生气、愤愤不平；当比自己优秀的同学遭到不幸和灾难时幸灾乐祸、讥讽嘲笑，甚至背后诋毁中伤、打击报复。严重的嫉妒情绪是一种极不健康的心理状态，它使大学生的心灵扭曲变形，是一种情绪障碍。

大学生嫉妒情绪主要有三方面来源：一是同一领域的竞争。个体往往只嫉妒与自己处于同一竞争领域、表现比自己强的人，而很少嫉妒和自己不在一个领域的比自己强的人，在同一竞争领域经常接触的个体之间往往更易爆发激烈的嫉妒情绪。二是自身某种被破坏的优越感。个体只有在自己具备优越感并被他人超越后才会产生嫉妒情绪，本身不具备优越感的个体往往表现为自卑和羡慕，而很少有嫉妒。三是"猴王心理"。当个体把自己当成最重要的人或认可自己是最强者时，常会表现出喜悦、幸福等积极情绪，此时的心理即为"猴王心理"；如果发现自己不如他人，自己不是最强者时会严重挫伤个体的"猴王心理"，而"猴王心理"特别强烈的个体也是嫉妒心理最容易爆发的人。

# 第三节　大学生的情绪管理

## 一、ABC 理论——合理情绪调节法

此理论是 20 世纪 50 年代由美国著名心理学家阿尔伯特·艾利斯创立的。其理论认为，人们的情绪障碍是由人们的不合理信念造成的，只有通过认知改变的方式帮助求治者用合理的思维方式代替不合理的思维方式，用合理的信念替代不合理的信念，才能减少不合理的信念给情绪带来的不良影响，帮助个体减少或消除他们已有的情绪障碍。该理论主要体现为 ABC 理论模式。在 ABC 理论模式中，A 指诱发性事件（Adversity），B

大学生
职业生涯规划与心理健康教育

指个体在遇到诱发事件之后相应而生的信念（Belief），即他对这一事件的看法、解释和评价，C指特定情景下个体的情绪及行为结果（Consequence）。ABC理论指出，诱发性事件只是引起情绪及行为反应的间接原因，而人们对诱发性事件所持的信念、看法、理解才是引起人的情绪及行为反应的更直接的原因。

> **故 事**
>
> 鞋厂市场部派职员X和Y到一个岛上去推销鞋子，两个人看到岛上居民没有穿鞋子的习惯，男女老少一律打赤脚。X的想法是岛上的人都不穿鞋子，所以根本没有市场前景，由此产生了沮丧的情绪和消极的推销行为。而Y认为岛上的居民都没鞋子穿，有很大的市场空间，因此很高兴，采取积极的推销行为。由此可见，想法不同，情绪和行为结果亦不同。

比如，两个学生一起在校园里走，碰到他们的辅导员，但辅导员没有理睬他们而径直走过去了。这两个学生中的一个认为：他也许正在想其他事情，没有注意到我们，也或许有什么特殊的原因。而另一个却可能有不同的想法：是不是上次顶撞了辅导员一句，他就故意不理我了，以后可能就要故意找我的麻烦了。两种不同的想法就会导致两种不同的情绪和行为反应。前者可能觉得无所谓，而后者可能忧心忡忡。由此看出，人的情绪及行为反应与人们对事物的想法、看法有直接的关系。合理的信念会引起人们对事物适当、适度的情绪和行为反应，而不合理的信念则会导致不适当的情绪和行为反应。对于大学生来说，如果总是坚持某些不合理的信念，长期处于不良的情绪状态之中，最终将导致情绪障碍的产生；当改变不合理的信念后，不良情绪和行为自然会消失。

### 二、情绪宣泄法

在竞争激烈的现代社会，大学生的压力也骤增，很容易产生情绪郁结、压抑等问题，如能适时运用情绪宣泄法进行疏导，是对自我心理进行保护的有效措施。有人做过一个实验：用胶水把一只老鼠的肛门封住，这只老鼠排泄不出自己的粪便，极度愤怒和失控，就紧紧追住同伴咬，不依不饶，直至把同伴咬死。心理宣泄亦如此，如果不能及时清理掉情绪垃圾，人的心理健康也会受到影响。大学生面对大学生活和学习中追求的失落、奋斗的挫折、情感的伤害、学习的压力等困扰时，情绪问题极易产生，只有对不良情绪及时宣泄、疏导，才不会影响正常的工作、学习和生活。情绪宣泄的途径有以下几种：

**（一）学会倾诉**

当遇到不愉快的事时，不要自己生闷气，把不良情绪压抑在内心，而应当学会有节制地倾诉，把闷在心中的不快倾诉出来。每个人的周围总会有家人和知心的朋友，当产生不良情绪时，可以试着把烦扰自己的事情说给好友或者家人听，把自己积聚的消极情绪倾诉出来，以便得到他们的同情、开导和安慰，找到解决问题的办法。

**（二）高歌一曲**

歌曲不仅是用来听的，更是用来唱的。借助音乐旋律作用于感觉器官引发的心理共鸣，伴随着音乐中的旋律和音调，有节律地高声歌唱是排除紧张和压抑情绪的有效手段。当情绪不佳时，不妨自己高歌一曲，能促使肌体分泌有益于健康的激素，提高体内酶的活力，激发对美好生活的体验和向往，释放内心的压力。

### （三）运动减压

当心情不好的时候，可以采用运动的方式排解体内的不良情绪。比如跑步 20 分钟，对克服人的坏情绪能起到立竿见影的效果。研究人员发现，运动能使人的身体产生一系列的生理变化，运动后能使人感觉身心舒畅。

### （四）不妨痛哭

哭是人类的一种本能，是不愉快情绪的直观体现。短时间内的痛哭是释放不良情绪的最好方法，是心理保健的有效措施。因为人在哭泣时流出的眼泪会产生高浓度的蛋白质，可以减轻或消除人的压抑情绪。有关专家对此进行研究，其结果表明健康人要比身体患病的人哭的次数多。但是哭泣最好只在内心极度委屈和不幸时才有，如果遇事就哭，经常悲哀，反倒会加重不良情绪体验，影响人的身心健康。

## 三、"WWH" 三部曲法

诺贝尔文学奖得主赫曼·赫塞说："痛苦让你觉得苦恼，只是因为你惧怕它、责怪它；痛苦会紧追你不舍，是因为你想逃离它。所以，你不可逃避，不可责怪，不可惧怕。你自己知道，在心的深处完全知道——世界上只有一个魔术、一种力量和一个幸福，它就叫爱。因此，去爱痛苦吧。不要违逆痛苦，不要逃避痛苦，去品尝痛苦深处的甜美吧。"要记住，其实情绪本身并无是非、好坏之分，每一种情绪都有它的价值和功能。因此，一个心理健康的人不仅不否定自己情绪的存在，而且会给它一个适当的空间允许自己有负面的情绪。只要能成为情绪的主人，不是完全让它左右自己的思想和行为，就可以善用情绪的价值和功能。在许多情境下，一个人应该坦然接受自己的情绪，把它视为正常。例如，你不必为了想家而感到羞耻，不必因为害怕某物而感到不安，对触怒你的人生气也没有什么不对。这些感觉与情绪都是自然的，应该允许它们适时适地存在，并缓解出来。这远比压抑、否认有益多了，接纳自己内心感受的存在，才能谈及有效管理情绪。管理情绪的方法，就是要清楚自己当时的感受，认清引发情绪的理由，再找出适当的方法缓解或表达情绪。具体可以归纳成为以下三部曲，即"WWH"三部曲法：

### （一）What——我现在有什么情绪

由于平常比较容易压抑，感觉或者常认为有情绪是不好的，常常忽略真实的感受，因此情绪管理第一步就是要先能察觉自己的情绪，并且接纳它。只有当你认清自己的情绪，知道自己现在的感受，才有机会掌握情绪，也才能为自己的情绪负责，而不会被情绪所左右。

### （二）Who——我为什么会有这种情绪

我为什么生气？我为什么难过？我为什么觉得挫折无助？找出原因，才知道这样的反应是否正常，才能对症下药。

### （三）How——如何有效处理情绪

想想看，可以用什么方法来疏解自己的情绪？平常当你心情不好的时候，你会怎么处理？什么方法对你是比较有效的？例如，可以通过深呼吸、肌肉松弛法、静坐冥想、户外运动、听音乐等方式让自己心情平静，也可以通过大哭一场、找人倾诉、随性涂鸦、写日记微博等方式进行宣泄，由此改变自己的心情。

## 四、自我暗示法

自我暗示是指通过言语暗示、想象某种事物存在等方式的作用，对自身施加影响，达到放松紧张心理、缓解不良情绪的目的。比如，积极自我暗示的语言有："我是一个聪明、漂亮的人""我是出类拔萃的""我是最棒的""我具有强大的行动力""我能实现自己的美好愿望""我一定会成功的""今天我很高兴"。消极自我暗示的语言有："我长得太丑""我的成绩永远都赶不上你""我做不到""我找不到工作""没有人喜欢我""我不行""他们一定嫌弃我"。

大学生要多对自己进行积极的自我暗示，特别是遇到不顺心的事情时，积极的自我暗示能有效地将不良情绪转化为正常心态。其中，幽默是一种很好的方式，它既是一种特殊的情绪表现，也是人们积极自我暗示的体现。拥有幽默感的人，能对生活保持积极乐观的态度，许多看似烦恼的事物，用幽默的方法对付，往往可以使自己的不愉快情绪荡然无存，立即变得轻松起来。

## 五、学会微笑

### 故 事

#### 今天你微笑了吗？

康拉德·希尔顿（Conrad Hilton）是世界旅店之王，一个精力充沛且能干的实业家，又是个实实在在的乐天派。他所创立的国际希尔顿旅馆有限公司，现在全球已拥有200多家旅馆，资产总额达数十亿美元，年利润达数亿美元，雄踞全世界最大的旅馆的榜首。

当希尔顿一文不名的时候，他的母亲告诉他要想成功，必须找到一种简单容易、不花本钱而长期有效的办法去吸引顾客。希尔顿最后找到了这样东西，那就是微笑。依靠"今天你微笑了吗"的座右铭，他成为世界上最富有的人之一。微笑不但可以助人成功，更是个体美好心灵的外在体现。当个体展现出发自内心的微笑时，也是其自信的象征。即使遇到困难和挫折，能够微笑的人也能给自己传递积极的情绪和力量，就像阳光驱散阴云一样，这种力量能把人的沮丧、低落、恐惧、苦恼等消极情绪一扫而光，有利于困难的解决。

真诚自然的微笑是心理健康的体现，能发自内心真诚微笑的人，一定乐于帮助他人，愿意与他人共享快乐，也善于和他人分担苦恼，其情绪必然是积极向上的。因此，学会微笑，善于微笑，也是拥有积极情绪的一个法宝，不但能给自己带来快乐和安全感，消除紧张和压力，也能让别人感到舒适和愉快，缓解不良的情绪氛围，促进人际关系和谐。在运用微笑传情达意的时候，需要掌握几个小技巧。首先，微笑要自然。只有发自内心地微笑才能自然、亲切、美好、得体。让自己真诚地微笑，可以调动内心的积极情绪，让别人感到温暖，引起的共鸣传导给自己，会进一步加深积极情绪体验。其次，微笑要看场合。比如，当出席庄严的会议、讨论重大政治问题或告知他人不幸消息时，不宜过度、过多微笑，微笑的频率和程度要与场合相匹配。再次，微笑要恰到好处。比如当对方注视你的时候，你可以直视他微笑点头；对方发表意见时，宜边听边微笑。如果笑得放肆或毫无节制，会引起他人的反感。

## 六、行动转移法

当心情不好的时候，不妨放下眼前的一切去忙其他的事情，让自己没有时间思考不愉快的事情。这也是情绪能量的一种升华，可以将不良情绪转化为建设有意义、有价值、积极的事情的力量，这是对不良情绪的一种高水平的调适，通过其他事情成功来改变自己的失败处境，改善自己的心境。

**发现之旅**

## 焦虑自评量表（Self-Rating Anxiety Scale，SAS）

指导语：量表包含20个项目，请根据一周来的实际感觉在各项目后面写上适当的选项字母，之后算分，不要漏评任何一个项目，也不要在相同的一个项目上重复评定。量表中有部分反向（即从焦虑反向状态）评分的题，在填分、算分、评分时请注意。本表可用于反映测试者焦虑的主观感受，但由于焦虑是神经症的共同症状，因而SAS在各类神经症鉴别中作用不大。

关于焦虑症状的临床分级，除参考量表分值外，主要还应根据临床症状，特别是要害症状（与处境不相称的痛苦情绪体验、精神运动性不安、植物神经功能障碍）的程度来划分，量表总分值仅能作为一项参考指标而非绝对标准。

选项：A. 没有或很少时间有，B. 有时有，C. 大部分时间有，D. 绝大部分或全部时间都有。

项目：

1. 我觉得比平常容易紧张和着急。

2. 我无缘无故地感到害怕。

3. 我容易心里烦乱或觉得惊恐。

4. 我觉得我可能要发疯。

\*5. 我觉得一切都很好，也不会发生什么不幸。

6. 我手脚发抖打战。

7. 我因为头痛、颈痛和背痛而苦恼。

8. 我感觉容易衰弱和疲乏。

*9. 我觉得心平气和，并且容易安静坐着。

10. 我觉得心跳很快。

11. 我因为一阵阵头晕而苦恼。

12. 我有晕倒发作或觉得要晕倒似的。

*13. 我呼气、吸气都感到很容易。

14. 我手脚麻木和刺痛。

15. 我因为胃痛和消化不良而苦恼。

16. 我常常要小便。

*17. 我的手常常是干燥温暖的。

18. 我脸红发热。

*19. 我容易入睡并且一夜睡得很好。

20. 我做噩梦。

评分与解释：

SAS采用4级评分，主要评定症状出现的频度。20个项目中有15项是用负性词陈述的，A、B、C、D按1~4分正向评分；其余注*的5项（5、9、13、17、19题），是用正性词陈述的，A、B、C、D按4~1分反向计分。SAS的主要统计指标为总分，将20个项目的各个得分相加，即得粗分，用粗分乘以1.25取整数，即得标准分。根据中国常模结果，SAS标准分的分界值为50分，其中50~59分为轻度焦虑，60~69分为中度焦虑，70分以上为重度焦虑。

## 情绪稳定性诊断量表

指导语：本量表用于测定情绪是否稳定。对下列题目做出"是"或"否"的回答，每题选择"是"记1分，"否"记0分。

1. 尽管发生了不愉快的事情，仍能毫不在乎地思考别的事情。

2. 不计小隙，经常保持坦率诚恳的态度。

3. 习惯于把担心的事情写在纸上并进行整理。

4. 在做事情时，往往具体规定有可能实现的目标。

5. 失败时仔细思考，反省其原因，但不会愁眉不展、整天闷闷不乐。

6. 具有悠闲自娱的爱好。

7. 常常倾听别人的意见。

8. 做事有计划地积极进行，遇挫折也不气馁。

9. 无路可走时，能够改变生活方式和节奏，以适应生活。

10. 在学业上，尽管别人比自己强，但仍坚持"我走我的路"。

11. 对自己的进步，哪怕只是一点点，都会高兴地表示出来。

12. 乐于一点一滴地积聚有益的东西。

13. 很少感情用事。

14. 尽管很想做某一件事，但自己觉得不可能时也会打消念头。

15. 往往理智、周密地思考和判断问题，不拘泥于小节。

评分与解释：

0~6分：你的情绪不是很稳定，经常患得患失，又不能很好地生活。常常拘泥于一些小事情，无论做什么事情都过分认真，总是忙忙碌碌、耗费心力。难于做出重大的决策，一丝不苟反而使自己感觉迟钝。

7~9分：情绪一般稳定。

10~15分：你的情绪很稳定，擅长处理事物，有自己的方法、判断及思考等，不拘泥于细微小节，能积极大胆地处理一些事情，在各种困难面前毫不动摇。

 活 动 体 验

## 活动一：情绪你我他

活动目的：学会调节不良情绪。

活动时间：约30分钟。

具体操作：

1. 让成员在纸上写出最近令自己烦恼的事情，然后折成纸飞机放飞，意为让烦恼飞走。

2. 每位成员按顺序从众多纸飞机中拿出一个纸飞机，念出纸上所写的内容，并请写这张纸的同学说出他/她写这件事情的原因以及想获得怎样的帮助。

3. 大家针对所写的问题提出自己的解决办法，并进行讨论。

4. 组长发给成员每人一张卡片，并请他们在卡片上写上祝福和期许以及自己的姓名，然后将小卡片依序往右传。

5. 以《祝你平安》这首歌作为整个活动的结束。

讨论：

1. 放飞纸飞机，你的感受是什么？

2. 对大家提出的办法，你的看法是什么？

3. 当你拿到写有祝福和期许的小卡片后，你的感受是什么？

## 活动二：构造自己的快乐

活动目的：

1. 帮助成员掌握调节情绪的方法和技巧，学会管理情绪，构建愉悦心情。

2. 帮助成员懂得自己才是情绪的主人，转换视角，善于发现，一定会发现生活中的快乐元素。

活动时间：约45分钟。

具体操作：

1. 镜中人

（1）成员两人一组，一人扮演照镜子的人，要做出各种快乐的表情。另一人扮演镜中人，要模仿对方的样子。一轮表演完成后，双方互换角色。

（2）分享：扮演镜中人模仿别人的表情时，自己是否也有情绪变化？你感悟到什么？

2. 我有多快乐

（1）每个成员都要说出几件使自己感觉快乐的事情，越多越好。

（2）成员合作，共同探讨生活中还有哪些事情可以使自己快乐。

3. 快乐密码

（1）成员分别向大家介绍自己保持快乐心情的方法。

（2）成员讨论、鉴别各种方法的可行性。

（3）领导总结成员的讨论结果，向大家推荐保持快乐的策略和技巧。

4. 引导成员分享本次团体活动的收获和体会，对成员表达祝愿，希望大家每天都有好心情。

# 第十章

# 恋爱与心理健康

爱情是人类美好的情感，爱情使人生更加丰富。获得美满的爱情，全身心地去享受爱情的甜蜜，是绝大多数人一生的追求。然而，爱情既可以是美妙的，也可以是涩水苦果，给人带来无穷的痛苦和烦恼。遨游于知识海洋中的大学生们，爱情正不知不觉、悄悄地潜入你的心扉，撞击着你的心灵。如何接受和表达心中的爱，如何培养爱与被爱的能力，是每一位大学生的必修课。

案例共享

案例一

## 爱情和学业可以平衡吗

一个大学生在他的博客里写道，"我在大学里拥有这样的生活，恋爱了，爱得疯狂，爱得痴迷，爱得如同捕风……幸福得像花儿一样，快乐得像鱼一样；我认真地对待学习了，很用功……忙碌得像小蜜蜂一样，疲惫得像黄牛一样。我以为这样可以收获爱情和学业，其实我错了。在爱情和学业两端我怎样去选择都是错的。放弃学业，爱情将更没有保障，没有未来，没有支撑点；放弃爱情，那将是一种对自己的背叛。可是怎样去面对这个棘手的问题呢？我害怕起来了。爱情像是我的左手，为了誓言，为了幸福的明天，我要好好把握；学业像是我的右手，为了创造幸福，为了爱情有个结果，我更要好好把握。鱼和熊掌不可兼得，爱情和学业也是这样吗？"

案例二

## 一个同学的自述：当爱情来临时

从大二开始到现在，我一直陷在深深的苦恼中，不能自拔。大二刚开学，我进了系学生会工作。和我搭档的是一个很美丽、很有气质的女孩。由于常常在一起，我有机会去了解、认识她。大学以前我接触的女孩比较少，时间长了，我发现对她产生了好感。

再到后来，我慢慢地喜欢上她了。但我不敢向她表白，我怕万一被她拒绝了，我就一点退路都没有。最痛苦的就是我喜欢她，但我不知道她是否喜欢我。

"我每次和她在一起的时候，总是小心翼翼，生怕说错一句话、做错一件事。她快乐的时候我很高兴，她痛苦的时候我也会不开心。后来我心里认为她是喜欢我的，所以在很多时候，我都会把她的行为看成是对我好。比如，她给我一个笑脸、一个眼神，我认为那是在传情；她请我看电影，邀我一起上自习，我认为她肯定是对我有意思；她给我的礼物，我认为是信物，甚至她用的笔、她的头发，我都会小心地收藏起来。我知道这样很痛苦，但是我愿意。我愿意隔着一段距离远远地看着她，在心里觉得她是属于我的，我就已经很满足了。

"到了大二下学期，一切都变了。曾几何时，她的身边多了一位男生。他天天陪着她上自习、吃饭，而她与我接触得越来越少了。当我再远远地看着她的时候，她已经不是独自一人了。我很痛苦。虽然我时常宽慰自己，她从来就没有喜欢过我，一直都是我自作多情，她现在有了男朋友，对我一点损失都没有。但过不了多久，我就会发现，在我心里面，还是在深深地想着她。每一次看见她的时候，我还是会怦然心动。我不能忘掉她。虽然是徒增烦恼，但每次烦恼过后我都会加倍地想她。我心里很清楚我应该忘了她，但我实在做不到。"

**点评：**

案例中两位主人公面对恋爱的困惑心理，在大学生群体中普遍存在。神圣、浪漫而美好的爱情，在现实学业、就业和家庭等压力下，也面临严峻的考验。有的坚守这份爱情，一起努力，共同奋斗，最后修成正果；有的则在考验前不堪一击，选择分手，最后天各一方。大学生恋爱的困惑，既有选择的困惑，也有单相思的苦恼，还有亲密关系的处理难题。当然，如何面对失恋，也是很多大学生需要正视的问题。

大学生应正视爱情，面对爱情中的困惑，应勇敢地用行动化解，学会用合理的方式疏导自己的不良情绪，以获得美好的爱情体验。

# 第一节　爱情心理概述

## 一、爱情是什么

### （一）名家说爱情

爱情不过是一种疯狂。——莎士比亚

恋爱是严重的精神病。——柏拉图

爱情源于性，又高于性。——罗素

说到底，爱情就是一个人的自我价值在别人身上的反映。——爱默生

爱情存在于奉献的欲望之中，并把情人的快乐视作自己的快乐。——斯韦登伯格

爱情是一种力量，它可以使一个人得到鼓励和激发，而更有创造性，更有冲力，也更爱这个世界。——罗兰

爱情不过是一种肮脏的诡计，它欺骗我们去完成传宗接代的任务。——毛姆

**（二）爱情的心理学界定**

爱情是一对男女基于一定的物质基础和共同的人生理想，在内心形成的对对方最真挚的倾慕，并渴望对方成为自己终身伴侣的强烈的、稳定的、专一的感情。

**（三）爱情的特征**

**1. 排他性**

男女一旦相爱，就会要求忠贞，并且排斥任何第三者亲近双方中的一方。这是爱情的最大特点。亲子之间、兄弟朋友之间也存在稳定的、强烈的情感，但那不是唯一的、排斥的。排他性的积极面是专一、执着，消极面是自私、嫉妒、猜疑和占有欲。这是衡量爱情的重要标尺。

**2. 冲动性**

恋爱是狂热的，感情是强烈的，容易让人失去理智，但冲动性也是爱情的力量和魅力的体现，它虽然会让当事人感情用事、丧失理智，但是当爱情受到阻力时，它也能让相爱的双方勇气倍增，做出果断的抉择。

**3. 相互性**

爱情是相互的。爱情不是单相思，不是强求，男女双方必须出自自愿，既是爱者，又是被爱者。单恋虽然也是一种强烈的情感，却不是真正的爱情。

**4. 平等性**

恋爱的双方在地位上是完全平等的，不存在依附和占有关系，两人之间要相互关心、相互尊重、相互信任，这种平等以互爱为前提，不是同情或怜悯，不是私欲或占有。

## 二、恋爱的心理效应

### （一）晕轮效应

晕轮效应又称为光环效应或成见效应，指的是人们对人的认知和判断往往只从局部出发，放大而得出整体印象，就是常说的以偏概全。一个人如果其一方面的优点被宣扬出来，那么他就会被一种赞许的光环笼罩，并被赋予"全盘皆优"的肯定；如果一个人的某些缺点被曝光，他就会被批评的光环所笼罩，并被认为"满盘皆输"。这就好似刮风天气前夜月亮周围出现的月晕，因此心理学家为这一心理现象起了一个恰如其分的名称——"晕轮效应"，有时也被称为"以点概面效应"。在爱情中，晕轮效应的表现就是"情人眼里出西施"，恋爱双方看不到彼此之间的缺点，就像有光环笼罩在对方身上一样。

情人在相恋的时候，很难找到对方的缺点，认为他的一切都是好的，做的事都是

对的，就连别人认为是缺点的地方，在对方看来也是无所谓的，这就是种光环效应的表现。大学生往往对于爱情充满了期待和渴望，更容易在坠入爱河以后，对于恋人缺乏正确的客观的评价，对于很多事情的分析和辨别往往更容易从情感的角度出发，难以全面地评价一个人，更难以认识到彼此的不足。双方如果在此种心理基础上建立恋爱关系，随着时间的推移，情感光环一旦消失，感情冲动逐渐平静，便会发现眼前崇拜的偶像并不完美，对方毛病百出，心理上产生一种"受骗"的感觉，甚至造成日后爱情的悲剧。

### （二）逆反心理

心理学家德斯考尔等人在对爱情进行科学研究时发现，在一定范围内，父母或长辈越是干涉儿女的感情，这对青年人之间的爱情也就越深。在莎士比亚的经典名剧《罗密欧与朱丽叶》中，罗密欧与朱丽叶相爱，但由于双方世仇，他们的爱情遭到了极力阻挠，但压迫并没有使他们分手，反而使他们爱得更深，直到殉情。这样的现象我们叫它"罗密欧与朱丽叶效应"。所谓"罗密欧与朱丽叶效应"，就是当出现干扰恋爱双方爱情关系的外在力量时，恋爱双方的情感反而会加强，恋爱关系也因此更加牢固。例如有的学生恋爱过程中，因受到双方父母的反对，或其他不利因素的阻挠，往往会使彼此相爱的态度更加坚决、关系更加紧密，难舍难分。这其实反映了在恋爱中学生的逆反心理。

为什么会出现这种现象呢？这是因为人们都有一种自主的需要，都希望自己能够独立自主，而不愿自己被他人控制，一旦别人越俎代庖，替自己做出选择，并将这种选择强加于自己时，就会感到主权受到了威胁，从而产生一种心理抗拒：排斥自己被迫选择的事物，同时更加喜欢自己被迫失去的事物。心理学家的研究还发现，越是难以得到的东西，在人们心目中的地位越高，价值越大，对人们越有吸引力；轻易得到的东西或者已经得到的东西，其价值往往会被人所忽视。因此，当外在压力要求人们放弃选择自己的恋人时，由于心理抗拒的作用，人们反而更转向自己选择的恋人，并增加对恋人的喜欢程度。

### （三）自卑心理

自卑是由于自我评价偏低而引起的害羞、不安、内疚、胆怯、忧伤失望等消极的情绪体验。因其产生的消极心理作用，对于大学生恋爱心理的不良影响也较大。自卑感过强的人，在对待恋爱上，常会因怀疑自己的能力、惧怕自尊受到伤害，而无法敞开爱的心扉；一旦恋爱中受到挫折，又往往会采取自我封闭、不再与他人交往的方式，以逃避现实。

## 三、恋爱的发展过程

### （一）性心理的发育过程

1. 对异性的敏感期（12～14岁）

随着青春期的来临，第二性征的出现和性意识的觉醒，引起了男女不同生理和心理的急剧变化。青少年开始对性别差异非常敏感，男女之间很少说话，在异性面前时常会感到羞怯和不安，跟异性在一起常常会被其他同龄人起哄和嘲笑。日常生活中男女泾渭分明，如走路不同行、学习不同桌、开会各一边、活动各结伴等。

2. 对异性的向往期（15~16岁）

随着性生理上的发育成熟，性心理开始发展，男女情窦初开，产生了异性之间的相互吸引，出现希望接触彼此的意愿。这一时期的特点是男女为了吸引异性的目光，常常会注意打扮自己，对异性的关注比较敏感。但是，这一时期的男女青年，由于其生理和自我意识的不成熟性，对异性向往的对象基本上是泛化的、不稳定的、缺乏专一性的，是一种不成熟的恋爱心理。所以，有人又称此阶段为泛爱期。

3. 对异性的接近期（16~18岁）

随着性生理上的进一步发育成熟，性心理开始进一步发展，男女青年开始采用各种方式接近异性。如有的同学通过传纸条、情书等表达自己对对方的好感，初恋开始。

4. 恋爱择偶期（18岁之后）

这一阶段的男女青年，性心理已逐步成熟，社会阅历不断丰富，恋爱观开始形成，对异性的向往逐渐专一，开始相互寻求和选择自己的配偶对象，建立和培育双方的爱情，进入成熟的恋爱心理。

**（二）恋爱的心理过程**

1. 好感

好感是指人类交往中所产生的一种彼此欣赏的情感体验。恋爱首先产生于相互吸引，这种互相吸引可能是由于双方的魅力而一见倾心；可能开始时并无好感，只是由于接触多了才产生好感。但不论以哪种方式开始，双方能互相吸引，不见面时就互相想念，并产生种种关于对方的想象。男女之间的好感并非全是爱情，却是爱情产生的前提。

2. 爱慕

爱慕是指男女之间在好感的基础上，对彼此的爱好、志趣、性格、为人等方面有了更多的了解，而产生的更深的情感体验。这种内在感情使人心旷神怡，进而萌发希望与对方结合的强烈情感倾向，并在理智支配下，发展为对对方的爱慕之情。这是恋爱发展的关键阶段。在一般的情况下，当双方基于互相吸引而进行交往以后，总是朝着情感增温的方向发展，双方都在对方面前表现自己的优点，去做一些使对方满意和高兴的事情，甚至尽量去美化对方。但是，这种情感的增温过程也可能由于主客观的原因而中途发生变化，如发现对方不忠诚、彼此性格不合、对方恋爱动机不纯、家庭反对，或者某些客观情况发生变化等问题，都可能使恋爱关系中断或者破裂。

3. 相互爱慕，爱情才能建立

男女之间单方面的爱慕还不是爱情，只有相互爱慕，爱情才能建立。在恋爱中，从单方爱慕到互爱，有时可能是同步到来，有时也可能是异步的，或者还会经受一些波折与非难，但只要双方心心相印，无论是谁首先打开自己的心扉，最终都会赢得对方的回应，开出绚丽多彩的爱情之花。

## 爱情是什么

柏拉图有一天问老师苏格拉底什么是爱情，苏格拉底叫他到麦田走一次，不回头地走，在途中要摘一棵最大、最好的麦穗，但只可以摘一次。柏拉图觉得很容易，充满信心地出去了。谁知过了半天他仍没有回来，最后，他垂头丧气地出现在老师跟前，诉说空手而回的原因："很难得看见一株看似不错的，却不知是不是最好，不得已，因为只可以摘一次，只好放弃，再看看有没有更好的，等走到尽头时，才发觉手上一棵麦穗也没有。"这时，苏格拉底告诉他："那就是爱情。"

柏拉图有一天又问老师苏格拉底什么是婚姻，苏格拉底叫他到杉树林走一次，不回头地走，途中要取一棵最好、最适合用来当圣诞树的杉树，但只可以取一次。柏拉图有了上回的教训，满怀信心地出去了。半天之后，他一身疲惫地拖了一棵看起来直挺、翠绿，却有点稀疏的杉树。苏格拉底问他："这就是最好的杉树吗？"柏拉图回答老师："因为只可以取一棵，好不容易看见一棵看似不错的，又发现时间、体力已经快不够用了，也不管是不是最好的，所以就拿回来了。"这时，苏格拉底告诉他："那就是婚姻。"

柏拉图有一天又问老师苏格拉底什么是外遇，苏格拉底还是叫他到树林走一次，可以来回走，在途中要取一支最好看的花。柏拉图又充满信心地出去了。两个小时之后，他精神抖擞地带回了一支颜色艳丽但稍稍焉掉的花，苏格拉底问他："这就是最好的花吗？"柏拉图回答老师："我找了两小时，发现这是盛开最好、最美丽的花，但我采下带回来的路上，它就逐渐枯萎下来。"这时，苏格拉底告诉他："那就是外遇。"

有一天又问老师苏格拉底什么是生活，苏格拉底还是叫他到树林走一次，可以来回走，在途中要取一支最好看的花。柏拉图有了以前的教训，又充满信心地出去了。过了三天三夜，他也没有回来。苏格拉底只好走进树林里去找他，最后发现柏拉图已在树林里安营扎寨。苏格拉底问他："你找到最好看的花了吗？"柏拉图指着边上的一朵花说："这就是最好看的花！"苏格拉底问："为什么不把它带出去呢？"柏拉图回答老师："我如果把它摘下来，它马上就枯萎了。即使我不摘它，它也迟早会枯。所以我就在它还盛开的时候，住在它边上。等它凋谢的时候，再找下一朵。这已经是我找着的第二朵最好看的花了。"这时，苏格拉底告诉他："你已经懂得生活的真谛了。"

# 爱情发生的六大法则①

丘比特是一个顽皮、身上长着翅膀的小神，背着一个箭袋，高兴了就对着别人射出一支"爱之箭"，被他的箭穿透心脏的两人，就会不顾一切地倾心相爱。之后，人们常常用丘比特的顽皮任性，来解释爱情发生时的不规则性。

根据美国心理学家莎伦·布雷姆等人的总结，爱情的发生有以下规律：一是接近。生活空间邻近的两个人，通常更容易喜欢上对方。空间的邻近，为彼此的认识和交往提供了便捷的条件。他们可以付出很小的代价，却更轻易地了解和熟悉对方。反之，遥远的空间距离，使人们的交往付出更大代价，而共处时间的缺乏更是增加了彼此不能及时消除的误解。二是外表的吸引力。在一个有趣的心理学实验中，心理学家给人们出示一些陌生人的照片，然后让他们根据自己的感受，对这些陌生人进行评价，结果发现，人们普遍对外表更具吸引力的人评价高。可见，人们更容易相信：美丽的人一定也是好的。这一偏见尤其容易发生在交往的初始阶段。三是对方喜欢自己。与某人相处中，如果感到对方喜爱自己，被接纳和欣赏的感觉便会提高，从而更喜欢对方；相反，则会感到被否定，即使这个人再有魅力，他的吸引力也会因此而大打折扣。因为，与他所带给我们的良好感觉相比，我们更关注自己被其拒绝或否定的糟糕感觉。四是相似。性格上存在差异的人，相处中更容易发生误解和争执，长时间的冲突会使两个人都感到沮丧和疲惫；在性格和态度上有更多相似之处的人，则会因为彼此的一致而产生共鸣。这种被接纳的感觉，会让他们更加欣赏自己，于是也越来越喜欢和对方共度时光。但有一种情形下的"不相似"也可以促进彼此的感情：一方所具有的，正好是另一方所需要的。比如，一方很有主见，而另一方很愿意听从别人的决定。五是障碍。人们普遍都有逆反心理，这导致了当我们面临得不到或者失去的威胁时，我们会更加渴望得到，并加倍努力。心理学家们发现，爱情上存在着"罗密欧与朱丽叶效应"：当外界，尤其是父母，越是强烈反对两个人的爱情，他们在对方的眼里越是具备了更大的吸引力，于是双方越能感受到对彼此强烈的爱。六是品质。除了上述条件，不管背景、年龄或性别的差异，人们都认为恋人最需要具备的3个重要条件是热情善良、性格好、接受并回应自己的感情。

## 四、大学生恋爱的动机

### （一）感情驱动双方

有些男女大学生或者由于一见钟情，进行互相爱恋，或者由于在学习和交往中彼此了解，友谊加深，逐步产生倾慕之情。不论是哪一种，其爱情基础比较牢固，双方彼此

---

① 宋宝萍主编.大学生心理健康教育［M］.西安:西安电子科技大学出版社,2007:113.

都非常珍惜。大学生中相当一部分恋爱始于感情。

**（二）排遣孤独，寻求感情寄托**

一方面，大学生远离家乡和父母，异地读书，进入人生的"第二断乳期"，面对陌生的环境、陌生的人群，如果不能很快地融入集体生活，很容易产生一种孤独、无助的感觉，很自然地将过去对父母、对家庭的依赖和亲近转为对异性的亲近感，于是便想通过与异性交往来排遣孤独，获得精神慰藉，这种情况在女生中比较多见；另一方面，大学生相对中学生来说比较自由，学习负担不是很重，自主支配的时间比较多，有的学生因没有明确的理想和目标、精神比较空虚，于是想找一个恋爱对象来充实空虚的心灵，寄托自己的感情。

**（三）攀比、从众心理**

少数大学生谈恋爱是受攀比心理影响。在他们看来，大学能谈上恋爱是一件令人羡慕的事，是一种本事和能力的象征；相反，没有恋爱则是一种无能的表现。有些大学生认为有异性追求、爱慕、庇护，才表明自己有魅力，追的人越多越感到自豪、荣耀。女生之间比较自己男朋友的外表、消费能力、穿着打扮等，男生之间比较女朋友的外貌、体贴程度等。产生攀比心理的原因主要在于个体的虚荣及不自信心理。

还有一些学生随大流，人云亦云，在从众心理的支配下去谈一场恋爱。从众，是指个体在群体的影响和压力下，在知觉、判断以及行为上，表现出与群体多数人一致的现象。在一个群体（如宿舍）中，如果大多数人都在谈恋爱，容易给周围没有恋爱者带来一定的压力。未恋爱的大学生可能会认为自己没有吸引力，或者自己不谈就是落单了，在这个时候，谈一场恋爱成为他们迫切的需求，他们需要一个人、一场恋爱来证明自己。产生从众心理的原因主要在于个体对偏离群体的恐惧，每个人都有归属一定群体的需要，而偏离大多数人的意见则意味着对这种归属感的威胁。所以，如果一个人不愿意处于孤立的境地，他/她就会在群体的压力面前，顺应并参考大多数人的做法，也就是从众。当然，缺乏自主和独立意识也是从众心理产生的原因之一。

**（四）好奇心理**

大学生的性心理日趋成熟，对异性充满着好奇，异性的容貌、体态、风度、谈吐、才能以及神秘感都对之产生很大的吸引力，潜意识里都有一种渴望与异性接触的冲动。正是这种心理，使有些大学生产生了一种想亲身体验爱情的愿望。

**（五）功利心理**

少数学生恋爱是出于功利考虑：有的为了毕业后能够留在大城市工作，就想通过与城市学生恋爱来实现自己的理想；有的为了能谋得一个好的工作单位，就千方百计与有家庭背景的大学生恋爱；也有少数大学生甚至想通过恋爱来达到吃穿玩的满足。

**（六）易受他人影响与被动接受**

刚进入大学校园，新生经常被老生灌输这样的思想：赶快找一个，再等就没有美女（帅哥）了。还有一些大学生主观上虽没有恋爱的动机，却被对方爱慕，并穷追不舍，出于感激、同情、照顾追求者面子等各种心理，被动接受对方，这种情况女生多于男生。

# 第二节  大学生恋爱的特点

## 一、恋爱行为普遍化、公开化

在大学生中流行一句话："恋爱是大学的必修课，没有谈过恋爱的大学生活是不完美的。"在问及"你对大学生恋爱的态度"这个问题中，如果有合适的希望能谈恋爱、表示自己以前谈过恋爱和目前正在谈的学生，占到被调查对象的89%，在校期间不准备考虑这个问题的学生只占被调查对象的11%，况且这11%的学生对别人恋爱也表示高度的理解和接受。这表明大学生能普遍接受恋爱。自在校大学生结婚合法化之后，父母对大学生的恋爱不再持反对态度，甚至有的父母为孩子准备恋爱经费。大学生谈恋爱也不再遮遮掩掩，在教室、自修室、操场、食堂等处随处可见成双成对的大学生恋人们的身影，一些同学抛开了矜持与顾忌，轰轰烈烈地投入恋爱的洪流。

## 二、恋爱目的多样化

不可否认，大学生恋爱中因相互吸引走到一起的占大多数，但也不能排除部分大学生的恋爱动机不纯，有的大学生因为精神上的空虚，或者新环境的不适，迫切需要人陪伴慰藉；也有的同学看到身边的人都开始谈恋爱，也学别人的样子匆匆地谈起了"恋爱"。多种原因造成了大学生恋爱目的的多样化。

## 三、恋爱观念开放化

随着时代的发展，当代大学生的恋爱观念日益开放，传统的恋爱观念逐渐淡化。大学生谈恋爱，受到学生身份的限制，因而许多人认为此时的恋爱应该保守一些；但也有人认为，大学生已经是成年人，可以自由选择恋爱方式。因此，有很多大学生对于爱情的观念趋于开放和大胆，不愿接受传统观念的束缚，恋爱方式公开化。在爱的激情下，一些大学生甚至在公共场所，旁若无人，做出过分亲密的动作。许多大学生不能正确处理感情和性的关系，不能够理智成熟对待自己的情感问题，只愿享受爱情的甜蜜，忽略爱情背后的责任，由此而引发一系列的问题。

## 四、重过程，轻结果

"不求天长地久，但求曾经拥有"是不少大学生对待爱情的态度，他们不太注重恋爱的最后结果，却非常强调恋爱时的感觉，看重恋爱的过程。其实，在大学里，持这种观点的不在少数，绝大部分都是为了摆脱精神空虚、消磨时光，真正以感情为基础的少之又少。

## 五、恋爱随意性大

恋爱中的"短平快"已经成为当代大学生恋爱的一个特征，主要表现为恋爱周期短、频率快。许多同学恋爱凭的是一时的冲动，对未来的事考虑得不是很清楚，通常是在交往一段时间后发现有一个更适合自己的人，于是马上分手，接着找另一个。有少数大学生把在大学里恋爱视为在经营"实验田"，于是"恋爱专业户"也出现了。

## 六、恋爱成功率低

由于恋爱随意性大，在校期间恋爱成功率就低。另外，大学毕业后不能在一起工作，这也是导致大学生恋人分手的主要原因。每年的五六月份，是毕业的季节，也是分手的季节，"毕业即分手"的校园爱情魔咒让不少校园情侣面临着失恋的痛苦。一项调查显示，恋爱的毕业生中有六成以上的人因为就业因素，要经历分手或暂时分离的痛苦。大学生毕业离校后一年内，往往只有10%左右的人能保持原来的恋爱关系，而真正走入婚姻殿堂的不到3%。

## 七、网恋日益盛行

随着网络的普及与发展，在传统的恋爱形式外，恋爱又有了新的形势——网恋。无形的网络开始取代月老的红线，许多未曾谋面甚至远隔重洋的男女，通过网络相识相恋。互联网特有的隐蔽性、便捷性等优势让大学生很快地接纳了这一新的恋爱方式。大学校园本来就充满着浪漫的气息，大学生又是能最快接受新事物的一个群体，因此在高校里网恋日益盛行。

> **知识链接**
>
> ### 恋爱心理学效应
>
> 吊桥效应——心动不一定是真爱！吊桥效应指的是当你一个人提心吊胆地走过吊桥的一瞬间，抬头时发现了一个异性，这是最容易产生感情的情形。因为你行走在吊桥之上，提心吊胆会引起你的心跳加速，让你误以为看见了命中注定的另一半。这样就能够很好地解释，为什么英雄救了美女之后，到最后美女都会爱上那个救她的英雄。
>
> 契可尼效应——为什么初恋最难忘？最懵懂、最青涩的恋爱总让人印象深刻，最让人刻骨铭心，那种小暧昧的滋生以及情窦初开时羞涩懵懂，都会让你难以忘怀。西方心理学家契可尼就做过许多有趣的试验，发现一般人对已完成的、已有结果的事情总极易忘怀，而对那些中断了、未完成、未达成目标的事情又总是记忆犹新，这种现象被称为契可尼效应。因为初恋总是没有结果的，所以总会让人记忆犹新，难以忘怀。
>
> 俄狄浦斯情结——为什么会爱上大龄的他/她？俄狄浦斯不认识自己的父母，在一场比赛中失手杀死了父亲，又娶了自己的母亲，后来知道真相了，承受不了心中痛苦，就自杀了。心理学以此来比喻有恋母情结的人有跟父亲作对以竞争母亲的

倾向，同时又因为道德伦理的压力而有自我毁灭以解除痛苦的倾向。

黑暗效应——光线昏暗的地方更容易产生恋情。在光线比较暗的场所，约会双方彼此看不清对方表情，就很容易减少戒备感而产生安全感，彼此产生亲近的可能性就会远远高于光线比较亮的场所。心理学家将这种现象称为"黑暗效应"。

首因效应——初次见面为什么重要？初次见面是很重要的，首因效应说的就是人与人之间第一次交往时留下的印象，这种印象很容易在对方头脑中形成并占据着主导地位。所以第一次见面印象好的，以后发展的可能性也会更大。

古烈治效应——男人为什么喜新厌旧？心理学家把雄性的见异思迁倾向称为古烈治效应。这一效应在任何哺乳动物身上都被实验证实了，人为高等动物，不可避免地残留着这一效应的痕迹。男性在心理上有喜新厌旧的倾向也不是什么人格缺陷，而是有着深刻的生理、心理的基础。但人有良知、有道德，就是靠这些东西才使人最终脱离了动物界。

多看效应——如何擦出爱的火花？对越熟悉的东西就越喜欢的现象，心理学上称为多看效应。心理学家查荣茨做过这样一个实验：他向参加实验的人出示一些人的照片，让他们观看。有些照片出现了二十几次，有的出现十几次，而有的则只出现了一两次。之后，请看照片的人评价他们对照片的喜爱程度。结果发现，参加实验的人看到某张照片的次数越多，就越喜欢这张照片。他们更喜欢那些看过二十几次的熟悉照片，而不是只看过几次的新鲜照片。也就是说，看的次数增加了喜欢的程度。

互补定律——为什么性格互补的人更易产生恋情？人与人在具体内容上的互相满足，会产生强烈的相互吸引，这就是互补定律。研究表明，任何一个团体，若全都是性格相近的人，那么很容易造成内部的不和谐，容易发生争执。这就是因为性格相近的人需求类似，当对同一个事物产生需求的时候，就会产生利益冲突。

投射效应——为什么会网恋？所谓投射效应是指以己度人，认为自己具有某种特性，他人也一定会有与自己相同的特性，把自己的感情、意志、特性投射到他人身上并强加于人的一种认知障碍。在人际认知过程中，人们常常假设他人与自己具有相同的属性、爱好或倾向等，常常认为别人理所当然地知道自己心中的想法。

自我选择效应——为什么恋爱中的抉择那么难？什么样的选择决定什么样的生活，今天的生活是由3年前的选择决定的，而今天的选择将决定3年后的生活。这就是自我选择效应。一个人选择了某一人生道路，就存在向这条路走下去的惯性并且不断自我强化。选择效应对人生的影响是巨大的。

拍球效应——吵架时为什么会越吵越凶？拍球时，用的力越大，球就跳得越高。拍球效应的寓意就是：承受的压力越大，人的潜能发挥程度越高；反之，人的压力较轻，潜能发挥程度就较小。

# 第三节　大学生恋爱中常见的问题

## 一、单相思

单相思又称单恋、暗恋，指的是异性关系中的一方倾心于另一方，却得不到对方回应的单方面的"爱情"。单相思大致包含以下三种情况：一是喜欢对方却羞于表白；二是已向对方表明心意但遭到拒绝后，仍不死心，继续追求；三是在与异性接触的过程中，误把双方正常的交往看作是对方对自己有意，想入非非，自作多情。

形成单相思的原因：①敏感、爱幻想。对对方的言语、一举一动过于敏感，以致错误地理解对方正常的行为，容易幻想，常常陷入自己虚构的场景中不能自拔。②过于羞涩、胆怯。有些人初涉爱河，难免有些害羞和胆怯，忧虑过甚，"万一对方看不上我怎么办？我不表白大家还可以做朋友，万一被拒绝朋友都做不成了……"内心负担重，不敢表白。③对方的信息模糊。发出信息的一方在行为方式上存在一些过于含糊的信息，有的甚至自己都没有觉察到却给接受的一方造成了误解。

长时间暗恋，不利于心理健康，会引起神经系统的紊乱，导致人精神不振，茶饭不思，注意力分散，记忆衰退，思维迟钝；会给对方造成一定的麻烦，干扰对方的正常生活；尤其是不能自拔者，有时会产生报复行为，引出难以预料的事端。因此，需要对其进行必要的调适和指导。那么应该如何调适呢？

首先，要客观、理智地对待恋爱问题。你对某人产生强烈的感情时，要先冷静一下，反思你是否把对方想得过于神圣，要学会准确地观察和分析，辨别对方对待自己和他人的方式有无不同，客观地看待对方的一言一行，不要主观臆想。其次，如果无法判断对方对自己的感觉，最直接的办法就是勇敢地向对方表白，表达自己的心声。单恋的苦恼很大程度上是因为暗恋者不敢表露自己的爱意，顾虑重重，犹豫不决。你向对方表达爱慕之情以后，可能产生两种结果：如果对方恰好有意，接纳了你的爱自然是最好的，单恋转为双恋，皆大欢喜；如果对方拒绝，要观察有无回旋的余地，尝试着是否能通过努力改变对方的态度，如果对方的回绝坚决、强硬且丝毫不留余地，那么要转而调节自己，要学会用理智战胜感情。大学生通过加强修养、陶冶性格，培养健康的人格和良好的心理素质；学会用意志的力量驾驭自己的思维和感情，从痛苦的单相思中摆脱出来。再者，转移感情注意力。多参加集体活动或者自己喜爱的文体娱乐活动，运动可以消耗积聚于心的多余能量；或者转换一个新的环境，避免触景生情。这是摆脱单恋苦恼的有效途径。

## 二、恋爱纠葛

恋爱纠葛主要是指恋爱时因某些主观因素或客观因素引发的欲罢不能的感情冲突与内心强烈的矛盾，它给恋爱中的大学生带来一系列的情感危机，引发极度紧张、不安、忧郁、焦躁、恐惧等不良情绪。大学生恋爱的感情纠葛有以下几种：

**（一）爱情遭遇阻力**

大学生尤其是女大学生恋爱可能遭到家庭反对，或者周围人的非议，心烦意乱，辗转反侧。

**（二）爱情中的冲突**

每对恋人都不可避免地会有矛盾、误解和猜疑，爱情中也会有争吵、冷战，会忧心忡忡、郁郁寡欢。

**（三）三角恋**

三角恋是一个人同时和两个异性发展恋爱关系的现象。三角恋大多表现为两种情况：一是双方确定恋爱关系后出现第三者；二是一方在同一时间与两名异性交往，同时喜欢两个人，无法做出选择。著名教育家陶行知曾诙谐地说："爱情之酒甘而苦，两人喝是甘露，三人喝是酸醋，随便喝要中毒。"

导致多角恋的原因主要有以下几个方面：第一，动机不良。有的大学生恋爱动机不纯，对爱情抱有游戏的心态，在不同的角色中周旋以寻找快乐。第二，择偶标准不明确。有些学生不知道自己的需要，择偶前没有一个较为明确的标准，不知如何才能断定与自己关系密切的异性中哪一位与自己更合适，因此只好颇费心思地多方应付、多头追逐，从而出现了多角恋。第三，虚荣心强。有的人认为追求者越多，身份就越高，若退出竞争，就是承认失败，承认自己比别人差。这是导致恋爱上的自私自利，对别人和自己感情不负责任的多角恋的主要原因。三角恋是危险的，不论你在其中扮演着什么样的角色，都要尽快从这个泥潭中解放出来。

### 三、网恋

随着网络的普及，上网成为大学生日常生活必不可少的一部分。网络确实给生活增添了不少绚丽色彩，给人们提供了一种全新的社交途径，深层次的真诚交流在网络上似乎更容易找到。网恋，就是以因特网技术为基础而形成的一种特殊的情感生活方式和婚姻恋爱方式。的确，有一些人通过网络结识和相恋，从而找到了理想的伴侣。然而，网络毕竟是一个虚拟的世界，对于涉世未深的大学生来说，如果没有良好的心理素质和相应的精神准备，是很容易受到伤害的。

**（一）网恋的积极影响**

1. 满足了大学生求奇求新的需要

在网络中，大学生们可以借助文字塑造新的自我形象，扮演与现实社会中完全不同的各种神秘角色，弥补在现实社会中所不能体会到的快感，可以结交形形色色的网友，摆脱空间、时间的限制，体验新的感觉。

2. 有助于大学生排遣压力

在学习生活日益紧张、竞争愈加激烈的现代社会，在校大学生面临的考试和就业压力与日俱增，很多大学生承受着巨大的心理负担。网上恋人们的感情交流是直抒胸臆而无须隐瞒的，又不用担心暴露自己的身份，这种新鲜的感情交流无疑起到了必要的宣泄情感、缓解压力的作用。网恋的魅力在于网络的虚幻，而网恋的危害也恰恰在于其虚幻。

**（二）网络带来的消极影响**

**1. 影响学业**

网络占去大学生大量的时间和精力，他们长时间沉溺于网络恋爱，用于学习和体育锻炼的时间减少，不但影响学业，也不利于身体的健康。

**2. 网恋关系脆弱**

由于通常缺少面对面的接触，双方缺乏真正的了解，也没有任何现实的感情基础，这样的关系是脆弱的，非常容易破裂。网恋的浪漫毕竟是植根于虚幻的网络之上的，并不是每个网恋都会以美好结局而告终，更多的是见面后夭折。

**3. 人际交往障碍**

有的大学生沉溺于网恋中，把网恋当成生活的唯一追求，很多大学生在网络中找到安慰后，更加忽略现实生活中与周边的交往交际，导致交际能力更加低下，依赖网上的朋友，而拒绝和身边同学交流，甚至疏远现实生活的朋友。

面对网恋产生的巨大影响，大学生应该以健康积极的态度来对待网恋。首先，大学生自己应该加深对网恋的正确认识以及接受正确的爱情观教育。大学生要清楚地认识到爱情不仅仅是感觉的共鸣，也需要一定的现实基础，不能认为网络都是虚拟的就可以当作儿戏来处理感情。网恋一定要与现实生活相联系，柏拉图式的精神恋爱并不可取。其次，大学生的上网时间应该有所控制，不应该把宝贵的时间都花在虚拟的网络世界上，应该更多地参加一些有意义的活动，丰富课余生活。网络只是通讯传播媒介，不能作为情感场所陷入而不能自拔。

## 四、失恋

失恋，是指恋爱中的一方否认或中止恋爱关系，给另一方造成的一种严重挫折。据调查，目前在校经历过恋爱的大学生中，约有半数感受到失恋的痛苦。失恋会给大学生造成一系列消极心理，如羞辱、愤恨、悲伤、失落、孤独、虚无、绝望等。如果这些不良情绪得不到及时的排除或转移，那么便容易导致大学生出现自杀、报复和抑郁等行为。

**（一）失恋者的消极表现**

**1. 自卑心理**

失恋使大学生对自己的人际吸引力产生极大的怀疑，怀疑自己不会再被人爱，怀疑自己没有能力再去爱人。有的同学因为失恋觉得自己没有面子，在同学、亲友面前无地自容，特别在异性面前没有了自信，导致失恋者对自己的认知出现偏差，自我评价过低。

**2. 失落、消沉**

热恋时对爱情的存在越肯定，付出越多，相恋时间越长，失恋后的虚无感就越强烈，往常可能在陪恋人上课、逛街、吃饭，现在一下空出来很多时间，茫然而不知道自己可以做什么。热恋时的依赖心理越大，且得到恋人的温暖和安慰越多，失恋时的失落感也就越多。有人将爱情视为生命中最重要的，一旦失恋，就也不顾学业、前途了，终日沉浸在极度痛苦中，反复咀嚼失恋后的痛苦，变得冷漠，使人难以接近；有的人选择对自己行为不加约束，放纵自己，借酒消愁，只感到一片渺茫，今后也不知怎么办。

### 3. 极度的悲伤和绝望心理

这是失恋所带来的一种极端心理反应，尤其处于热恋中的一方被另一方拒绝而分手时，这种心理表现得格外强烈。失恋者对抛弃自己的人一往情深，常常陷入美好的回忆中不能自拔，对比现在，越发心绪难平，会感觉生活没有意义；也可能发誓以后不再恋爱，对爱情绝望。若失恋者对恋爱对象的喜欢程度越强，该症状的表现就越强，反之亦然。

### 4. 产生憎恨和报复心理

失恋后，失恋者对平时感兴趣的事物会感到索然无味，冷淡视之。对于恋爱的对象则会产生一种憎恶感，甚至会对其产生报复行为。失恋后，有的学生失去理智，把自己的痛苦全部归因于对方的抛弃，认为对方对不起自己，自己不好过也不让对方好过，特别是由于一方不道德而导致的失恋或恋爱进程明显受他人阻挠，使得当事人觉得自己更有理，也就更容易出现报复心理。这是大学生激情犯罪的一个常见起因。

### 5. 有自杀的意念

失恋者感到十分的痛苦而无法自拔的时候，他们会采取极端的做法，走上绝境，以死来求得痛苦的解脱。

### （二）失恋的原因

#### 1. 环境因素

（1）家庭的压力

在子女选择恋爱对象的过程中，父母的影响是较大的。父母的爱情观与大学生有所不同，尤其是女生，经常会遭遇到家长的反对。恋爱双方在家长反对时，如果缺乏勇气和信心，又惧怕父母的威严，只好痛苦地选择分手，同时往往也就认定自己的无能，产生自卑。如果一意孤行，又常常会陷入"爱情"与"孝道"不能两全的心理矛盾与痛苦之中，并直接影响到恋爱进程。

（2）宗教、社会舆论与风俗的压力

宗教信仰、社会舆论与风俗偏见对大学生的恋爱有影响。有些民族之间不能通婚，不同的宗教信仰对恋爱的态度和要求不同，会导致大学生在恋爱时受到来自外界的压力。

（3）环境条件的限制

恋爱双方毕业后不在同一个地方工作，双方空间距离相距甚远，或者由于承担家庭重担及其他责任而不得不选择忍痛割爱。

#### 2. 恋爱双方的心理差异

（1）恋爱关系本身的不稳定性

大学生恋爱目的有多样性，许多人或者为了排遣寂寞，找人陪伴，或者是因为好奇，想要尝试爱情的滋味，或者是为了随大流，需要一场恋爱证明自己不是那么差，或者是为了毕业后能留在某个城市，获得某个工作和职位。这种多样性导致双方并不是因为感情本身而走在一起，这样的恋情本身是脆弱的、不堪一击的，恋爱关系本身的不稳定性容易导致失恋。

（2）缺乏爱的能力

爱的能力是指和他人建立亲密关系的能力。爱的能力实际上是一种综合的素质，恋爱的过程也是培养爱的能力的过程。许多在交往中的男女大学生，常常会遇到一些这样的问题："我到底是不是爱他呢？我不喜欢他，可是他对我特别好，我是不是应该接受他呢？我们是不是真的适合呢？我到底应该怎样做，才是真正对他好呢？"这些问题其实都不容易回答，要真正区分友谊和爱情、了解自己是否爱对方、了解是否彼此适合、拒绝不喜欢或者不适合的人、给予自己的爱人所需要的关心和体贴，都是需要极大的智慧的。缺乏爱的能力，在恋爱中遇到挫折、矛盾，没有足够的能力处理，容易使恋爱产生波折。

（3）双方个性的差异

很多恋爱产生于"一见钟情"，双方走到一起后，互相了解，发现双方性格不合，在交往中彼此的思想和情感容易出现分歧，容易彼此发脾气和吵架，结果很难相处下去，只好分手。这也是大学生失恋现象普遍存在的原因。也有可能是恋爱中的一方缺点过多，又不加以克服，尤其是过多地猜疑、嫉妒、责备、埋怨和误解对方，导致对方无法容忍，最终失去恋人的喜爱。

**（三）失恋的调适**

**1. 接受现实，换位思考**

失恋之苦在于一个"恋"字，爱情是双向、相互的，以双方的爱情为基础，失去任何一方，爱情就会失去了平衡，恋爱即告终止。这时失恋的一方无论对另一方爱得有多深，都是不现实的了，作为有理智的大学生应该正视这一现实。换位思考，设身处地地为对方着想，这样做有助于你理解对方终止爱情的原因，有助于你接受失恋这一痛苦的现实并及早走出失恋的阴影。

**2. 认知调整**

面对失恋的打击，不同的人出现不同的反应，原因在于不同的人看待问题的方式不同。要减少失恋对一个人的负面影响，最主要的是排除一些对恋爱不合理的观念，如"爱情是人生的全部""失去爱，一切希望都没有了""失恋是人生的大失败""再也不会遇到比他更好的人了""失恋说明我没有魅力"等。失恋者应换个角度看问题，虽然爱情在人生中占有重要地位，但它并不是生活的全部，人生还有许多重要的事情值得我们去追求，只有爱情、没有理想和事业的人生是苍白的。一次失恋不等于整个爱情生命的结束，人还会再恋爱，时过境迁，说不定又是柳暗花明。任何事物都有两面性，失恋不是只有消极的一面，也有其积极的一面：失恋能减少以后婚姻失败的可能性，失恋能增长阅历、提高耐挫能力，失恋能让人学会珍惜、尊重和宽容他人等。多从积极的角度认识失恋，有助于缓解失恋带来的痛苦。

3. 宣泄法

不要过分地隐藏或压抑失恋带来的痛苦，如果失恋后没有把内心的苦闷和压抑情绪释放出来，对身心的健康发展是极为不利的。具体的做法有：

（1）眼泪缓解法

不管你是男生还是女生，在悲痛欲绝时大哭一场，可以使情绪平静。不需要假装你很开心，如果真的伤心，就尽情地哭泣。失恋并不是一件很丢脸的事，让别人知道你难过，你就不需要在人前假装自己很高兴。

（2）运动缓解法

高强度的体育运动有助于释放激动情绪带来的能量，在尽情挥洒汗水中感受自己的生命力。

（3）做你喜欢做的事情

把自己置身于一个欢乐的环境中去，如多交一些朋友，多参加一些集体性的娱乐活动，或者可以找人去逛逛街、出去旅游散散心等，这样有助于心情的开阔。另一方面，由于失恋后有一种空虚感，暂时难以适应，所以可以用工作或其他什么方法来充实自己，不让自己在空余的时间胡思乱想。

（4）倾诉

在失恋后，失恋者可以找亲朋好友多陪伴自己，与他们沟通、交流，让他们帮助自己进行情感上的疏导和心理上的抚慰；可以向学校的心理咨询中心求助，进行心理咨询；可以充分发挥团体的咨询和辅导功能，用理智克制情感，减少失恋所带来的苦恼；可以写日记或写信，把当时的消极情绪记下。

4. 转移法

转移包括两种：一是环境的转移，二是感情的转移。失恋是痛苦的，它在人们心境中的印记常常具有触发性，因此失恋后立即换个环境，暂时与触动自己恋爱痛苦回忆的景、物、人隔离，并主动置身于新的、欢乐的、开阔的人际交往与自然环境，或将自己的注意力集中在自己感兴趣的事物中，如专心学习，将失恋的痛苦转化为动力。心理学认为，保持记忆的条件暂时不存在，或被另一种现象干扰，就会造成人们对某种事物的遗忘。这样，失恋者不仅精神上得到了补偿，而且可以打开生活的视野，产生新的理想和追求。另外，失恋者还可以转移感情，寻找新的替代者，抱着"天涯何处无芳草"的信念，以诚心去寻觅真正属于自己的爱。

5. 运用积极的心理防御机制

失恋者为了缓解内心的痛苦，应当学会自我安慰。爱一个人，会觉得对方是最适合自己的，失去了倍感珍贵，甚至明知道对方不爱自己了，但依然一往情深地爱着对方而不能自拔。针对这种心理，应适当运用"酸葡萄效应"，多想想以前恋人的一些缺点，不想或者少想对方的一些优点，这有助于打破理想化倾向，使自己更容易忘记对方，从失恋的悲伤中解脱出来。"塞翁失马，焉知非福"，失恋虽然让你失去了一次机会，但是让你进入了一个充满新机会的世界。人有一种在感情上进行自我恢复和再次示爱的能力，当你平静地接受现实，重新寻觅时，你就会惊奇地发现，生活中还有更适合自己的人。许多重新获得幸福的人都有这样的体会。其次，可以采用"甜柠檬效应"，把自己的各项优点罗列出来，找出自己的长处，让自己相信，有这么多的优点不怕找不到好的伴侣，让受伤的心灵得到平复，恢复平衡，逐步恢复自信，从而减轻自己的痛苦。

### 6. 升华

升华是指个体把被压抑、不符合社会需要的原始冲动或欲望，用符合社会需求的方式表达出来。德国伟大的文学家歌德在失恋后，并没有因此而消沉，而是满怀激情地写出了自传体小说《少年维特之烦恼》，在世界文学史上留下了一份宝贵的遗产。失恋者应运用理智，把感情、精力投入到能充分实现自身价值的事业中和对生活的热爱上去，从而将失恋造成的挫折，在更高的升华境界中得到补偿，获得更大、更多的收益。升华可以稳定人的情绪、平衡人的心理、增强信心和勇气，而且对事业的成功还能起到激励作用。升华是宣泄失恋后负面情绪的最理想方式。失恋的大学生要努力克服爱情至上的观念，不要把爱情看得过重。生活的内容是丰富的，失恋者应该用理智战胜痛苦，把感情和精力投入到充分实现自身价值、事业进取和对生活的热爱上去，在对理想和事业的追求中弥合心灵的创伤，把失恋升华为一种奋发向上的动力。

## 五、性心理问题

大学生对新鲜事物充满了好奇，包括对性的认识和了解。大学生渴望了解性，却不真正了解性，性成熟给大学生带来很多心理问题和困扰，大学生需要了解性心理问题，才能科学地对待性问题。

婚前性行为是指男女双方在恋爱期间发生的性交行为，其特点是双方自愿进行，不存在暴力逼迫；没有法律保证，不存在夫妻之间应有的义务和责任；容易产生一些纠纷和严重后果。婚前性行为会对大学生尤其是女大学生造成一定的伤害。

### 1. 婚前性行为会带来剧烈的心理冲突

大学生发生婚前性行为一般是在一时冲动、失去自控的前提下发生的。女生事后容易处于惶恐、不安、自责、悔恨的心理状态中：一方面担心两人不能走到最后，步入婚姻；另一方面害怕怀孕，又不敢告诉他人或父母。这种巨大的心理冲突带给女生的是终日的惶惶不安、紧张焦虑，有些女生还会产生自卑心理。

### 2. 婚前性行为会导致感情变味

相爱的人之间保持一种朦胧、神秘、含蓄、神圣的美感，具有极强的吸引力，而婚前性行为很容易破坏这种感觉，两人的关系迅速发生了质的飞跃后，就会产生零距离。零距离容易因为小事而起摩擦，频繁的冲突会使彼此不珍惜感情，猜疑和不信任会横亘在两人中间。

### 3. 婚前性行为也会带来性疾病的传播

很多大学生由于对性知识的掌握并不充分，不知道如何保护自己，往往会引起生殖

第十章 恋爱与心理健康

系统疾病。2022 年 7 月，联合国艾滋病规划署（UNAIDS）在加拿大蒙特利尔发布《2022 全球艾滋病防治进展报告：危急关头（In Danger)》。报告称，2021 年，艾滋病大流行导致平均每分钟 1 人死亡。尽管拥有有效的治疗方法以及机会性感染的预防、检测和治疗工具，2021 年仍有 65 万人死于艾滋病相关疾病。2021 年，约有 150 万例新发艾滋病病毒感染病例——比全球目标要多出 100 万例。在中国，自 2008 年起，艾滋病一直位居传染病死亡人数首位，2021 年因艾滋病死亡的人数是其他所有传染病死亡人数之和的 7.6 倍。

　　大学生对待婚前性行为应该有冷静的思考，切不可盲目。学校和家庭方面应给予大学生更多的心理和生理指导，给予他们正确的引导。虽然当前人们对婚前性行为的态度是多元的，很难用一个具体模式去概括，但是认真负责的态度和成熟的心态是必需的。对于恋爱关系是不是认真的、对对方是否负责，以及自己能否接受这种行为、能否接受和承担行为发生后的所有可能的后果，这是大学生对待婚前性行为所应该具有的态度和心理素质。

**知识链接**

## 树立正确的恋爱观

　　所谓恋爱观，是指对待配偶和爱情的基本看法和态度，是社会经济制度、婚姻制度和伦理道德观念在恋爱问题上的反映。男女双方共同培养美好爱情的过程，必须遵守一定的道德规范，并以此来调节和制约恋爱中的行为和各种关系。在人生道路上，恋爱是每一个大学生迟早要经历的重要课题。如何树立正确的恋爱观呢？对于大学生而言，树立科学的恋爱观应包含以下几方面的内容：

　　1. 有责任和奉献意识

　　爱情意味着对恋人的命运、前途承担责任。先是责任，而后才是快乐。爱，不只是得到，更意味着奉献，把自己的精神力量献给对方，为他缔造幸福。爱一个人，首先就要有一种牺牲精神，要能够照顾所爱的人。如果扛不起这样的责任，那你又怎么去经历爱的风风雨雨呢？有人说过这样的话："我愿做一棵树，屹立在你必经的路上；我愿做一片云，替你抵挡烈日；我愿做一把伞，为你挡住暴风骤雨。"这就是爱情。

　　2. 摆正爱情在生活中的位置

　　爱情是美好的，它是人生的一部分，但不是全部。大学生应该处理好爱情和学业的关系，一个人只有学业取得成功，其爱情之花才会开得更加绚烂。大学生应该把学业放在首位，树立远大的理想，不能将宝贵的时间全部用来谈情说爱。

　　3. 培养爱的能力和责任

　　巴尔扎克说过："爱是一种能力，也是一种艺术。"爱的能力和艺术包括接受爱、给予爱、拒绝爱、处理爱情冲突，要拥有爱的能力和艺术，不仅要掌握爱的理论，更要用它来指导爱情的实践。

**4. 表达爱和接受爱的能力**

当爱情来临之后，要敢于表达、善于表达。正所谓"爱你在心口难开"，当你喜欢上一个人后，爱要怎么说出口？你能否用恰当的方式和语言向对方表达你的爱？面对别人的示爱，你需要及时、准确地对爱做出判断，并做出选择。

**5. 拒绝爱的能力**

如果向你表达爱的人你不喜欢，你将怎么办？我们不仅要有表达爱和接受爱的能力，还要有拒绝爱的能力。当这份爱情不是你所期望的，要果断地说不，不能优柔寡断害怕伤害对方，恰恰相反，信息模糊、不明确地表达你的态度才是对对方最大的伤害。拒绝爱除了要果断外，还要有智慧，那就是信息要明确，态度要婉转，方法要得当。虽然这份爱情不是你想要的，但是应该对他人的感情给予基本的尊重，因此，信息表达要明确，不要让对方感到还有希望，但是要注意保护对方的自尊心，不要恶语相向，或者讽刺挖苦。

**6. 处理爱情冲突的能力**

恋爱虽然很美好，但是也会有矛盾、冲突。当恋爱出现问题时，你是怎么做的？你用什么方式来解决你们的冲突，抱怨、吵架、冷战还是分手？这时候，处理冲突的能力就显得尤为重要。很多恋人分手，不一定是彼此之间没有爱了，而是不懂得如何去爱。爱是包容、理解，还需要换位思考和沟通。有效地沟通有利于问题的解决，甚至因为了解加深而会让两人之间的感情更上一层楼；争吵或者冷战除了能让两人的感情变淡，起不到别的作用。

**7. 提高挫折承受力**

大学生的恋爱受多种因素的制约，因而在追求爱情的过程中遇到各种波折是在所难免的。单相思、爱情错觉、失恋等心理挫折对大学生的承受能力就是一种考验。如果承受能力较强，就能较好地应付挫折，否则就有可能造成不良后果。因此，提高恋爱挫折承受力对大学生的心理健康是非常重要的。

当爱情受挫后，用理智来驾驭感情，通过分析原因、总结经验教训、寻找解决问题的方法和途径，在新的追求中确认和实现自己的价值，从而提高自己的心理承受能力和思想水平；通过适当的情绪调节、宣泄和转移，来减轻痛苦。人对失恋的应对方式反映了一个人心理成熟水平和恋爱观。一个人能够理智地从失恋中解脱出来，往往会使自己变得成熟起来。

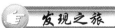 发现之旅

## 恋爱观测量表

指导语：下面共16个问题，每个问题都有四个答案，你可以在最符合自己心理状态的答案上打记号，然后根据后面的评分方法算出自己的得分，与后面的测试说明对比，从而大致判定自己的恋爱观是否符合时代和社会的要求。

（1）你对爱情的幻想是

    A. 具有令人神往的浪漫色彩

    B. 能满足自己的情欲

    C. 使人振奋向上

    D. 没想过

（2）你希望同恋人的结识是这样开始的

    A. 在工作和学习中逐渐产生感情

    B. 从小青梅竹马

    C. 一见钟情，卿我难分

    D. 随便

（3）你对未来妻子的主要要求是

    A. 善于理家            B. 别人都称赞她的美貌

    C. 顺从你的意见      D. 能在多方面帮助自己

（4）你对未来丈夫的主要要求是

    A. 有钱或有地位      B. 为人正直，有上进心

    C. 不嗜烟酒，体贴自己  D. 英俊，有风度

（5）你认为巩固爱情的最好途径是

    A. 满足对方的物质要求  B. 用甜言蜜语讨好对方

    C. 对恋人言听计从    D. 努力使自己变得更完美

（6）在下列爱情格言中你最喜欢

    A. 生命诚可贵，爱情价更高

    B. 爱情的意义在于帮助对方提高，同时也提高自己

    C. 有福同享，有难同当

    D. 爱情可以使我牺牲一切

（7）你希望恋人同你在兴趣爱好上

    A. 完全一致

    B. 虽不一致，但能互相照应

    C. 服从自己的兴趣

    D. 没想过

（8）你对恋爱中的意外曲折是这样看的

    A. 最好不要出现　　　　　　　　B. 自认倒霉

    C. 想办法分手　　　　　　　　　D. 把它作为爱情的考验

（9）当你发现恋人的缺点时，你会

    A. 无所谓　　　　　　　　　　　B. 嫌弃对方

    C. 内心十分痛苦　　　　　　　　D. 帮助对方改进

（10）你对家庭的向往是

    A. 能同爱人天天在一起　　　　　B. 人生有个归宿

    C. 能享受天伦之乐　　　　　　　D. 激励对生活的追求

（11）自己有一位异性朋友时，你是

    A. 告诉恋人，并在对方同意下才继续同异性朋友交往

    B. 让对方知道，但不允许对方干涉自己

    C. 不告诉对方，因为这是自己的权利

    D. 可以告诉，也可以不告诉，要看恋人的态度

（12）一位比恋人条件更好的异性对自己有好感时，你是

    A. 讨好对方

    B. 保持友谊，但在必要时向对方说明真相

    C. 十分冷淡

    D. 听之任之

（13）当你迟迟找不到理想的恋人时，你是

    A. 反省自己的择恋标准是否切合实际

    B. 一如既往

    C. 心灰意冷，对婚姻问题感到绝望

    D. 随便找一个算了

（14）当你所爱的人不爱你时，你是

    A. 愉快地同对方分手

    B. 毁坏对方的名誉

    C. 千方百计缠住对方

    D. 不知所措

（15）你的恋人对你不道德变心时，你是

    A. 采取"你不仁我不义"的报复措施

    B. 到处诉说对方的不是

    C. 只当自己瞎了眼

    D. 从中吸取择恋交友的教训

（16）你认为理想的婚礼是

    A. 能留下美好而有意义的回忆

B. 讲排场，为别人所羡慕

C. 亲朋满座，热闹非凡

D. 简简单单就好，婚礼只是个形式

评分方法：

| 选择题号 | A | B | C | D |
| --- | --- | --- | --- | --- |
| 1 | 2 | 1 | 3 | 0 |
| 2 | 3 | 2 | 1 | 1 |
| 3 | 2 | 1 | 1 | 3 |
| 4 | 0 | 3 | 2 | 1 |
| 5 | 1 | 0 | 2 | 3 |
| 6 | 2 | 3 | 2 | 1 |
| 7 | 2 | 3 | 1 | 0 |
| 8 | 1 | 2 | 0 | 3 |
| 9 | 1 | 0 | 2 | 3 |
| 10 | 2 | 1 | 1 | 3 |
| 11 | 3 | 2 | 1 | 1 |
| 12 | 0 | 3 | 2 | 1 |
| 13 | 3 | 1 | 0 | 1 |
| 14 | 3 | 1 | 0 | 1 |
| 15 | 0 | 1 | 2 | 3 |
| 16 | 3 | 0 | 1 | 1 |

测试说明：如果你的总分在40分以上，说明你的恋爱观基本正确；32分以上，还可以；如果总分在32分以下，就说明你的恋爱观不够正确，应该注意改进。如果这16个问题有一半左右你不知道怎么回答，则表示你的恋爱观还游移不定，那就需要尽早确定。

## 爱情量表和喜欢量表

指导语："喜欢"与"爱情"你分辨得出来吗？不管你是否恋爱，试着根据自己的情况或想法勾选下列符合自己目前恋爱状况或对爱情憧憬的项目。可复选。

### 一、爱情量表

1. 他（她）情绪低落的时候，我觉得很重要的职责就是使他（她）快乐起来。

2. 在所有的事件上我都可以信赖他（她）。

3. 我觉得要忽略他（她）的过失是一件很容易的事。

4. 我愿意为他（她）做所有的事情。

5. 对他（她），有一点占有欲。

6. 若不能跟他（她）在一起，我会觉得非常不幸。

7. 我孤寂时，首先想到的就是要去找他（她）。

8. 他（她）幸福与否是我很关心的事。

9. 我愿意宽恕他（她）所做的任何事。

10. 我觉得让他（她）得到幸福是我的责任。

11. 当和他（她）在一起时，我发现我什么事都不做，只是用眼睛看着他（她）

12. 若我也能让他（她）百分之百地信赖，我觉得十分快乐。

13. 没有他（她），我觉得难以生活下去。

## 二、喜欢量表

14. 当和他（她）在一起时，我发觉好像二人都想做相同的事情。

15. 我认为他（她）非常好。

16. 我愿意推荐他（她）去做为人所尊敬的事。

17. 以我看来，他（她）特别成熟。

18. 我对他（她）有高度的信心。

19. 我觉得什么人跟他（她）相处，大部分都有很好的印象。

20. 我觉得他（她）跟我很相似。

21. 我愿意在班上或团体中，做什么事都投他（她）一票。

22. 我觉得他（她）是许多人中，容易让别人尊敬的一个。

23. 我认为他（她）是十二万分聪明的。

24. 我觉得他（她）在我所有认识的人中，是非常讨人喜欢的。

25. 他（她）是我很想学的那种人。

26. 我觉得他（她）非常容易赢得别人的好感。

结果分析：

你的勾选项目，若集中在 1~13 项，表示你对对方的感情以"爱情"成分居多，而若多集中在 14~26 项，表示你对对方的感情以"喜欢"成分居多。此二量表有许多共通之处，但爱情有依附感、关怀感、亲密感三个要素，而喜欢只是正面的感受和好感、喜欢、崇拜，没有牵扯到你为对方做什么和独占的感觉。

**活动体验**

### 爱情中的你和他（她）

请你在纸上画出爱情中的你和他（她）。可以有标题，也可以无标题，可以用任何形式来画出自己，抽象的、形象的、写实的、动物的、植物的……把自己心目中的最能代表自己爱情的东西画出来。

# 第十一章

# 压力应对与心理健康

俗语说："人生不如意事十之八九。"挫折是每个人都会经历的人生际遇，贯穿于人的一生，存在于生活的方方面面。大学作为大学生成长与成才的摇篮，多少青年学子为此魂牵梦绕。然而当他们真正跻身其中又会发现，殿堂也有殿堂的困惑：适应不良、交往不利、恋爱失败、考试挂科……大学生在面对挫折时表现不一：有的勇敢面对，变挫折为动力，促进自身更好地发展；有的则一蹶不振，怨天尤人，从此颓废度日。因此，了解压力和挫折，学会释放压力，有助于大学生正确地应对挫折，提高社会适应能力，保持身心健康，这对于维持其正常的学习和生活有极其重要的意义。

**案例一**

一位大学二年级男生来到心理咨询室，诉说自己感到自卑。究其原因，他上高中时，学习很出色，上大学后给自己订下目标，三年提前大学毕业报考研究生。为此他把自己的日程安排得很紧，除了要完成几门专业课的繁重作业和实验外，还自学计算机编程，每天都坚持学外语，对一些公共课也要求考试得高分，以便拿到奖学金。总之，他没给自己安排一点娱乐时间，对自己要求太高，每天都很忙碌。但当目标未能实现时，他便产生了强烈的挫折感。

**案例二**

某高校大学生说："我以前在高中时可以说是佼佼者，到了大学里，好像每个人都比我强，我发现自己就好像巨人堆里的矮子，老担心自己考不好。师哥师姐还告诉我们要过级，要多拿证书，要考研。现在我每晚都做噩梦，上课也不能集中精力，书也看不下去，眼看就要期末考试了，我究竟该怎么办？"

**点评：**

大学生在日常生活中，承受着来自各方面的压力，学习、交友、升学、就业……这些有形无形的压力如果得不到缓解和释放，对大学生的心理健康十分不利。

# 第一节　挫折与压力概述

## 一、挫折概述

### （一）挫折的含义

挫折是人们在通向目标的过程中，遇到难以克服的障碍或干扰，使目标不能达到、需要无法满足时产生的紧张或不愉快的心理反应。挫折从本质上讲是一种不良的情绪状态，比如焦虑、紧张、郁闷、压抑、愤怒、恐惧、不安等，是在实现目标的过程中遇到了阻碍。

### （二）挫折的构成

挫折包括三个方面的含义，即挫折情境、挫折认知、挫折反应。

#### 1. 挫折情境

挫折情境，即指对人们有动机、有目的的活动造成的内外障碍或干扰的情境状态或条件。构成刺激情境的可能是人或物，也可能是各种自然、社会环境。如考试失利、比赛没有得到好名次、受到讽刺打击等。一般来说，挫折情境越严重，一个人的挫折反应就越强烈；反之，一个人的挫折反应就较轻微。

#### 2. 挫折认知

挫折认知，即指对挫折情境的知觉、认识和评价。对某人构成挫折的情境和事件，对另一人不一定构成挫折，就是说，面对同一障碍，并非每人都有挫折感或同等程度的挫折感。由于人们的心理状态不一样，有的人产生挫折感，有的人就可能无动于衷；同时体验到的挫折感有的可能极重，有的则较轻。这主要依赖于主观上对挫折情境有无感受以及如何感受。正如巴尔扎克所说："世上的事情，永远不是绝对的，结果完全因人而异。苦难对于天才来说是一块垫脚石，对于能干的人来说是一笔财富，而对于弱者来说是一个万丈深渊。"

#### 3. 挫折反应

挫折反应，即指个体在挫折情境下所产生的烦恼、困惑、焦虑、愤怒等负面情绪交织而成的心理感受，即挫折感。其中，挫折认知是核心因素，挫折反应的性质及程度主要取决于挫折认知。但是，只有当挫折情境被主体所感知时，才会在个体心理上产生挫折反应。如果出现了挫折情境，而个体没有意识到，或者虽然意识到了但并不认为很严重，那么，也不会产生挫折反应，或者只产生轻微的挫折反应。因此，挫折反应的性质、程度主要取决于个体对挫折情境的认知。

### （三）挫折产生的原因

造成挫折的原因有多方面，有外部的、客观的原因，也有内部的、个体自身的原因。

1. 客观原因

（1）自然因素

自然环境因素是指包括一切非人为力量所能控制的自然灾害、疾病、意外事件等客观因素，如地震、洪水、疾病、交通事故等。自然环境因素造成的挫折具有不可预料性，往往是人力所无法避免的。大学生遇到这样的挫折，对他们的影响可能很大，如家庭遭自然灾害导致贫困、伤病等，都可以给大学生带来严重的挫折。

（2）社会因素

社会因素是指人在社会生活中所受到的人为因素的限制，其中包括一切政治、经济、民族习惯、宗教信仰、社会风尚、道德法律、文化教育的种种约束等。随着社会进步，生活节奏不断加快，加上高等教育制度的改革，高等教育正在从精英教育向大众教育转变，大学生数量增多，就业压力逐年增大，大学生毕业面临着激烈的就业竞争，这些都会让大学生产生挫折感。

（3）学校环境

校园中有些因素会直接造成大学生的挫折感，比如学校和专业不是自己原本选择的，但又不得不去；或者对所选专业了解较少，学习之后发现和原来设想的差别过大；学校中的校园文化、教学环境、规章制度、管理方式、各种复杂的人际关系等都有可能给大学生带来挫折。

（4）家庭因素

父母的教养方式、家庭气氛、父母之间关系、亲子之间的关系、家庭经济状况等会对大学生的心理产生影响。家庭中成员关系不和谐，父母感情不和或者离异，亲子之间关系剑拔弩张，都会引发大学生的心理冲突，产生挫折感。

（5）生活中的创伤

对大学生来讲，亲人去世、因交通事故或疾病致残、失恋等都是造成其创伤且带来挫折的重要来源。例如，一个本来性格活泼开朗、爱说爱笑的女大学生，因一年内父母先后病故，受到沉重打击，变得少言寡语，精神抑郁，最终无法学习而退学。这种重大的生活创伤不仅给大学生带来强烈的挫折感，严重的还可能造成心理危机。

2. 主观原因

主观因素主要是个体自身带来的因素，包括个体的生理方面和心理方面两类因素。

（1）生理因素

生理因素是指与生俱来的身材、容貌、智力、健康状况、生理缺陷等先天素质所带来的限制导致行为的失败，无法实现预定目标。例如，虽然热爱篮球运动，但因为身材矮小难以入选篮球队，与人交往过程中由于相貌不好感到自卑，向往体育运动而身有残疾，因为色盲、色弱而无法进入自己心仪的专业等类似的情形，都会给大学生带来挫折感。

（2）心理因素

①动机冲突。在实际生活中，人们常常同时存在若干动机，其中有些性质相似或相

反而强度接近，使人难以取舍，便形成了动机的斗争。如在同一时间内，既想去参加同学聚会，又想准备期末考试，但不可能两全其美。这就是动机的矛盾斗争，又称动机冲突。如果这种心理矛盾持续太久，太激烈，就可能引起痛苦、焦虑和不安。

②自我认知偏差。大学生在进行自我认知的过程中，如果对自己的评估远远超过自己的能力，就会去追求一些超过自己能力的目标，导致挫折产生。如大学新生一入学就给自己定了很高的目标，而新生在学习方式和方法方面还需要一个适应过程，结果往往会不尽如人意。还有些学生自我评价过低，遇事不敢尝试，畏缩胆怯，其结果也是容易导致失败，体验到挫败感。

③抱负水平过高。抱负水平是指个人对自己所要达到的目标的规定标准。一个人是否感觉到挫折，与自己的抱负水平有密切关系。抱负水平过高，也是大学生产生挫折的重要原因。

## 二、压力概述

### （一）压力的含义

压力这一概念最早是由加拿大学者汉斯·塞里提出的，是指由刺激引起的、伴有躯体机能及心理活动改变的一种身心紧张状态，即压力是人在环境中受到种种刺激因素的影响而产生的紧张情绪。

在现代社会，由于压力而造成的身心紧张状态已经成为生活的一部分。不过，有压力不一定就是坏事，人生需要压力，没有压力就像菜里没有盐，吃起来寡淡无味，没有压力的生活也会很无聊。总是闲着没有压力的人，不会品味到成功的喜悦。压力产生的紧张状态可以提高警觉水平，适度的压力能引起你的积极反应，使你集中精力、激发斗志、促进思考，让你高效率、创造性地工作。当然，压力过大、持久，超过人的承受能力，也势必会干扰人正常的学习、工作和生活，破坏人的身心健康，引发身心疾病。

### （二）压力反应

人们面对压力时，会调动身体各个系统去应对它，随之而来就会出现一系列身心反应，这些反应是机体主动适应环境的需要，它能够唤起和激发身体的潜能，增强心理防卫的能力。但如果压力持续时间过久，或者强度过大，可能导致生理、心理功能的紊乱，引发心身疾病。压力反应包含三个方面，即生理反应、心理反应、行为反应。

#### 1. 生理反应

当压力对个体构成威胁时，个体就会通过人类在长期进化过程中形成的紧急性压力反应机制做出相应的生理性调节，以应对压力威胁的挑战。因此，在压力状态下必然伴随着不同的生理反应。这种生理性反应的"总指挥"是人的大脑，压力信号从大脑传输到心、肺等重要器官，提高心跳、血压、呼吸等方面的机能水平，促进血液的循环与供给，并使支气管急速扩张，以补充身体激烈运动所需的大量能量与氧气；将压力信号从大脑传送到肌肉和骨骼，此时，肌肉血管会迅速扩张，以使肌肉运动有充分的血液供应，并为突然的运动爆发（战斗或是逃跑）做好准备；将压力信号从大脑传输到下丘脑、肾上腺、甲状腺等器官，使之分泌激素以强化机体的运动能力，加速新陈代谢。这些生理反应，调动了机体的潜在能量，提高了机体对外界刺激的感受和适应能力，从而使机体能更有效地应付外界环境条件的变化。

2. 心理反应

在一般情况下，压力可以激活机体的潜在能量，促使人以更积极、有效的状态投入工作。但如果外界压力大大超过了机体所能承受的极限，或者机体的应激反应持续的时间过长，就会使人的心理和行为活动发生紊乱、衰退甚至是衰竭，就会对人的心理健康产生不良影响：

（1）压力对人的认知活动会产生影响

当压力过大时，会出现注意力下降，难以聚精会神，产生视而不见、听而不闻的情况；思维阻塞，突然遗忘正在谈论的话题，或者脑子里一片空白；信息提取速度减慢，信息再认或再现的错误率加大；思维紊乱，分析能力、判断能力、决策能力全面下降，言语表述缺乏逻辑性等。

（2）压力对人的情绪、情感活动产生影响

出现精神紧张、焦虑或烦恼；情绪的自控力下降，经常出现愤怒、暴躁情绪甚至攻击行为，歇斯底里；或者情绪走向另一个极端，郁郁寡欢，悲观失望，伤神哭泣，死气沉沉，自我评价降低，无助与无能感上升，精神萎靡不振等。

3. 行为反应

压力下个体可能出现两类反应：一类是积极反应，迎难而上，应对挫折和压力。另一类是消极反应，表现在：工作、学习与生活的兴趣和热情大幅度下降，做什么事都觉得索然无味；行为活动的计划性、目标感降低，经常出现顾此失彼、疲于奔命的被动局面；行为懒散，办事拖拉，被动应付，不愿承担责任；逃避困难，失去上进的信心和勇气；沉默寡言，不愿与人交流，喜欢独自发呆；行为古怪，不合群，人际矛盾增加；持续失眠、精力不足，经常出现在上课或上班时打瞌睡的现象；吸烟、借酒浇愁等。

以上所述几乎都是压力的消极反应。事实上，有压力并不总是一件坏事，适度的压力对人是有好处的，人们常说"有压力才会有动力"，适度的压力能够维护个体的生理、心理功能，同时有助于人们适应环境，增强能力，提高效率。著名的"鲶鱼效应"就是压力下生存的最好例证。

**知识链接**

## 鲶鱼效应

挪威人爱吃沙丁鱼，尤其是活鱼，挪威人在海上捕得沙丁鱼后，如果能让它活着抵港，卖价就会比死鱼高好几倍。但是，由于沙丁鱼生性懒惰，不爱运动，返航的路途又很长，因此捕捞到的沙丁鱼往往一到码头就死了，即使有些还活着，也是奄奄一息。只有一位渔民的沙丁鱼总是活的，而且很生猛，所以他赚的钱也比别人的多。该渔民严守成功的秘密，直到他死后，人们打开他的鱼槽，发现里面还有一条鲶鱼。原来，鲶鱼以鱼为主要食物，装入鱼槽后，由于环境陌生，就会四处游动，而沙丁鱼发现这一异己分子后，也会紧张起来，加速游动，如此一来，沙丁鱼便会活着到港口。这就是所谓的"鲶鱼效应"。

**（三）压力的积极作用**

只有当压力变成长期性的，或我们觉得无法再掌控局面时，压力才会对我们的身心健康产生负面影响。因此，我们应该以平常心面对日常压力，要知道，适当的短期焦虑有利于你的大脑和身体。压力的积极作用，表现在以下几个方面：

1. 有助于提高智力

低层次的应激反应能刺激大脑产生一种被称为神经营养的化学物质，增强大脑神经元之间的连接。美国心理学家谢尔顿·科恩认为，这可能是运动（物理应激）能帮助提高效率和注意力的主要机制。短期的心理压力也有类似的效果。此外，有研究表明，身体对压力的反应可以暂时提高记忆和学习效果。

2. 增加短期免疫力

"当身体应对压力时，它做好了可能受伤或感染的准备。"谢尔顿说，"方法之一就是产生额外的白细胞介素——一种帮助调节人体免疫系统的化学物质，至少能暂时提高肌体的防卫能力。"动物试验结果也支持这个观点。斯坦福大学一项研究发现，实验室大鼠在应对中度压力时，血液中几种类型的免疫细胞极具活力。

3. 增强人的韧性

大量关于人韧性的科学研究表明，学习如何面对压力能够让人更易把握和处理未来可能出现的意外。海豹突击队是美国特种作战部队之一，该部队的训练即是基于这个理念。谢尔顿说，虽然你也能从不太极端的经历中获益，"反复接触压力事件给了他们（海豹突击队）机会发展对危机的生理和心理控制感。因此，他们在现实斗争中不至于出现心理崩溃。"

从细胞层面看，这种结论似乎也成立。美国加州大学旧金山分校2013年的一项研究发现，虽然慢性应激会加快氧化，会损伤我们的DNA和RNA，但中等水平的所谓日常压力似乎确实能够防止伤害发生，并增强人的"生理心理韧性"。

4. 激励人走向成功

良性压力可能正是个人在完成工作时所需要的。比如，当一项工作快到最后期限时，它时刻盯着你，刺激你，能够使你有效、迅速、更高效地处理事务。这里的关键是将压力环境视为一种个人能掌控的挑战，而不是巨大的、不可逾越的"路障"。

根据心理学家米哈里·契克森米哈赖的研究，良性压力还可以帮助人们进入一种

"流"的状态，即一种对事情有较强意识、全心投入的状态。这种"流"状态可以在工作、运动或在一个创造性活动（如演奏乐器）中实现。契克森米哈赖认为很大程度上它的动因就是压力。

5. 增强孩子的发育

准妈妈时常担心自己的焦虑会影响腹中的胎儿，如果焦虑是持续性的，那确实会影响到胎儿。但是，约翰斯·霍普金斯大学 2006 年的一项研究发现，那些妊娠期间自诉有轻度或中度压力的妇女所生的孩子在 2 岁时会比妊娠期间无压力的妇女所生的孩子表现出更强的运动能力和其他发展技能，但有一个例外：那些对自己怀孕有负面情绪的妇女所生的子女有略低的关注能力。

## 第二节　大学生压力和挫折的产生和特点

### 一、大学生压力源

大学生的压力源基本可以分为三种：生活事件、日常烦忧、心理困扰。

**（一）生活事件**

生活事件会给人们带来压力，即使是积极的生活事件如结婚、生子，也会给生活带来变动，造成压力。消极的生活事件如亲人突然去世、离异、失业等更加会给人们带来心理负荷，影响心理健康。

**（二）日常烦忧**

日常烦忧主要是慢性压力源，由生活中的小烦恼和一些长期的社会事件组成，如交通拥堵、和同学有矛盾等。日常烦忧与急性压力事件不同，都是生活琐事，一般不会造成严重的心理伤害，不会到达心理压力的顶点，但累积的压力也会对人的身心造成不良的影响，就像"压垮骆驼的最后一根稻草"。

**（三）心理困扰**

上述两类压力源主要来自外部，个体内在心理的因素也是形成压力的重要来源，如个体的动机冲突、抱负水平等。

### 二、大学生挫折的产生和特点

**（一）大学生常见的挫折**

1. 学业方面

在经历了严酷的高考竞争之后，脱颖而出的高中生升入了大学，虽然大学的课业比高中相对轻松一些，但是对大学生来讲，学业依然是最重要的。大学生在学业方面的挫折主要体现在以下几个方面：

（1）新生入学后的学习适应方面

首先，大学教学方式比较灵活。"教无定法"，反映了大学生授课方式的转变。

教师的授课方式灵活多变。有的是讨论式的，有的是自学辅导式的，有的经常提问，有的从不提问。总之，大学的教学方法已不是单一的讲授，而是多种方法的汇合，大学的学习应从中学时对教师和书本的依赖转向自主性学习，变被动学习为主动学习。其次，大学的学习内容既广且深。与高中课本的固定知识有所不同，大学生的课程范围广，有通识课、选修课、专业必修课；学生不仅学习的内容多，还需要在所学专业上深入钻研，要专要精。再次，大学生的学习方式较为灵活，不仅要求理解、巩固知识，还要在学习中培养独立思考、探索创新的精神。大学阶段是求学时期向工作时期、创造时期转变的过渡阶段，随着大学教学任务、教学内容、教学方式的变化，大学生的学习方法和思维方式也逐渐从记忆现成的结论向确立独立见解的方面转变，带有研究和探索性质。这一切的转变，使大学新生感到很不习惯，从而引发学习动机缺乏、学习焦虑、学习畏难、学习疲劳、注意力不集中、记忆力差等学习障碍的表现。

（2）新生对自己所学的专业不满意

在填报志愿时，有很多学生对自己所学专业可能不是很了解，或者听从了家长的劝说和安排，或者由于自己的高考分数较低，为了能步入大学校园不得不放弃自己理想中的专业，选择了自己不喜欢的方向或者录取时被调剂到其他专业。当进入到专业学习以后，发现这个专业不是自己喜欢的学科，由此引发大学新生的挫折感甚至厌学情绪。

（3）学习上的优越感丧失

许多同学在进入大学以前都是班级甚至学校的"尖子生"，在各个方面都很引人注目，能够享受很多优待。有些同学对自己期望很高，希望依然保有中学时代佼佼者的地位，但是历经千辛万苦进入大学以后，尤其是在名牌高校，大家的起点相同，各方面水平和素质相当，发现周围高手林立，自己没有任何突出的地方，表现平平，由此体验到深深的挫折感。

大学生如果没有办法应对学习中产生的挫折，一味怨天尤人，或是消极颓废，可能导致浪费大学四年的光阴，甚至有可能面临休学或者退学。

2. 恋爱方面

高校自由开放、轻松活跃的校园环境，大学生性生理成熟、性意识增强，正处于情感不断丰富、不断成熟的特殊时期，有着非常强烈的情感需求，这些在客观上为男女大学生步入恋爱创造了一定的条件。但大学生的性心理不完全成熟，思想认识有一定的局限性，面对爱情容易唯美化、理想化，解决爱情冲突的能力有待提高，对性冲动和性要求的处理不当，导致他们时常面临情感挫折。暗恋、吵架、失恋、三角恋等，给大学生带来不少苦恼，为此，大学生的情绪波动比较大，直接影响到正常的学习和生活，甚至如果处理不当，会产生严重的恋爱纠葛，大学校园的很多恶性事件都是由恋爱挫折引发的。

恋爱中遇到的挫折对大学生来讲是人生的必经阶段，虽然会给他们带来一定的不良影响，但如果处理得好，仍不失为一种正面的教导，对其未来的感情生活也会带来好的影响。

### 3. 人际关系方面

卡耐基曾经说过："成功来自 85% 的人脉关系，15% 的专业知识。"对许多远离家乡的大学生来说，身处陌生的环境、面对新的同学，渴望友情，希望得到关心和爱护，并盼望自己在新的环境里能够建立友好融洽的人际交往关系，自己的行为举止能够被认可接受。但是，他们又缺乏交往的经验和方法，很多大学生都感觉到不知道如何与同学、老师交往。大学生人际交往的挫折主要包括人际交往冲突和人际交往障碍。人际交往冲突是指在交往中和同学朋友产生摩擦。有的学生在交往中时常有防范和窥探的心理，缺乏应有的真诚，交往过程中沟通不足、关系失调、人际冲突等现象时有发生。人际交往障碍是指不敢或者不知如何结交朋友。有些学生因自卑、胆小，不敢和别人打交道；有些同学性格内向，不知道如何与他人交往；还有些人过分挑剔，性格孤僻、孤芳自赏，认为很难找到知心朋友，便产生了"接触的人很多，但信得过的人很少""同学很多，但真正的朋友很少"的感叹。

### 4. 就业方面

年年递增的就业人数，使得人们觉得就业似乎"没有最难，只有更难"，就业难现象已经凸显为社会问题。当代大学生从一入学开始，身上就背负了就业的压力，普遍忧虑未来的就业。为了能找到更好的、更理想的工作或暂时回避毕业，许多学生面临着就业与考研的双重压力。还有一些学生在校期间不认真学习，学习成绩不理想，课外拓展不够，能力没有提高，各方面表现不佳，更加担心被用人单位拒之门外。

### （二）大学生的挫折反应

挫折反应是指伴随着挫折认知，由于需要得不到满足，目标不能实现而产生的情绪态度和行为反应。挫折反应有时也称作挫折感。

### 1. 心理防御机制

心理防御机制是指个体面临挫折或冲突的紧张情境时，在其内部心理活动中具有的自觉或不自觉地解脱烦恼、减轻内心不安，以恢复心理平衡与稳定的一种适应性倾向。当人面对挫折时，心理平衡往往遭到破坏，出于自我保护的本能，人们会产生一种自觉或不自觉地要消除或减轻这种状态的倾向，会有意无意地采取某种方式来恢复心理平衡，这就是心理防御机制的作用。

（1）积极的心理防御机制

①认同：指一个人在受挫而痛苦时效仿他人获得成功的经验和办法，使自己的思想、信仰、目标和言行更适应环境的要求，从而在主观上增强自己获得成功的信念。大学生没有获得成功与满足而遭遇挫折时，通过效仿成功者的优良品质和其获得成功的经验与方法，可以使他们的思想和言行更适应应环境的要求，增强自信心，减少挫折感。例如，一些大学生常把名人、英雄人物或影视作品中的人物作为自己的认同对象，将他们具有的、使自己感到羡慕的品质加在自己身上，或者将自己与所崇拜的人视为一体，

从他们的人生经历、奋斗精神甚至风度、仪表等方面获得信心、力量、勇气，奋发进取，从而减轻挫折感，不断战胜挫折，奋发进取。

②补偿：指人们在实现目标过程中受到挫折或者某方面有明显的缺陷而无法达到既定目标时，发展其他可能达到成功的活动或自己的特长来代替，以此来弥补由挫折或缺陷而丧失的自尊心和自信心。这就是人们常说的"失之东隅，收之桑榆"。"补偿"一词，首先出现于阿德勒的心理学中。阿德勒认为每个人天生都有一些自卑感，而此种自卑感觉使个体产生"追求卓越"的需要，而为满足个人"追求卓越"的需求，个体借"补偿"的方式力求克服个人的缺陷。补偿可分为消极性的补偿与积极性的补偿。所谓消极性的补偿，是指个体所用来弥补缺陷的方法，对个体本身没有带来帮助，有时甚或带来更大的伤害，比如一个学业失败的大学生整天沉溺于网络中不能自拔。积极性的补偿是指以合适的方法来弥补其缺陷，促进了个体的发展。例如，一个相貌平庸的大学生，致力于学问上的追求而赢得别人的重视；一些大学生失恋后，把精力积极投入到学业上，刻苦学习，用好成绩来补偿情感的受挫。

③升华：升华为精神分析的用语，原意指人的性欲本能受到社会的禁忌时，会转向文学艺术活动的创造上。在挫折中的升华是指将自己不为社会所认同的动机或欲望转变为符合社会要求的动机或欲望，或者将自己的精力和情感转移到有益的活动中去，使低层次的行为和需要上升到较高层次，从而将不为社会所接受的动机和由此产生的不良情绪导向比较崇高的境界，来弥补因受挫而丧失的自尊与自信，以减轻痛苦。一生命运多舛的西汉文史学家司马迁，因仗义执言，得罪当朝皇帝，被判处宫刑，后来，他发愤撰写了《史记》；《少年维特的烦恼》作者歌德，失恋时创作了此书。他们都是悲愤中之坚强者，将自己的"忧情"升华，为后世开创了一个壮观的文史境界。升华是一种很有建设性的心理作用，它不但转移或实现了原有的情感，同时又创造了积极的价值。

④幽默：在面对挫折时，用幽默化解困境，使危机得以解决。幽默是一种含蓄诙谐的防御机制，可以在轻松、欢乐的气氛中驱走尴尬，缓解紧张；同时，幽默也是一种积极乐观的生活态度，在减少自身挫折感的同时，还能给别人带来欢乐。因而，幽默也是积极、成熟的防御方式之一。

（2）消极的心理防御机制

①压抑：是指个体将一些自我所不能接受或具有威胁性、痛苦的经验及冲动，在不知不觉中从个体的意识中排除抑制到潜意识里去作用。这是一种"动机性的遗忘"，个体在面对不愉快的情绪时，不再去想，不再回忆，主动遗忘，以减轻痛苦。压抑是各种防卫机制中最基本的方法。比如，失恋了，反复告诉自己"别去想她"，"我们俩不能在一起了，忘了她吧，忘了她吧"。运用这种方法，并不能真正地解除痛苦，痛苦似乎被遗忘了，但在某种情境刺激之下，被压抑的东西就会涌现出来，影响人的行为，久而久之容易造成精神崩溃，严重影响身心健康。

②否定：否定是一种比较原始而简单的防卫机制，其方法是借着扭曲个体在创伤情境下的想法、情感及感觉来逃避心理上的痛苦，或将不愉快的事件"否定"，当作它根本没有发生，来获取心理上暂时的安慰。"否定"与"压抑"极为相似。但"否定"不是有目的的忘却，而是把不愉快的事情加以"否定"。像小孩打碎了东西，往往用手把眼睛蒙住；鸵鸟在敌害迫近时把头埋在沙里；许多人面对绝症，或亲人的死亡，就常会本能地说"这不是真的"，用"否定"来逃避巨大的伤痛。其他如"眼不见为净""掩耳盗铃"，都是否定作用的表现。否定在一定程度上可以减缓突如其来的打击，使当事人在心理上有一个准备过程，去接受必须接受的痛苦事实。但是否定并不能让问题得到解决，一直否认也会影响对环境的适应。

③退行：是指人们在受到挫折或面临焦虑、应激等状态时，放弃已经学到的比较成熟的适应技巧或方式，而退行到使用早期生活阶段的某种行为方式，以原始、幼稚的方法来应付当前情景，来降低自己的焦虑。例如，已养成良好生活习惯的儿童，因母亲生了弟妹或家中突遭变故，而表现出尿床、吸吮拇指、好哭、极端依赖等婴幼儿时期的行为。退行行为不仅见于小孩，有时也发生于成人。例如，有一女学生，自从被班上同学嘲笑后，每当要上学时，就会肚子痛而无法上学。

④潜抑：是指人们在受到挫折后，把意识所不能接受、使人感到困扰成痛苦的思想、欲望或体验等，不知不觉地从意识中加以排除或压抑到潜意识中，不再想起，不去回忆，使自己避免痛苦。这种遗忘是有目的的，那些被压抑的欲望和情绪情感并没有消失，虽然我们意识不到，却能在不知不觉中影响人们的日常心理和行为，在特定的情境下被压抑的东西又会显出。

例如，某大学生一时糊涂偷了本寝室同学的几元钱，事后羞愧难当，内疚不已，可他又没有勇气向同学承认错误，心理冲突所带来的痛苦时时折磨着他。过了一段时间，他努力把这件不光彩的事忘掉，以恢复内心平静，然而这不是真正的遗忘，而是压抑。以后每当遇到同学丢东西，他就怕被怀疑，甚至在同学面前举止失常、词不达意，以致发展到怕见同学，把自己封闭起来，影响正常的交往活动。

⑤幻想：人无法处理现实生活中的困难，或是无法忍受一些情绪的困扰时，将自己暂时离开现实，在幻想的世界中得到内心的平静和达到在现实生活中无法经历的满足，称为"幻想"。这与常说的"白日梦"相似。例如，"灰姑娘"型幻想，即一位在现实社会里备受欺凌的少女，坚信她有一天可以遇到英俊王子式的人物，帮助她脱离困境。意义治疗法创立者弗兰克尔，曾在第二次世界大战期间，在集中营待了四年之久，他发现能从集中营活着出来的人，与其是否年轻力壮无多大关系，最主要的是对未来有"憧憬"（亦即以幻想未来远景，来支持自己忍受目前的苦难）。幻想作用有其积极的一面，比如它能使人获得满足感，使人感到精力充沛和斗志旺盛等。但幻想并不能解决现实问题，人必须鼓起勇气面对现实，并克服困难，才能解决问题。

⑥合理化：又称文饰作用，是指个人遭受挫折或无法达到所要追求的目标，以及行为表现不符合社会规范时，用有利于自己的理由来为自己辩解，将面临的窘迫处境加以

文饰，从而为自己进行解脱的一种心理防卫术。换句话说，"合理化"就是制造"合理"的理由来解释并遮掩自我的伤害，在日常生活中俗称"找借口""自我安慰"。一般说来，每种现象或事件的发生，都可用许多理由与方法进行解释。合理化则是从个体的心理需要出发，从一系列理由中选择其中一些合乎自己内心需要的理由去特别强调，而忽略其他理由，以避免心理上的痛苦。

### 知识链接

## 合理化的三种形式

一是"酸葡萄"心理。此机制是引自伊索寓言里的一段故事：从前有一只狐狸走进葡萄园中，看到架上长满了成熟葡萄，它想吃，但因架子太高，跳了数次都摘不到，无法吃到葡萄，它就说那些葡萄是酸的，它不想吃了。其实葡萄是甜的，它因吃不到而说葡萄是酸的。在日常生活中像这样的例子很多，在追求某一种东西而得不到时，为了冲淡自己内心的不安，就得为自己找一个言之成理的"理由"，于是采取"吃不到葡萄就说葡萄酸"的做法，常常将对方贬低，认为并非我追求不力、条件不够，而是"不值得"太卖力，借以安慰自己。鲁迅笔下的阿Q受辱被打后就说"儿子打老子"，把对方贬低为儿子，从而得到精神上的胜利。类似事例又如有的学生当不上学生干部，说"其实当干部耽误学习，也没啥意思"；有的同学追求女生未果，自我安慰"仔细看看她也没有那么好，天涯何处无芳草啊，何必单恋一枝花"。

二是"甜柠檬"心理。与"酸葡萄"心理相反的另一种合理化作用是"甜柠檬"心理。此方法是指企图说服自己和别人，自己所做成或拥有的已是最佳的抉择。上述寓言里的那只狐狸，后来走到柠檬树旁，因肚子饿了，就摘柠檬充饥，而且边吃边说柠檬是甜的，其实柠檬味道是酸的。具有"甜柠檬"心理的人，不说自己得不到的东西不好，却百般强调凡是自己所有的东西都是好的。就像狐狸得不到葡萄，只有柠檬，就认为柠檬是甜的，这样也可以减少内心的失望和痛苦。我们面对生活中所发生的一些不如意的事，有时也会像这只狐狸一样，努力去强调事情美好的一面，以减少内心的失望和痛苦。例如，娶了姿色平平的妻子，说她有内在美；嫁给木讷寡言的丈夫，说他忠厚老实；孩子资质平庸，说他"傻人有傻福"。

三是推诿。此种自卫机制是指将个人的缺点或失败推诿于其他理由，找人担待其过错，使个人心理平静。例如，学生考试失败，不愿承认是自己准备不足，而说老师教得不好、老师评卷不公或说考题超出范围；竞选班级干部失败，没有从自身寻找原因，反而将原因归结于某些同学会拍马屁、老师偏心、不公正等。

以上三者均是个体为了掩盖其错误或失败而使用的"合理化"形式，以保持个体内心的安宁。个体面对无法接受的挫折时，使用合理化的防御机制有助于减少内心的痛苦，避免心理的崩溃，能在较短时间内让个体的心理恢复平衡，具有一定的积极作用；但运用过度，借各种托词以维护自尊，欺骗别人也欺骗自己，终非解决问题之道。

⑦投射：是指把自己不能接受的冲动、欲望和思想转移到别人的身上，认为他人也是如此，以此来减轻自己的内疚和焦虑，逃避心理上的不安。正所谓"我见青山多妩媚，青山见我也如是"，便是典型的投射现象；像"以小人之心度君子之腹""五十步笑百步"都是这种机制作用下的现象。一个学生平素学习不努力，考试作弊，则认为别的同学学习也不努力，考试善于作弊，而且与自己比较有过之而无不及。如果把自己所具有的那些不好的特征投射到自己尊敬的人或者比自己强得多的人身上，自己心里的不安就会大减：名人尚且不可避免地具有这些特征呢，何况我一个无名小卒？投射作用是一种自我保护措施，对于减轻个人的压力、内疚有一定作用，这样做可以保证个人心灵的安宁，但往往影响自己对人和事的正确判断。

⑧反向：是指把别人或社会所不能接受的冲动或欲望转移到它们的反面，使之成为可接受的。换言之，使用反向者，其所表现的外在行为，与其内在的动机是成反比的。在性质上，反向行为也是一种压抑过程。冲动和欲望虽然被压抑到潜意识中去了，但它们并没有消失，总想在适当的机会表现出来。又如一位好吃糖，但被告诫吃糖会蛀牙且不为妈妈所喜欢的女孩，每每与母亲逛超市，总指着糖果对母亲说："不可以吃糖，吃糖会蛀牙，妈妈不喜欢。"其他如"此地无银三百两"的故事与俗语"以退为进"都是反向的表现。在大学生中，有些学生内心很自卑，却总是以自高自大、傲慢不羁的表现来掩盖自己的弱点。反向的目的在于避免或减轻自尊心受损，如果运用得当，有助于提高社会的适应能力，但长期运用则会使自我意识扭曲，使动机与行为脱节，导致心理异常。

⑨抵消：是指以象征性的活动或事情来抵消已经发生的不愉快的事情，以补救心理上的不适与不安。人犯错时都会感到不安，尤其是当事情牵连他人，令他人无辜受伤害和损失时，的确会很内疚和自责。我们可用象征式的事情和行动来尝试抵消已经发生的不愉快事件，就可以减轻心理上的罪恶感。如一个丈夫回家太晚，回家时他也许会为妻子带回较贵重的礼物来抵消他的愧疚之情；一位工作繁忙无暇陪孩子的父亲，为孩子提供好的物质基础来消除心中愧疚感，以这个行动来证明他是照顾孩子的。另外，过年时打碎东西说"岁岁平安"也是一样的道理。

2. 大学生的挫折反应

大学生的挫折反应主要有情绪性反应和理智性反应两种。

（1）情绪性反应

指人遭受挫折时，会伴随有不同程度的紧张、愤怒、焦虑等情绪状态和内心体验，可能会产生特定的行为反应，常见的有攻击、冷漠、退化、固着、幻想、逃避、焦虑、自杀等。

①攻击：攻击是人们遇到挫折时最原始的反应，个体受到挫折后，常会引起愤怒情绪，并要把愤怒发泄出来，或直接对构成挫折的人或物进行报复，或迁怒他人将攻击矛头指向弱者。青年人由于处于生理、心理机能发展的旺盛期，争强好胜，自控能力又比较弱，因而受挫后很容易出现攻击行为。

攻击性行为的对象可能是构成挫折的人或物，也可能是其他替代物，还可能是受挫者自身。攻击性行为按其表现方式，又可分为直接攻击和转向攻击。

直接攻击指受挫者的攻击行为直接指向构成挫折的人或物，这是学生受挫后的主要反应方式。有的表现为打斗，有的则可能是嘲笑、谩骂，有的用文字或漫画相互攻击，有的也可能仅用面部表情或手势动作表示自己的不满或不快。

转向攻击指受挫者将攻击行为转向其他人或物。有的同学在遭受挫折后，如果不能直接攻击阻碍自己达到目标的对象，往往采取变相的攻击方式，而把攻击行为转向其他的人或物。一是寻找"替罪羊"。个人发现挫折的来源不明，产生莫名的愤怒、烦恼，而又没有明显的对象可以攻击时，于是就将此种闷闷不乐的情绪发泄到毫不相干的人或物上，这个被攻击的对象便成为"替罪羊"。二是迁怒他人。个人发现引起挫折的真正对象不能直接攻击，或碍于自己的身份不便攻击时，便将愤怒的情绪发泄到其他人或物上去。一般说来，个人受挫而无法予以回击时，如果发现有人像使他产生最初挫折的那个人，则此人就很容易成为他的攻击对象。还有"指桑骂槐""拉他人后腿"等，则属于迁怒他人的间接攻击方式。

### 知识链接

## 踢猫效应

老板骂了员工小王；小王很生气，回家跟妻子吵了一架；妻子觉得窝火，正好儿子回家晚了，给了儿子一耳光；儿子捂着脸，看见自家的猫就给它狠狠一脚；那猫冲到外面街上，正遇上街上的一辆车，司机为了避让猫，却把旁边的一个小孩给压死了。"你今天踢猫了吗？"这不是一句搞笑的问候语，而是提醒我们，不做"踢猫效应"的传递者。

②冷漠：个体遭受到挫折，不堪承受压力，又看不到希望发生，或者在长期反复遭受同一挫折而无能为力的情景下，表现出一种无动于衷、漠不关心的态度，称为冷漠。像俗语经常说的"哀莫大于心死"。一般情况下，对挫折的冷漠反应是由于一个人长期遭受挫折或感到没有任何希望摆脱、消除困境时产生的。例如，有的人初遇挫折，可能表现为积极的抗争，但发现抗争无济于事，甚至会招致更大的挫折，这时就可能企图采用攻击或逃避的办法，如果不成，则只能以冷漠的方式待之。冷漠不代表大学生遭受挫折后没有情绪反应，而只是将情绪隐藏于内心深处，不发泄出来而已。事实上，个体此

时的挫折感更强烈，只是强行将情绪压抑，对身心健康十分不利。

③退化：指人们受到挫折后，表现出一种与自己的年龄、身份不相称的幼稚行为，即退回到原来较低的心理发展水平。

④压抑：把不愉快的经历和体验压抑到无意识中，不去回忆，主动遗忘。适度的压抑有利于情绪的调整，但长期的压抑会导致更强的挫折与心理不适。有一位女大学生，非常讨厌追求她的一个男生。可是这个男生并未感觉到，仍不时纠缠她。一次在饭堂相遇，男生目不转睛地看着她，这使她非常厌恶，一阵恶心就把吃的饭吐了。事隔两年，她去向一位研究生表示好感时遭到拒绝，她又产生了呕吐，这以后便经常呕吐……原来，呕吐是被压抑下去的反抗和不满的情绪所酿成的。

⑤固着：个体遭到挫折后，采取刻板的方式盲目重复某种无效行为，这种行为叫作固着反应。在现实生活中，"撞到了墙还不知转弯"即是固着反应的体现。例如，一名大一女生，在一次暑期旅游中结识了本校一个二年级的男生。两人一见钟情，在短短一周内，感情迅速达到"炽热"地步。但开学后，男生态度突变，拒绝与该女生来往，使这位女生突然陷入情感危机中。处于绝望状态的女生情绪非常忧郁，无法坚持上课学习，整日哭泣不思饮食，只好由家属监护。多少同学、朋友劝说，她就是听不进去，仍然抱着能见上他一面的希望，并要求老师去找该男生，且不止一次到男生宿舍门口等待，张望着窗口。"哪怕见他一面，看他一眼，我死也甘心。"这名女生的行为，就是明显的固着反应。后来，校方和家长只得送她到心理咨询中心。

⑥自杀：自杀是大学生受到挫折后产生的极端情绪反应和行为。近年来，大学生自杀事件屡见报端。有研究资料表明，在高校自杀率统计中，大学生高于一般青年，重点大学高于一般大学。大学生自杀已经成为大学生意外死亡的主要原因之一。

（2）理智性反应

指个体在遭到挫折后，能够面对挫折，认真分析，找出挫折的原因，采取积极有效的态度和行为来应付挫折。挫折是不可避免的，关键在于怎样对待挫折。理智性反应是教育者应加以倡导的一种挫折反应方式。可采用以下三种策略：

①坚定目标，再做努力。在遭受挫折以后，不要灰心，不要垂头丧气，冷静地分析失败的原因，如果觉得自己的目标是现实的，值得追求，那就克服困难，继续努力，朝着既定的目标前进，直到成功为止。勇历艰险，不怕挫折，这是一切发展积极心态，有志于成功的人的必修课。

②审时度势，调整目标。个体确定目标后，由于各方面条件的限制，虽经过努力却无法实现，不得不降低目标或改换目标，以积极的姿态再做尝试。比如大学生考研不成功，有各方面的原因，在下一年的时候，可能先工作，以后寻找机会再考研，也可以更换考研的学校。

③提升自我，追求成功。挫折易使人消沉、丧失意志，不敢再做有效的尝试。但是，经过自己的思考或旁人的指点，人们会将敌对、愤怒、悲痛等消极情绪转化为奋发图强、积极进取的行动，通过自我提升，取长补短，最终走向成功。

# 第三节　挫折应对与压力管理

## 一、大学生挫折承受力的培养

### （一）正确认识挫折

**1. 挫折是普遍存在的**

挫折是生活的一部分，每个人都会遇到：不是遇到这种不幸，就是遇到那种麻烦。虽然我们不喜欢挫折，但又总是躲不开它。自然界、社会里的万事万物，无一不是在曲折中前进、螺旋式上升的，一切顺利、直线发展的事情几乎是没有的。所谓一帆风顺、万事如意，往往只是人们的良好希冀而已；天有不测风云，人有旦夕祸福，倒是司空见惯的。因此，我们只有懂得挫折是现实生活中难以避免的现象，才能对挫折有充分的心理准备。

**2. 适度的挫折是必要的**

一位美国儿童心理专家说："童年十分幸福的人，常有不幸的成年。"很少遭受挫折的孩子，长大后往往会因不适应复杂多变的社会环境而痛苦不堪。爱迪生也曾经说过："失败也是我需要的，它和成功对我一样有价值，只有在我知道一切做不好的方法以后，我才能知道做好一件工作的方法是什么。"从来没有经历过挫折的人生是苍白的、脆弱的、不堪一击的，即使一个小小的挫折也能让人一蹶不振，甚至放弃生命。大学生从小到大经历的挫折比较少，大多是学业挫折，进入大学后面临的问题增多，经历的挫折也变多。面对挫折、处理困境，这是成长和成熟的过程所必需的。

> **故 事**
>
> ## 破茧成蝶
>
> 草地上有一个茧，被一个小孩发现并带回了家。过了几天，茧出现了一个小孔洞，里面的蝴蝶挣扎了好长时间，身子似乎被卡住了，一直出不来。孩子看到茧中的蝴蝶痛苦挣扎的样子十分不忍，于是他拿起剪刀把茧捅破，让蝴蝶脱茧而出。然而，由于这只蝴蝶没有经过破茧前必须经过的痛苦挣扎，身躯臃肿，翅膀干瘪，根本飞不起来，不久就死了。

**3. 挫折具有两重性**

挫折既有消极的一面，也有积极的一面。生活中的挫折和磨难，并不都是坏事。平静、安逸、舒适的生活，往往使人安于现状，耽于享受；而挫折和磨难，却能使人受到磨炼和考验，变得坚强起来。当然，挫折对人的影响是积极的还是消极的，最终取决于受挫者对待挫折的态度。因而，大学生面对挫折时是一蹶不振还是奋发向上，取决于他如何看待和对待挫折。

# 故事

## 农夫的驴子

有一天，某个农夫的一头驴子不小心掉进一口枯井里，农夫绞尽脑汁想救出驴子，但几个小时过去了，驴子还在井里痛苦地哀号着。最后，这位农夫决定放弃，他想这头驴子年纪大了，不值得大费周折去把它救出来，不过无论如何，他觉得这口井还是得填起来，便请来左邻右舍帮忙一起将井中的驴子埋了，以免除它的痛苦。邻居们人手一把铲子，开始将泥土铲进枯井中。这头驴子感觉到自己的处境时，刚开始叫得很凄惨。但出人意料的是，一会儿这头驴子就安静下来了。农夫好奇地探头往井底一看，出现在眼前的景象令他大吃一惊：当铲进井里的泥土落在驴子的背部时，驴子将泥土抖落在一旁，然后站到铲进的泥土堆上面！就这样，驴子将大家铲到它身上的泥土全数抖落在井底，然后再站上去。很快，这只驴子便得意地上升到井口，然后在众人惊讶的表情中快步地跑开了！

就如驴子的情况，在生命的旅程中，有时候我们难免会陷入"枯井"里，各式各样的"泥沙"倾倒在我们身上，而想要从这些"枯井"脱险的秘诀就是：将"泥沙"抖落掉，然后站到上面去！事实上，我们在生活中所遭遇的种种困难挫折就是加诸我们身上的"泥沙"，换个角度看，它们也是一块块的垫脚石，只要我们锲而不舍地将它们抖落掉，然后站上去，那么即使是掉落到很深的井，我们也能安然地脱险。

**（二）直面挫折**

坦然地面对挫折，寻找积极的解决办法，不放弃，不回避。有些挫折一旦发生，就无法消除或短期内无法改变，那么就应学会坦然地面对挫折。消极的自我防御机制所带来的心理障碍都是由于逃避产生的，逃避并不解决问题，躲得了一时躲不了一世；将问题放置不理，个体反而背负压力，紧张、焦虑和烦躁等情绪也相应产生。因此，个体应积极寻找应对挫折的办法，或者通过自我调节，或寻求他人帮助来减轻挫折所引起的痛苦，使自己走出心理挫折的阴影。

**（三）正确归因**

造成挫折的原因有两类：一是外部客观因素，二是内在主观因素。有人倾向于进行外部归因，认为挫折的原因在外部，挫折是由运气、机会、任务难度、社会控制、自然力量等无法预料和难以支配的因素造成的；做内部归因的人则喜欢从内部因素方面寻找成功或挫折的原因，如自己的知识技能、能力水平、努力程度、策略选择等。对造成挫折的原因进行实事求是的分析和判断，目的是弄清挫折的原因到底是外部的还是内部的，或者是内、外因素相互交织、共同起作用的。片面的客观归因容易导致个体推卸责任，片面的主观归因则容易使个体丧失自信心，因而都是不可取的。

梁启超在《论毅力》一文中写道："盖人生历程，大抵逆境居十六七，顺境亦居十

第十一章 压力应对与心理健康

三四，而顺逆两境又常相间以迭乘。……其事愈大者，其遇挫愈多，其不退也愈难，非至强之人，未有能善于其终者也。"我们虽然都是平凡的人，但在挫折面前，也要学习一下古今中外的伟人，勇敢些，坚强些，努力去做，一定会越挫越勇，实现我们的人生理想。

**（四）自我调节**

**1. 正确运用心理防御机制减轻挫折压力**

心理防御机制有积极和消极之分，应多运用积极的心理防御机制来化解内心冲突，克服挫折。比如，在比赛中失败了，可以用"胜败乃兵家常事"来安慰自己，从而使自己不至于太难过；失恋了，把时间、精力用于学习，以学业的成功冲淡失恋的痛苦。心理防御机制适度、恰当使用，有利于健康心理的恢复，增强信心。

**2. 适度宣泄**

受到挫折后不要自我压抑，要通过恰当的方式宣泄出去。每个人在经历重大负性事件后都会有一些焦虑、担心等负性情绪，这些是正常的，应接纳并允许自己有这些情绪，并适度宣泄情绪。面对压力，可以采取一些积极的应对措施，例如在稳定的居所、定时吃饭、按时休息。维持日常的生活和稳定的心理状态有助于减轻压力。稳定的心理状态可以通过一些稳定化技术来实现，比如深呼吸放松、音乐放松、冥想训练等。采取积极的应对方式还包括规律的生活，获取良好的社会支持，与信任的人如家人、朋友交流和沟通，做一些自己感兴趣或者能有愉悦感的事情。同时要避免消极应对，不要过量饮酒、吸烟、服用药物，也不要过度工作和过多睡眠。

**3. 优化性格，提高挫折承受力**

为了提高挫折承受能力，每个人都应主动地在生活中锻炼自我，培养自己良好的人格品质，改变那些不适应发展的不良人格品质，提高挫折的承受能力。重点应培养自信乐观、自强不息、开拓创新、永不放弃等品质。在挫折面前不轻言放弃才会排除万难取得成功。

**4. 进行积极的自我暗示**

**故　事**

有这样一个实验：将一只跳蚤放进一个玻璃杯里，跳蚤立即轻易地跳了出来。根据测试，跳蚤跳的高度一般可达它体长的 400 倍，所以跳蚤称得上是动物界的跳高冠军。接下来再次把这只跳蚤放进杯子里，不过这次立即在杯上加一个玻璃盖，"嘣"的一声，跳蚤重重地撞在玻璃盖上。跳蚤十分困惑，但是它不会停下来，因为跳蚤的生活方式就是"跳"。一次次被撞，跳蚤开始变得聪明起来了，它开始根据盖子的高度来调整自己所跳的高度。一段时间以后，这只跳蚤再也没有撞击到这个盖子，而是在盖子下面自由地跳动。一天后，实验者开始把盖子轻轻拿掉，跳蚤不知道盖子已经去掉了，它还是在原来的那个高度继续跳。三天，一周，……这只可怜的跳蚤还在这个玻璃杯里不停地跳着。

其实它已经无法跳出这个玻璃杯了，从一个跳蚤变成了一个可悲的爬蚤！

难道跳蚤真的不能跳出这个杯子吗？绝对不是。只是它已经默认了这个杯子的高度是自己无法逾越的。"心理高度"是人无法取得伟大成就的根本原因之一。人有些时候也是这样。我要不要跳？能不能跳过这个高度？我能不能成功？能有多大的成功？这一切问题都取决于自我设限和自我暗示！成功有时候来源于多次挫折之后积极的自我暗示，暗示自己再多努力一次，成功终会属于自己。

积极的意识会产生积极的行为。美国社会心理学家费斯汀格有一个很出名的判断，被人们称为"费斯汀格法则"。费斯丁格法则认为，生活中的10%是由发生在你身上的事情组成，另外90%则是你对这些事情的态度而引发的一系列活动。换言之，生活中只有10%的事情是我们无法掌控的。只要我们积极地思考，报以积极乐观的态度处理问题，就会推动我们产生积极的行为，最终也会得到一个我们想要的结果。心存善意、心存乐观的人，无论身处怎样的境遇中，总是会有好事发生。相反，那些总是自怨自艾的人，无论走到哪里都很难有幸运降临。

## 二、压力管理

### （一）正确认识压力

生活中人们总会遇到各种原因引起不愉快情绪的事情，比如考试落榜、升职受挫、婚姻失败等，这些负性事件会引发人们的压力。作为大学生，肩负着建设祖国未来的使命，有任务就会有压力；大学生自身也会追求进步，渴望成才，这种目标也会带来压力。要看到，有压力是正常现象，要有对待压力的积极的态度。铁人王进喜曾经形象地说："井无压力不出油，人无压力轻飘飘。"要把压力视为挑战自我的机会，不能光看到压力消极的一面，要相信有压力才会有动力，才能不断进步。

### （二）有效管理时间

大学生应做时间的主人，科学地安排学习和生活。加强对时间的管理，解决问题不拖延，是减小压力的方式之一。18世纪英国作家塞缪尔·约翰逊认为，人们总是推迟自己知道最终无法逃避的事情，这样的愚蠢行为是一种普遍的人性弱点，它或多或少盘踞在每个人的心灵之中。人们面对生活工作中必须做的事情、必须解决的问题时，心理上总是有意无意地回避，不主动及时地去处理事情，不果断地去解决问题，总是想延迟时间，如果这种行为成为一种习惯，那就是患上了拖延症。拖延不仅影响问题的解决，而且给大学生的心理造成压力，因为有些问题是我们必须要面对、早晚要解决的，解决得越早越能消除压力。科学地安排时间，井然有序的日程安排可以消除紧张情绪，缓解压力。

### （三）寻求社会支持

压力无处释放的时候，寻求身边人的支持很重要，向家人、朋友、同学和老师等倾诉并求助。每个人都应该有一个社会支持系统，大学生也是如此。这个系统可提供应对压力事件所需的支持和共鸣，可以帮助大学生很好地缓解心理压力。

**（四）适度运动**

如果一个人身体健康，那么在同等条件下，他更容易应对压力。经常运动能改善大脑的供氧供血情况，有助于脑电波稳定、减轻肌肉的紧张程度。每周最少做两次运动，每次做 20 分钟。即使不做剧烈运动，只是散散步、爬爬楼梯，近处不坐公交车走着去，也对身心健康十分有益。

**（五）放松训练**

放松是最简便易行的减压方式，不需要任何准备，不需要求助他人，操作简单，且随时随地都可以进行。在学会了如何放松身体以后，压力自然而然会减缓。放松的方法有呼吸放松法、肌肉放松法、想象放松法、音乐放松法等。

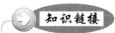

## A - Z 减压 26 式

| Appreciation | 接纳自己接纳人，避免挑剔免伤神 |
|---|---|
| Balance | 学习娱乐巧安排，平衡生活最合宜 |
| Cry | 伤心之际放声哭，释放抑郁心轻快 |
| Detour | 碰壁时候要变通，切莫撞到南墙头 |
| Entertainment | 看看电影、听听歌，松弛神经选择多 |
| Fear Not | 正直无惧莫退缩，哪怕背后小人说 |
| Give | 自我中心天地窄，关心他人展胸怀 |
| Humor | 戴副"默"镜看一看，苦中寻乐自有福 |
| Imperfect | 世上谁人能完美，尽力而为心坦然 |
| Jogging | 跑下步，爬下山，舒适胜过食仙丹 |
| Knowledge | 知识多、困惑少，无谓担心全减少 |
| Laugh | 每天都会笑哈哈，压力面前不会垮 |
| Management | 不怕多、只怕乱，时间管理很重要 |
| No | 你会样样都做得？必要时候得说"不" |
| Optimistic | 凡事要向好处看，无须吓得一头汗 |
| Priority | 先后轻重细掂量，取舍方向不难求 |
| Quiet | 心乱如麻自然慌，心静如水自然安 |
| Reward | 日忙夜忙身心倦，爱惜自己要牢记 |
| Slow Down | 忙过一阵喘口气，不必做到脑麻痹 |

续表

| Talk | 倾诉心声有人听，压力再大也会轻 |
| --- | --- |
| Unique | 人比人会气死人，自我突破最要紧 |
| Vacation | 放放假或充充电，活力充沛展笑脸 |
| Wear | 穿着打扮用点心，精神焕发心情好 |
| X-ray | 探询压力的源头，对症下药有计谋 |
| Yes，I can | 相信自己有潜能，勇往直前步青云 |
| Zero | 从零开始向前看，每日都是新起点 |

## 减压五要诀

你可以通过下面的途径，选择合适的减轻压力的想法和观点：

写：把自己遇到的情景写下来，这会帮助你理清思路，从不同的角度看问题。

假设：假设你是别人，他们会怎么处理这种情况。

讲：把你的问题讲给别人听，别人往往会帮助你发现不同的观点。你不必一定要同意他们的说法，但是他们会使你开阔思路，找到更多的观点。

评价：对每个观点进行评价，看它是加剧还是减轻你的压力。

选择：选择能减轻你压力的观点。

**发现之旅**

## 认识挫折训练

1. 在目前的大学生活中，你所经历的挫折是什么？在下面的大方块内写出你认为是大的挫折事件，在小方块内写出小的挫折事件。

| 大挫折 | 小挫折 |
| --- | --- |
| | |

2. 填写下表有助于你更加全面了解自己、分析自己应对挫折的模式，看看从中会发现什么。

| 学　年 | 经历的挫折事件 | 面对挫折的表现 | 处理挫折的方式 | 总结经验与启示 |
|---|---|---|---|---|
| 第一学年 | | | | |
| 第二学年 | | | | |
| 第三学年 | | | | |
| 第四学年 | | | | |

## 挫折承受能力测试

　　人生难免会遇到挫折，没有经历过失败的人生不是完整的人生。没有河床的冲刷，便得不到耀眼的钻石；没有挫折的考验，也便成就不了坚强的人格。每个人都曾遇到过挫折，反应却迥然不同。你是面对挫折、不屈不挠的勇士吗？回答以下测试题便可揭晓（以下试题请在 5 分钟内完成）。

　　测试试题：

　　1. 白天工作不顺利，会影响我整晚的心情。

　　　　A. 非常符合　　　　　B. 不符合　　　　　C. 无法确定

2. 有人擅自动用我的东西，我会生气一段时间。

    A. 非常符合　　　　　　B. 不符合　　　　　　C. 无法确定

3. 汽车经过溅了我一身泥水，我生一会儿气就过去了。

    A. 非常符合　　　　　　B. 不符合　　　　　　C. 无法确定

4. 如果我不是有几次运气不好的话，我一定比现在更有成就。

    A. 非常符合　　　　　　B. 不符合　　　　　　C. 无法确定

5. 落在最后，叫我提不起竞争信心。

    A. 非常符合　　　　　　B. 不符合　　　　　　C. 无法确定

6. 我想，我一定接受不了被解雇的羞辱。

    A. 非常符合　　　　　　B. 不符合　　　　　　C. 无法确定

7. 如果我向所爱的人求婚被拒绝的话，一定会精神崩溃。

    A. 非常符合　　　　　　B. 不符合　　　　　　C. 无法确定

8. 我忘不了过去的错误。

    A. 非常符合　　　　　　B. 不符合　　　　　　C. 无法确定

9. 生活中常常有些令人沮丧气馁的日子。

    A. 非常符合　　　　　　B. 不符合　　　　　　C. 无法确定

10. 负债累累的日子叫我心寒。

    A. 非常符合　　　　　　B. 不符合　　　　　　C. 无法确定

11. 如果周末不愉快，会影响我下周的工作。

    A. 非常符合　　　　　　B. 不符合　　　　　　C. 无法确定

12. 在我的经历中，有过失败的教训。

    A. 非常符合　　　　　　B. 不符合　　　　　　C. 无法确定

13. 我对侮辱很敏感也很在意。

    A. 非常符合　　　　　　B. 不符合　　　　　　C. 无法确定

14. 丢失钥匙会让我在很长时间内感到不安。

    A. 非常符合　　　　　　B. 不符合　　　　　　C. 无法确定

15. 我已经达到了能够不介意大多数事情的境界。

    A. 非常符合　　　　　　B. 不符合　　　　　　C. 无法确定

16. 想到我无法按时完成某项重要的事情，我会感到非常紧张。

    A. 非常符合　　　　　　B. 不符合　　　　　　C. 无法确定

17. 我很少为昨天发生的事情而烦心。

    A. 非常符合　　　　　　B. 不符合　　　　　　C. 无法确定

18. 我很少心灰意冷。

    A. 非常符合　　　　　　B. 不符合　　　　　　C. 无法确定

19. 我对一个人的仇恨会铭记很久。

    A. 非常符合　　　　　　B. 不符合　　　　　　C. 无法确定

20. 偶然的失败我是可以接受的。

A. 非常符合　　　　　B. 不符合　　　　　C. 无法确定

分数计算：

|   | 1 | 2 | 3 | 4 | 5 | 6 | 7 | 8 | 9 | 10 | 11 | 12 | 13 | 14 | 15 | 16 | 17 | 18 | 19 | 20 |
|---|---|---|---|---|---|---|---|---|---|----|----|----|----|----|----|----|----|----|----|----|
| A | 1 | 1 | 3 | 1 | 1 | 1 | 1 | 1 | 1 | 1 | 1 | 1 | 1 | 1 | 1 | 1 | 3 | 1 | 3 | 3 | 1 | 3 |
| B | 3 | 3 | 1 | 3 | 3 | 3 | 3 | 3 | 3 | 3 | 3 | 3 | 3 | 3 | 1 | 3 | 3 | 3 | 1 | 3 |
| C | 2 | 2 | 2 | 2 | 2 | 2 | 2 | 2 | 2 | 2 | 2 | 2 | 2 | 2 | 2 | 2 | 2 | 2 | 2 | 2 |

测试分析：

20～33 分的人：心理承受能力较差。记住："经历风雨，方有彩虹"。

34～47 分的人：心理承受能力较好。经过磨炼，你会成为强者。

48～60 分的人：心理承受能力极好。你是一个无所畏惧、永不言败的人。

## 心理压力测试

| | 总是 | 经常 | 有时 | 很少 | 从未 |
|---|---|---|---|---|---|
| 1. 我受背痛之苦 | 4 | 3 | 2 | 1 | 0 |
| 2. 我的睡眠不定，且不安稳 | 4 | 3 | 2 | 1 | 0 |
| 3. 我有头痛 | 4 | 3 | 2 | 1 | 0 |
| 4. 我颚部疼痛 | 4 | 3 | 2 | 1 | 0 |
| 5. 若需要等待，我会不安 | 4 | 3 | 2 | 1 | 0 |
| 6. 我的后颈感到疼痛 | 4 | 3 | 2 | 1 | 0 |
| 7. 我比多数人更神经紧张 | 4 | 3 | 2 | 1 | 0 |
| 8. 我很难入睡 | 4 | 3 | 2 | 1 | 0 |
| 9. 我的头感到紧或痛 | 4 | 3 | 2 | 1 | 0 |
| 10. 我的胃有毛病 | 4 | 3 | 2 | 1 | 0 |
| 11. 我对自己没有信心 | 4 | 3 | 2 | 1 | 0 |
| 12. 我会自言自语 | 4 | 3 | 2 | 1 | 0 |
| 13. 我忧虑财务问题 | 4 | 3 | 2 | 1 | 0 |
| 14. 与人见面时，我会胆怯 | 4 | 3 | 2 | 1 | 0 |
| 15. 我怕发生可怕的事 | 4 | 3 | 2 | 1 | 0 |
| 16. 白天我觉得很累 | 4 | 3 | 2 | 1 | 0 |
| 17. 下午感到喉咙痛，但并非由于染上感冒 | 4 | 3 | 2 | 1 | 0 |
| 18. 我心情不安，无法静坐 | 4 | 3 | 2 | 1 | 0 |
| 19. 我感到非常口干 | 4 | 3 | 2 | 1 | 0 |
| 20. 我的心脏有毛病 | 4 | 3 | 2 | 1 | 0 |

续表

| | 总是 | 经常 | 有时 | 很少 | 从未 |
|---|---|---|---|---|---|
| 21. 我觉得自己不是很有用 | 4 | 3 | 2 | 1 | 0 |
| 22. 我吸烟 | 4 | 3 | 2 | 1 | 0 |
| 23. 我肚子不舒服 | 4 | 3 | 2 | 1 | 0 |
| 24. 我觉得不快乐 | 4 | 3 | 2 | 1 | 0 |
| 25. 我流汗 | 4 | 3 | 2 | 1 | 0 |
| 26. 我喝酒 | 4 | 3 | 2 | 1 | 0 |
| 27. 我很敏感 | 4 | 3 | 2 | 1 | 0 |
| 28. 我觉得自己像被四分五裂了似的 | 4 | 3 | 2 | 1 | 0 |
| 29. 我的眼睛又酸又累 | 4 | 3 | 2 | 1 | 0 |
| 30. 我的腿或脚抽筋 | 4 | 3 | 2 | 1 | 0 |
| 31. 我的心跳快速 | 4 | 3 | 2 | 1 | 0 |
| 32. 我怕结识新人 | 4 | 3 | 2 | 1 | 0 |
| 33. 我的手脚冰冷 | 4 | 3 | 2 | 1 | 0 |
| 34. 我患便秘 | 4 | 3 | 2 | 1 | 0 |
| 35. 我未经医师的建议使用各种药物 | 4 | 3 | 2 | 1 | 0 |
| 36. 我发现自己很容易哭 | 4 | 3 | 2 | 1 | 0 |
| 37. 我消化不良 | 4 | 3 | 2 | 1 | 0 |
| 38. 我咬指甲 | 4 | 3 | 2 | 1 | 0 |
| 39. 我耳中有嗡嗡声 | 4 | 3 | 2 | 1 | 0 |
| 40. 我小便频繁 | 4 | 3 | 2 | 1 | 0 |
| 41. 我有胃溃疡的毛病 | 4 | 3 | 2 | 1 | 0 |
| 42. 我有皮肤方面的毛病 | 4 | 3 | 2 | 1 | 0 |
| 43. 我的咽喉很紧 | 4 | 3 | 2 | 1 | 0 |
| 44. 我有十二指肠溃疡的毛病 | 4 | 3 | 2 | 1 | 0 |
| 45. 我担心我的工作 | 4 | 3 | 2 | 1 | 0 |
| 46. 我有口腔溃疡 | 4 | 3 | 2 | 1 | 0 |
| 47. 我为琐事忧虑 | 4 | 3 | 2 | 1 | 0 |
| 48. 我觉得胸部紧迫 | 4 | 3 | 2 | 1 | 0 |
| 49. 我呼吸浅促 | 4 | 3 | 2 | 1 | 0 |
| 50. 我发现自己很难做决定 | 4 | 3 | 2 | 1 | 0 |

结果解释：

93 分以上，表示你确实有极度的压力，压力正在伤害你自己的健康。你需要专业的心理治疗。

82～92分，表示你自己正经历太多的压力。压力正在损害你的健康，而且导致你的人际关系发生问题。你的行为会伤害自己，也可能会影响其他人。因此，对你来说，学习如何减除自己的压力是非常重要的。你必须花许多时间做练习，学习控制压力，也可以寻求专业帮助。

71～81分，显示你的压力中等，可能正开始对健康不利。你可以仔细反省自己对压力如何做出反应，并学习在压力出现时，控制自己的肌肉紧张，以消除生理激活反应。老师会对你有帮助，也可以进行合适的肌肉松弛练习。

60～70分，现实你生活中的兴奋与压力的量也许是相当适中的。偶尔会有一段时间压力太大，但你也许有能力去享受压力，并且很快回到平静的状态。因此，现状对你的健康并不会造成威胁，做一些松弛的练习仍是有益的。

49～59分，表示你能够控制自己的压力反应，你是一个相当放松的人。也许你对于所遇到的各种压力，并没有将它们解释为威胁，所以你很容易与人相处，可以毫无顾忌地担任各项工作，也没有失去自信。

38～48分，表示你不易为所遭遇的压力所动，甚至是不当一回事，好像并没有发生过一样。这对你的健康不会有什么负面影响，但你的生活缺乏适度的兴奋，因此趣味也就有限。

27～37分，表示你的生活是相当沉闷的，既使刺激或有趣的事情发生了，你也很少做出反应。你必须参与更多的社会活动或娱乐活动，以增加你的压力激活反应。

16～26分，意味着你在生活中所经历的压力经验不够，或是你并没有正确地分析自己，你最好更主动些，在工作、社交、娱乐等活动上多寻求些刺激。做松弛练习对你没什么用，但找一些辅导也许会有帮助。

### ▶ 活动体验

## 突围与攻城

场地：室外平坦空地。

目的：体验挫折，挑战自己；抓住机遇，感受成功。

时间：60分钟。

步骤：

1. 分组：10～16人一组。若条件许可，男女各半，男女同学间隔。每组同学手拉手围成一个圆圈。

2. 突围：每次选出两名同学作为代表，要求在一定时间从圈内突围出来，其他同学想办法不让他们出来，然后组员依次体验突围的过程。

3. 攻城：突围活动结束后，各组员向后转、背向圆心再次拉成圆圈，按原来的次序每次两名同学在限定时间内从外边攻进圈内，其他同学想办法不让他们攻进来，接着组员依次体验攻城的感觉。

体验分享：

1. 进行小组分享：活动后，各组员交流个人体验，包括成功和失败的感觉、防御和进攻的感受，相互交流成功的经验和失败的教训。

2. 进行团体分享：各组推选出代表，大家集体共同分享各组的体会和感受。

## 秘密大会串

目的：帮助成员面对与处理当前的困扰。

操作：准备纸、笔，请每位成员想一想目前最困扰自己的事情是什么，最想解决的问题是什么，然后写在纸上，不署名。写完折叠好，交给老师。随机抽出一张，大声念纸上的内容，请团体成员共同思考，帮助提问的人解决问题，也可以通过角色扮演方法来表现具体情境。

分组讨论：将临近的 5 个同学分成一组集体讨论，从他人的经验中学到了什么？得到了哪些成长？并派代表发言。

## 成长五部曲

目的：帮助成员面对与处理当前的困扰。

操作：开始时，大家都处在"蛋"的状态，然后，每两人一组，进行猜拳，赢者升为"小鸡"，输者继续在"蛋"的状态。接着，赢了的队员再两两一组，进行猜拳，赢了的升为"小鸟"，输了的回到"蛋"的状态，和同样处在"蛋"状态的队员猜拳……依此类推，直到连赢五次，经历完从蛋—小鸡—小鸟—猴—人的"五部曲"，才算胜利。

分组讨论：当我们付出很多努力，却不得不从头再来时（就像在游戏中那样），你是否依然有勇气？如果你在生活中真的碰到这种事情，你会采用什么办法，再接再厉还是就此放弃，或者还是用其他的办法？

第十二章

# 大学生心理求助

　　人生一世，总有自己力所不能及的时候，不可能万事不求人。陷入心理困境的时候，只要你把自己的问题坦诚地告诉心理咨询师，并诚心地求助，心理咨询师是不会袖手旁观的。而从心理咨询师的角度来讲，助人比获得别人的帮助更能获得满足感。

## 我拿什么来帮助你——我的求助者

　　我是一名心理咨询师，成天面对的是形形色色的求助者、千奇百怪的症状，特别是加盟一些大型心理咨询平台以后，全国各地的求助者更是络绎不绝。感受着他们痛苦的挣扎、辗转求治的辛酸和把我当救命稻草的渴望，心情真的很沉重。因此，经常进行良心的叩问，我拿什么来帮助你——我的求助者！

　　青少年咨询牵动着全家，咨询师就成了全家的希望。在具体咨询治疗中，家长往往会把所有期盼都放在咨询师的肩上，完全打破了求助者与咨询师的界限，此时的咨询师要用爱心温暖求助者、用责任心安慰家长。记得有位高三的男孩小林，因为强迫意向而求助于我。众所周知，强迫症是一个难缠的问题，看似鸡毛蒜皮的小症状，却可以把人折磨得死去活来，也足以把咨询师折腾得精疲力竭。小林的症状影响到他的高考复习，特别是临近高考的时候，小林表现得异常焦躁。此时小林一家把高考的成败全压在我身上，把我当作救命稻草……我根据小林的情况设计了咨询方案，每周的咨询治疗基本可以平复他内心的焦虑，尽管做得辛苦，但当看到小林顺利通过高考时我认为再辛苦也值得。

　　某院护士小胡第一次咨询就向我讲述了她恋爱失败、竞选失败的故事，幽怨而又不服气。的确，小胡长相不错，工作不错，技术不错，可好事总轮不上她。在五次的咨询中，我引导小胡洞察自己的思维模式、行为模式、认知角度的问题，小胡如梦初醒，逐渐在工作中尝试改变，频频收到好的效果。在第二次竞选后，小胡发来信息：李老师，我终于竞选成功，张榜公布了，我成为梦寐以求的护士长！

　　作为一位普通的心理咨询师，我有缘用心灵陪伴我的求助者一小时、一个月、半年甚至一年，那一定是几世修来的缘分。而每一位求助者背后都站着他的家人、朋友、爱人，我明白，那一份信任是多么的沉重，那一份信任是多么无价！我没理由只为咨询费而咨询，也没理由只为成就感而咨询，唯有尊重我的每位求助者，爱我的每位求助者，不断精进，提升修养和咨询技术，才能更好地回报，把希望甚至生命都托付给我的求助者。

# 第一节　心理咨询师

## 一、心理咨询师的概念

心理咨询师是协助求助者解决各类心理问题、具有国家人力资源和社会保障部颁发的职业资格证书的人，主要解决人们的心理健康问题。

在《心理咨询师国家职业标准》中对心理咨询师职业定义为：运用心理学以及相关学科的专业知识，遵循心理学原则，通过心理咨询的技术与方法，帮助求助者解除心理问题的专业人员。

从某种意义上来讲，心理咨询师是一个"科学＋艺术"的职业。专业心理咨询机构中欧国际心理咨询指出，心理咨询师不仅需要学习和掌握观察、理解、学习、判断、表达、人际沟通等方面的科学知识与临床心理咨询技能，而且还需要在具体的咨询过程中灵活施展自我控制、自我心理平衡、交往控制的素质与魅力。

健康人群面对许多家庭、择业、求学、社会适应等问题，他们会期待做出理想的选择，顺利地度过人生的各个阶段，求得自身能力的最大限度发挥和寻求生活的良好质量。心理咨询师可以从心理学的角度，为人们提供中肯的发展咨询，给出相应的帮助。心理咨询可以帮助人们认识自己与社会，处理各种关系，逐渐改变不和谐的思维、情感和反应方式，并学会与外界相适应的方法。心理咨询不仅能够帮助求助者解决问题、排除困扰，还能使他们掌握自我调节的方法，从而可以提高生活质量，提高工作效率，成功教育子女，处理好家庭关系。

## 二、心理咨询师的职业特点

（1）心理咨询师是一个崇高的职业，能够帮助求助者解决问题、排除困扰，最终实现自我成长、自我发展。

（2）心理咨询师属于高阶层的职业，不仅体现在收入方面，在服务的人群方面也是如此。

（3）心理咨询师是一个可以终生从事的职业，不会因为年纪的增大而无法持续。

（4）心理咨询师收入属于中上阶层。

### 三、心理咨询师的工作内容

专业心理咨询师的工作主要包括以下内容：从求助者及家属等信息源获得有关求助者的心理问题、心理障碍的资料；对求助者的心理成长、人格发展、智力及家庭、婚姻生活事件等进行全面评估，概括心理和生理测查；根据心理发展史和心理生理测查的结果，在心理咨询中发现求助者有精神障碍或躯体疾病时，应及时请求会诊或转往其他专科。概括来讲，心理咨询师的工作内容如下：

**（一）心理危机干预**

一个人遇到沉重的心理创伤和打击，如理想、目标和事业的丧失，亲人的意外死亡，人际关系的恶化等导致急剧的精神崩溃时采取的心理咨询。

**（二）生活问题咨询**

包括恋爱、婚姻、家庭及性问题，升学和就业的选择，适应不良，学习困难，儿童行为不良，人际关系问题，以及酒和药物依赖等各种心理卫生问题。

**（三）身心疾病咨询**

许多躯体疾病，如高血压、冠心病、肿瘤等，其发生、发展与转移也均与心理社会因素有一定关系，可以及时进行心理咨询，从而解除心理压力，以防止躯体疾病加剧。

**（四）其他问题咨询**

如家庭、群体的心理卫生问题，亦可进行心理咨询。

**（五）不得从事心理治疗**

《中华人民共和国精神卫生法》第七十六条规定，心理咨询师不能从事心理治疗或者精神障碍的诊断、治疗。如果心理咨询师发现接受咨询的人员可能患有精神障碍，应当建议其到合法的医疗机构就诊。虽然这使得心理咨询师工作的工作范围减小，但能够使心理咨询业的发展更为规范。

### 四、心理咨询师职业道德

导致心理问题或心理疾病的原因有很多，其中人与人之间的冲突摩擦、恋爱婚姻、家庭矛盾、亲子关系、升学考试、就业选择等问题尤为突出，同时涉及人们的很多隐私，有一些会极具有故事性。为求助者保密，就成为心理医生的基本品德和首要素质。

（1）心理咨询师应始终严格遵守保密原则，具体保密措施如下：

①心理咨询师有责任向求助者说明心理咨询工作者的保密原则，以及应用这一原则的限度。

②在心理咨询工作中，一旦发现求助者有危害自身和他人的情况，必须采取必要措施，防止意外事件发生（必要时应通过有关部门或家属），或与其他心理咨询师磋商，但应将有关保密信息的暴露程度限制在最低范围之内。

③心理咨询工作中的有关信息，包括个案记录、测验资料、信件、录音、录像和其他资料均属于专业信息，应在严格保密的情况进行保存，不得列入其他资料之中。

④心理咨询师只有在求助者同意的情况下才能对咨询过程进行录音、录像。在因专业需要进行案例讨论，或采用案例进行教学、科研、写作等工作时，应隐去可能据以辨认出求助者的有关信息。

⑤心理咨询师对于心理咨询服务的记录，开具的诊断、照会或医嘱，应指定适当场所及人员保管，并负有保密义务。

⑥心理咨询师遇有卫生、司法或公安机关询问时，不得做虚伪的陈述或报告。

（2）心理咨询师不得因求助者性别、年龄、职业、民族、国籍、宗教信仰、价值观等任何方面的因素而歧视求助者。

（3）心理咨询师在咨询关系建立起来之前，必须让求助者了解心理咨询的工作性质、特点，工作的局限性，以及求助者的权利和义务。

（4）心理咨询师与求助者进行工作时，应与求助者对工作的重点进行讨论并达成一致意见，必要时（如采用某些疗法）应与求助者达成书面协议。

（5）心理咨询师与求助者之间不得产生和建立咨询以外的任何关系。尽量避免双重关系（尽量不与熟人、亲人、同事建立咨询关系），更不得利用求助者对咨询师的信任谋取私利，尤其不得对异性有非礼的言行。

（6）心理咨询师认为自己不适于对求助者进行工作时，就应对求助者做出明确的说明，并且应本着对求助者负责的态度将其介绍给另一位合适的心理咨询师或医师。

## 第二节　大学生常见心理疾病的识别及危机干预

### 一、区分几个概念

在很多人的头脑中，常常存在一种错误的概念，就是把神经病和精神病混为一谈。每当听到人家说"神经病"，马上就会想到"疯子""傻子"。其实，精神病和神经病是两种完全不同的疾病，不能混为一谈。下面我们就来区分一下几个概念。

#### （一）神经病

神经病不等于精神病，它是指人的神经系统（包括中枢神经和周围神经）发生器质性疾病。常见的神经系统疾病有脑血管疾病、癫痫、中风、坐骨神经痛、三叉神经痛等。在医学上，神经病属于神经病学研究的范畴，在医院里专门设有神经科处理治疗这类病人。

#### （二）神经症

亦称神经官能症，它是指非器质性的、大脑神经机能轻度失调的心理疾病。它与神经病最大的区别在于没有器质的、病理的改变。患者没有思维障碍，有自知力，会对自身异常的心理状态感到十分痛苦。据统计，我国大学生中，有一定比例的人患有不同种类、不同程度的神经症，给他们的学习、生活和健康带来严重的影响。

#### （三）精神病

精神病不等于神经病，通常指的是精神分裂症。它是精神疾病中最严重的一类，与其他疾病最大区别在于自知力的缺陷与丧失，对自己精神症状丧失判断能力，不能应付日常生活。

### （四）精神疾病

精神疾病也叫精神疾患，是各种精神障碍的总称，包括属轻度性质的神经症、人格障碍、身心疾病和重度的精神病。

## 二、大学生常见的几种神经症

### （一）神经衰弱

神经衰弱的特点是精神活动能力下降，精神兴奋度增高，情绪变化异常（容易产生焦虑和疑病倾向，容易伤感和落泪），紧张性疼痛，睡眠障碍。多数患者有头昏、眼花、耳鸣、多汗等特点。

### （二）焦虑症

焦虑症是以广泛和持续性焦虑或反复发作的惊恐不安为主要特征的神经症性障碍，患病者的焦虑与惊恐并非由实际威胁或危险所引起，或其紧张不安与惊恐程度与现实处境不相称。

一般的焦虑，是由实际威胁引起的，比如考试、面试等，焦虑水平与任务完成水平成"倒 U"形的关系，即焦虑达到某种最佳水平时任务完成的水平也最佳，焦虑水平过低和过高都不利于任务的完成。

### （三）恐惧症

以对某一特殊物体、活动或情境产生持续的和不合理的恐惧为特征的神经症性障碍，常伴有植物神经功能紊乱，患者常不得不回避某害怕的对象或情境，如恐高症、动物恐惧症等。系统脱敏疗法对于治疗恐惧症比较有效。

大学生恐惧症主要表现为社交恐惧、考试恐惧等。社交恐惧症患者往往性格胆怯，极端的腼腆，缺乏自信，对自身过分关注。

### （四）疑病症

疑病症是一种以担心或相信自己患有严重躯体疾病的持久性观念为主的神经症。患者往往对自身的健康状况或身体的某一部分功能过分关注，怀疑自己患了某种疾病，但与实际情况不符，医生对疾病的解释或客观检查常不能消除患者对自身健康固有的成见。病人因为这种症状反复就医，常伴有焦虑和抑郁，并为此深感苦恼。有些时候，病人确实存在某种躯体障碍，但躯体障碍不足以解释所诉症状的性质或程度，或病人的痛苦和优势观念与现实不符，也属疑病症。

### （五）强迫症

强迫症是以反复出现强迫观念或强迫行为为基本特征的一类神经症性障碍。强迫观念是某些思想、表象、意向以刻板的形式不由自主地出现在患者的意识中，患者明知没有必要，是多余的，没有现实意义的，很想摆脱，但无能为力，因而感到痛苦。强迫行为是指重复出现的、刻板的、单调的动作或行为，患者明知不合理，但不得不做，无力摆脱。

强迫症患者男性多于女性。强迫症患者病前的人格多有一定的偏移，主要特征是过分追求完美，容易将冲突理智化，过分内省自制，过分注重细枝末节，不能从宏观上操纵全局，过分循规蹈矩、墨守成规，不知变通，遇事优柔寡断、无所适从，难以做出决定，缺乏幽默感，思虑过多，喜钻牛角尖等。强迫性格的形成与其成长环境和幼年的教育方式有很大关系。

### 三、大学生常见的精神障碍

大学生中常见的心理问题，大多是成长中的一般问题，通过自身的调节，朋友、家长及老师的相助，一般都可以完全克服。但也存在着极少数较严重的心理障碍，甚至是心理疾病，如人格障碍、精神病性精神疾病等。这些精神疾病在很大程度上影响了大学生的身心健康，严重阻碍了其成长、成才和发展。特别是重性精神疾病，对自身和他人都存在着极大的破坏性，是校园潜在的危险和危机。我们必须认识和学会识别这些精神疾病，做到及早识别、及早治疗，防患于未然。

#### （一）精神分裂症

精神分裂症是一种常见的精神疾患，病因不清，多起病于青壮年，病前可有一定的心理、社会因素。临床表现主要是在思维、感知、情感和行为等方面出现紊乱和不协调，如怀疑有人迫害自己，饭菜里有毒，外出感到有人跟踪自己，自己的想法被他人洞悉，听到背后有人议论自己，或有对自己评头论足的声音等。

精神分裂症的临床症状复杂多样，可涉及感知觉、思维、情感、意志行为及认知功能等方面，个体之间症状差异很大，即使同一患者在不同阶段或病期也可能表现出不同症状。

1. 感知觉障碍

精神分裂症可出现多种感知觉障碍，最突出的感知觉障碍是幻觉，包括幻听、幻视、幻嗅、幻味及幻触等，而幻听最为常见。

2. 思维障碍

思维障碍是精神分裂症的核心症状，主要包括思维形式障碍和思维内容障碍。思维形式障碍是以思维联想过程障碍为主要表现的，包括思维联想活动过程（量、速度及形式）、思维联想连贯性及逻辑性等方面的障碍。妄想是最常见、最重要的思维内容障碍。最常出现的妄想有被害妄想、关系妄想、影响妄想、嫉妒妄想、夸大妄想、非血统妄想等。据估计，高达80％的精神分裂症患者存在被害妄想，被害妄想可以表现为不同程度的不安全感，如被监视、被排斥、担心被投药或被谋杀等，在妄想影响下患者会做出防御或攻击性行为，此外，被动体验在部分患者身上也较为突出，对患者的思维、情感及行为产生影响。

3. 情感障碍

情感淡漠及情感反应不协调是精神分裂症患者最常见的情感症状，此外，不协调性兴奋、易激惹、抑郁及焦虑等情感症状也较常见。

**4. 意志和行为障碍**

多数患者的意志减退甚至缺乏，表现为活动减少、离群独处，行为被动，缺乏应有的积极性和主动性，对工作和学习兴趣减退，不关心前途，对将来没有明确打算，某些患者可能有一些计划和打算，但很少执行。

**5. 认知功能障碍**

在精神分裂症患者中认知缺陷的发生率高，约85%患者出现认知功能障碍，如信息处理和注意、工作记忆、短时记忆和学习、执行功能等认知缺陷。认知缺陷症状与其他精神病性症状之间存在一定相关性，如思维形式障碍明显患者的认知缺陷症状更明显，阴性症状明显患者的认知缺陷症状更明显，认知缺陷可能与某些阳性症状的产生有关等。认知缺陷可能发生于精神病性症状明朗化之前（如前驱期），或者随着精神病性症状的出现而急剧下降，或者是随着病程延长而逐步衰退，初步认为慢性精神分裂症患者比首发精神分裂症患者的认知缺陷更明显。

**（二）抑郁症**

抑郁症是以心境低落为主，与其环境不相称，可伴有思维缓慢和运动性抑制。患者表现为自我感觉不良、情绪低落、对外界反应缓慢、联想迟钝、言语动作减少，甚至发生木僵。患者可伴有自卑、自责和自罪观念，严重者可出现幻觉、妄想等精神病性症状。抑郁症的临床表现有以下几点：

**1. 抑郁心境**

这是抑郁症患者最主要的特征，轻者心情不佳、苦恼、忧伤，终日唉声叹气，重者情绪低沉、悲观、绝望。

**2. 快感缺失**

对日常生活的兴趣丧失，对各种娱乐或令人高兴的事体验不到乐趣。轻者尽量回避社交活动，重者闭门独居，疏远亲友，杜绝社交。

**3. 无明显原因的持续疲劳感**

轻者感觉自己身体疲倦，力不从心，生活和工作丧失积极性和主动性；重者甚至连吃、喝、个人卫生都不能顾及。

**4. 睡眠障碍**

有70%~80%的抑郁症患者伴有睡眠障碍，患者通常入睡无困难，但几小时后即醒，故称为清晨失眠症、中途觉醒及末期失眠症，醒后又处于抑郁心情之中。伴有焦虑症者表现为入睡困难和噩梦多，还有少数的抑郁症患者睡眠过多，称为"多睡性抑郁"。

**5. 食欲改变**

表现为进食减少，体重减轻，重者则终日不思茶饭，但也有少数患者有食欲增强的现象。

**6. 躯体不适**

抑郁症患者普遍有躯体不适的表现。患者常检查和治疗不明原因的疼痛、疲劳、睡眠障碍、喉头及胸部的紧迫感、便秘、消化不良、肠胃胀气、心悸、气短等病症，但多数对症治疗无效。

**7. 自我评价低**

轻者有自卑感、无用感、无价值感；重者把自己说得一无是处，有强烈的内疚感和自责感，甚至选择自杀作为自我惩罚的途径。

**8. 自杀观念和行为**

这是抑郁症最危险的行为。患有严重抑郁症的患者常选择自杀来摆脱自己的痛苦。

**9. 其他**

老年抑郁症患者还可能有激越、焦虑、性欲低下、记忆力减退等症状。

我们不妨用上述表现对照检查一下自己的生活方式和行为规范，然后做出是否存在心理疾患的判断。如果有持久的心境低落并伴有上述 3 种或 3 种以上症状，持续两周以上，最好去找心理医生咨询。

### 四、大学生心理危机及其干预

**（一）关于心理危机**

**1. 心理危机的概念**

面临突然或重大生活事件，如亲人亡故、突发威胁生命的疾病、灾难等，个体既不能回避又无法用常用的方法来解决问题时所出现的心理失衡状态，称为心理危机。

**2. 大学生心理危机的种类**

（1）发展性危机。发展性危机是个人在正常成长和发展过程中，对急剧的变化或转变所产生的异常反应，如升学危机、心理危机等。这些危机是大学生生命中必要和重大的转折点，每一次发展性危机的成功解决都是大学生走向成熟和完善的阶梯。

（2）境遇性危机。境遇性危机是指突如其来、无法预料和难以控制的心理危机，如交通事故、人质事件、突然的绝症或死亡、被人强暴、自然灾害等。

（3）存在性危机。存在性危机是指一些人生中的重要事件出现问题，而导致的个人内心的冲突和焦虑，是伴随重要的人生目的、人生责任和未来发展等内部压力的冲突和焦虑的危机。

**3. 心理危机的结果**

第一种是顺利度过危机，并学会了处理危机的方法策略，提高了心理健康水平；第二种是度过了危机但留下心理创伤，影响今后的社会适应；第三种是经不住强烈的刺激而自伤自毁；第四种是未能度过危机而出现严重心理障碍。

**（二）大学生心理危机干预的重点对象**

（1）在心理健康测评中筛查出来的有心理障碍或心理疾病或自杀倾向的学生。

（2）由于学习压力过大而出现心理异常的学生。如第一次出现不及格科目的优秀学生、需要重修多门功课的学生、将试读的学生、将被退学的学生、完成毕业论文有严重困难的学生等。

（3）生活学习中遭遇突然打击而出现心理或行为异常的学生。如家庭发生重大变故（亲人死亡、父母离异、父母下岗、家庭暴力等），遭遇性危机（性伤害、性暴力、性侵犯、意外怀孕等），受到意外刺激（自然灾害、校园暴力、车祸等其他突发事件）的学生等。

（4）个人感情受挫后出现心理或行为异常的学生。如失恋者、单相思而情绪失控的学生等。

（5）人际关系失调后出现心理或行为异常的学生。如当众受辱、受惊吓，与同学发生严重人际冲突而被排斥受歧视，与老师发生严重人际冲突的学生。

（6）性格内向孤僻、经济严重贫困且出现心理或行为异常的学生。如性格内向、不善交往、交不起学费需要经常向亲友借贷的学生。

（7）身体出现严重疾病，如患上肺结核、肿瘤等，医疗费用很高但又难以治愈的疾病，个人很痛苦，治疗周期长，经济负担重的学生。

（8）患有严重心理疾病，并已经被专家确诊，如患有抑郁症、恐惧症、强迫症、癔症、焦虑症、精神分裂症、情感性精神病等疾病的学生。

（9）出现严重适应不良导致心理或行为异常，如适应不良的新生、就业困难的毕业生。

（10）由于身边的同学出现个体危机状况而受到影响，产生恐慌、担心、焦虑、困扰的学生，如自杀或他杀者同宿舍、同班的学生等。

**（三）心理危机干预的基本步骤与技术**

心理危机干预就是对处于心理危机状态者采取明确有效的措施，使其症状得到缓解，使其心理功能恢复到危机前的水平，并获得新的应对技能，以预防将来心理危机的发生。危机干预的主要目标是降低急性、剧烈的心理危机和创伤的风险，稳定和减少危机或创伤情境的直接严重后果，促进个体从危机和创伤事件中恢复或康复。帮助的及时性、迅速性是心理危机干预的突出特点。有效的行动是危机干预成功的关键。

**1. 危机干预的步骤**

在大学校园内，当我们发现学生面临心理危机时，可使用心理学家总结的"六步干预法"进行危机干预：

（1）确定问题

危机干预的第一步是从求助者的立场出发，确定和理解求助者的问题。干预人员使用积极的倾听技术，即同感、理解、真诚、接纳及尊重，包括使用开放式问题，既注意求助者的语言信息，也注意其非语言信息。

（2）保证求助者安全

在危机干预过程中，干预人员应该将保证当事人的安全作为首要目标。这里的安全是指对自我和对他人的生理和心理的危险性降低到最小的可能性。在干预人员的检查评估、倾听和制订行动策略的过程中，求助者的安全问题都必须给予同等、足够的关注。

（3）给予支持和帮助

危机干预强调与当事人沟通和交流，通过语言、语调和躯体语言让求助者认识到危机干预人员是能够给予其关心帮助的人，让求助者相信"这里有确实很关心你的人"。

（4）提出应对的方式

帮助当事人探索可以利用的替代解决方法，促使当事人积极地搜索可以获得的环境支持、可以利用的应付方式，启发其思维方式。当事人知道有哪些人现在或过去能关心自己，有许多可变通的应对方式可供选择。

（5）制订行动计划

帮助当事人做出现实的短期计划，包括其他资源的提供应付方式，确定当事人理解的、自愿的行动步骤。计划应该根据当事人的应付能力，着重于切实可行和系统地帮助当事人解决问题。计划的制订应该与当事人合作，让其感到这是他自己的计划。制订计划的关键在于让求助者感到没有剥夺他的权利、独立和自尊。

（6）得到当事人的承诺

帮助当事人向自己承诺采取确定的、积极的行动步骤，这些行动步骤必须是当事人自己从现实的角度可以完成的。如果制订计划完成得较好的话，则得到承诺比较容易。在结束危机干预前，危机干预工作者应该从求助者那里得到诚实、直接和适当的承诺。

除以上六步之外，还应该启动社会支持系统。社会支持系统主要包括来自父母及其他亲人、来自老师和同学、来自其他方面如朋友和社区志愿者的支持等。这种支持不仅包括心理和情感的支持，也包括一些实质的救助行动。有调查表明，大学生从他人那里获得的社会支持具有价值增进、工具性帮助、陪伴支持、情感支持等调节功能，这些功能对处于危机期的大学生具有重要作用。

2. 大学生心理危机的预防机制

学校可以围绕着五级防护开展工作。

一级防护：学生自我调节（自觉地认识自己、独立地调节各种心理问题）。开展心理健康教育与宣传，提高学生心理素质。

二级防护：学生的朋辈互助（有互帮互助的意识和能力，通过互帮互助解决某些心理问题）。指导学生心理协会、培训志愿者开展朋辈互助活动。

三级防护：辅导员、班主任、教师的工作（有发现学生心理问题、保护帮助学生解决某些心理问题的能力，能及时推荐某些学生去咨询）。建立院系心理健康联系人制度，培训心理辅导员，合作开展重点学生工作。

四级防护：心理咨询中心的工作（负责对大学生提供心理咨询、心理测试、心理训练、心理健康教育等服务）。

五级防护：医院治疗与家庭护理工作（医院能对学生心理疾病实施门诊药物治疗或住院治疗，家庭能协助并配合做好当事人的心理问题的防护和心理危机的干预工作）。与校医院及校外医疗机构保持紧密联系。

 知识链接

# 朋友有自杀倾向，你该做什么？

有人说，那些嘴上挂着要自杀的人往往不会真的自杀。这个观点可不对。那些谈论自杀的人很可能真的想自杀。作为朋友，你也很可能知道他是否处于某些艰难时期。有些诸如分手或者亲人去世等事件都会导致那些本来就感觉沮丧的人心生自杀的念头。那你能做什么呢？如果你身边出现了有自杀倾向的人，千万不要责备他。你可以这样帮助他：

（1）保持冷静，耐心倾听，给予积极的反馈。

（2）鼓励他拨打心理援助热线或求助其他专业人员。

（3）家里有人出现自杀行为，切莫恐慌，避免"家丑不可外扬"观念作祟而耻于向专业人员咨询或寻求帮助。

（4）要积极配合专业人员，对自杀未遂者进行评估，判断再次自杀风险的可能性及其程度并给予心理服务。如果未遂者存在精神障碍、心理问题，要及时就医治疗。

（5）加强对高危人群如精神疾病者的自杀风险评估。做好防范预案，不能让他独处，尽量避免危险物品的随手可及。

（6）一旦发生自杀行为，要迅速将其送医院救治。

## 如果你的朋友曾经自杀过……

医学博士南希·拉帕波特（Nancy Rappaport）是一名儿童及青少年精神疾病专家。她四岁的时候母亲自杀身亡，因而她建议那些精神疾病专家以及从事心理健康方面的专业人士，如果他们病人的某位关系密切的人士曾经自杀过的话，请关注以下建议：

（1）试着去理解有关自杀身亡者的任何信仰、感觉和偏见，这样的话就能更好地体会有某位关系密切的人自杀而死的患者的心情。

（2）为患者提供真实可靠自杀的原因以及自杀的相关背景。"了解自杀的原因能减轻患者挥之不去的负罪感，以及减少有时自杀生还者的'要是我当时能如何如何'的想法。"拉帕波特说。

（3）建议为那些为某位深爱的人自杀身亡而感到孤独、受到歧视或者觉得羞愧的患者建立援助小组，这样患者就不会感到那么孤单，而且通过与其他同样有深爱的人自杀并知道如何面对的患者接触，他们会变得更加充满希望。

（4）有些家庭成员在某位亲人自杀身亡之后可能会觉得互相支持变得困难起来，因而要鼓励家庭成员积极地沟通，帮助他们找到并分享能提供安慰的事物，例如做一个装有纪念物品的盒子分享给对方。

 **发现之旅**

## 人际关系综合诊断量表

指导语：本量表共 28 个问题，每个回答"是"（打√，计 1 分）或"否"（打×，不计分）。请你认真完成，然后参看后面的记分方法，对测验结果做出解释。

1. 关于自己的烦恼有苦难言。

2. 和生人见面时感觉不自然。

3. 过分羡慕和妒忌别人。

4. 与异性交往太少。

5. 对连续不断的会谈感到困难。

6. 在社交场合感到紧张。

7. 时常伤害别人。

8. 与异性来往感觉不自然。

9. 与一大群朋友在一起常感到孤寂或失落。

10. 极易受窘。

11. 与别人不能和睦相处。

12. 不知道与异性相处如何适可而止。

13. 当不熟悉的人对自己倾诉他的生平遭遇以求同情时，自己常感到不自在。

14. 担心别人对自己有什么坏印象。

15. 总是尽力使别人欣赏自己。

16. 暗自思慕异性。

17. 时常避免表达自己的感受。

18. 对自己的仪表（容貌）缺乏信心。

19. 讨厌某人或被某人所讨厌。

20. 瞧不起异性。

21. 不能专注地倾听。

22. 自己的烦恼无人可申诉。

23. 受别人排斥与冷漠。

24. 被异性瞧不起。

25. 不能广泛地听取各种意见、看法。

26. 自己常因受伤害而暗自伤心。

27. 常被别人谈论、愚弄。

28. 与异性交往不知如何更好相处。

结果分析：

（1）总分在 0~8 分，表明受测者善于交谈，性格开朗，主动，关心别人，对周围朋友很好，愿意与他们在一起，彼此相处得不错。

（2）总分在 9~14 分，说明受测者与朋友相处有一定的困扰，人缘一般，与朋友的关系时好时坏，经常处于起伏变动之中。

（3）总分在 15~28 分，说明受测者在与朋友相处时存在严重困扰。分数超过 20 分，则表明人际关系行为困扰程度很严重，而且在心理上出现较为明显的障碍：受测者可能不善于交谈，也可能是个性格孤僻的人，不开朗，或者有明显的自高自大、讨人嫌的行为。